後に続く女性たちへ

秋枝蕭子・福岡女子大学名誉教授からのメッセージ

秋枝蕭子［語り］　森 邦昭・鈴木有美［編］

九州大学出版会

はじめに

本書は、秋枝蕭子・福岡女子大学名誉教授の「後に続く女性たち」に向けたメッセージをお届けするものです。秋枝先生の語り口は、とてもソフトで気遣いにあふれていますが、同時に視点の鋭さと率直さが大きな特徴になっています。それはおそらく、秋枝先生が男女平等の実現をめざして、その先頭に立って数多くの経験を積んでこられた結果ではないかと思います。本書では、そのような秋枝先生の語り口を、可能なかぎり読者の皆様にお伝えしたいという思いで編集に当たりました。皆様が本書を読み進めていく中で、秋枝先生のお話を直にお聞きになっているように感じていただければ、編者としてとても嬉しく思います。

秋枝先生は、一九二〇（大正九）年三月十四日に、お父上の義廣さん、お母上のトミさんの長女（第二子）として、兵庫県尼崎市で生を受けました。お父上は福岡県遠賀郡芦屋町、お母上は岩手県盛岡市のご出身ですが、秋枝先生のご誕生当時、お父上は大阪の毎日新聞社に勤務されていました。秋枝先生には、お兄さんと弟さんがお一人ずついらっしゃいました。満四歳の春にお父上の東京転勤に伴い、世田谷での一年あまりの借家住まいの後、当時の荏原《えばら》郡碑衾《ひぶすま》村、現在の目黒区東が丘の新居にお移りになりました。当時、その地はまだ武蔵野の風趣が濃く残っていたそうです。

武蔵野の様子やご本人の学校進学の様子などが秋枝先生のお話の中に登場しますが、あらかじめ簡単に紹介しておきますと、秋枝先生は小学校を終えられた後、青山女学院に進まれます。当時の女学校進学率は、わずか十数%だったそうです。女学校卒業後は、東京女子大学英語科本科に進まれます。当時の女子の高等教育機関への進学率は、全国平均では一%未満だったにもかかわらず、青山女学院ではクラスの半数近くが上級進学をしていたそうです。一九四〇（昭和十五）年に東京女子大学を卒業されますが、その折、担任教授から、ご自身の母校であり、当時例外的に女子にも門戸を開いていた東北帝国大学への進学を勧められたそうです。しかし、家計援助のために進学を断念して、学習誌出版の旺文社に就職し、青年向け新雑誌発行のための編集の仕事に就かれました。

当時の職場に残っていた男性社員には病弱者が多く、結核患者も少なくなかったそうです。そのため、健康に自信があった秋枝先生も肋膜炎に冒されてしまい、一九四三（昭和十八）年の秋に医師から絶対安静を宣告されました。約半年の療養後、職場復帰はしたものの職場環境も勤務条件も厳しかったため、一九四四（昭和十九）年一月に辞表を提出して会社をお辞めになりました。その後間もなく、母校の東京女子大学から誘いがあり、教務課職員として就職されました。しかし、戦局の悪化が著しく、軍部は「本土決戦、一億玉砕」を叫ぶようになり、明日の命の保証がない毎日になりました。

そのようなときに、秋枝先生は論語の「朝に道を聞かば夕べに死すとも可なり」がしきりに思い出されたそうです。そして、ここが秋枝先生の秋枝先生らしいところですが、その言葉と同時に、「夕に死すなら朝に道を聞いておきたい」とお思いになって、東北帝国大学の入試に出願なさいました。この年は、軍隊の移動や軍需物資の運搬で運輸機関が手一杯になり、受験生を移動させる余裕がなかったため、入試が出身校の成績等の書類審査のみとなって、秋枝先生は法文学部西洋史学科に合格なさったそうです。こうして戦前の東北帝国大学に入学され、一九四八（昭和二十三）年三月に卒業、その五年後の一九五三（昭和二十八）年三月に大学院を修了されました。そして、一九五四（昭和二十九）年五月に福岡女子大学に講師として着任、一九五五（昭和三十）年七月に助教授、一九六七（昭和四十二）年三月に教授、約三十一年間の勤務を経て一九八五（昭和六十）年三月に定年退職、名誉教授になられました。

秋枝先生は、福岡女子大学に在任中の一九六三（昭和三十八）年八月から翌年の七月までフルブライト研究員としてアメリカのハーバード大学に留学し、退職後の一九八七（昭和六十二）年四月から一九九三（平成五）年三月まで九州国際大学教授を務められました。一九九一（平成三）年には文部大臣より社会教育功労者の表彰、一九九四（平成六）年には勲三等瑞宝章の叙勲、一九九八（平成十）年には内閣府より第一回男女共同参画社会づくり功労者の表彰など、秋枝先生の社会的活動は高く評価されています。

こうした秋枝先生の学術的研究と社会的活動は日を追うごとに蓄積の厚みを増し、秋枝先生のお話を聞く者は男女平等や女子高等教育の意味や意義に深く気づかされることになります。二〇一一（平成二十三）年六月二十日と二十一日には、ＮＨＫラジオ深夜便の「明日へのことば」において、「女性の潜在能力を生かせ」というタイトルで秋枝先生は「後に続く女性たち」に向けて力強いメッセージを発信されました。そのとき秋枝先生は九十一歳でした。その翌年の十月二十四日には、福岡女子大学にて、「私の歩いて来た道—戦前・戦後の女性の生き方に関りながら」という特別講演会（福岡女子大学・福岡女子大学同窓会筑紫海会主催、学校法人筑紫海学園協賛）が開かれました。編者を含め、すべての聴衆が秋枝先生の語りに魅了されました。

ただ残念なことに、その特別講演会では予定されたテーマの半分くらいまでしかお話が進みませんでした。もちろんお話がはずんだということもありましたが、もともと予定されたテーマの数が多すぎたということもあったのではないかと思われます。講演会の終了後、編者はぜひ「続きが聞きたい」、否、「続きを聞くべきだ」と思いました。幸いにも編者は二〇一三（平成二十五）年度の福岡女子大学研究奨励交付金を得て、続きのお話を伺う機会に恵まれました。そのような経緯から、本書の第一章は秋枝先生の特別講演会でのお話、第二章から第六章まではその続きのお話になっています。また本書は、福岡女子大学基金の助成によって出版に至りました。

秋枝先生の特別講演会の続きのお話は、残ったテーマを五回に分けてお聞きしています。続きのお話を聞くべきだと思ったのは編者だけではなく、かつての教え子の中にもいらっしゃいました。結果として、福岡女子大学文学部国文学科第七回卒業の柳淑子さんと同第二十八回卒業の永島順子さんのお二人と編者の二人、四人がかりで秋枝先生のお話を聞かせていただきました。場所は秋枝先生が現在お住まいのアビタシオン博多、時期は二〇一三（平成二十五）年の七月から八月にかけてでした。

真夏の暑い盛りでしたが、九十三歳という年齢を微塵も感じさせることのない溌剌とした語りに接して、男女平等の実現と女子高等教育の推進にかける秋枝先生の若々しい情熱に深く敬服させられました。読者の皆様にその臨場感を味わっていただき、本書から何らかの「女性としての生き方・学び方・働き方に関するヒント」をつかんでいただければまことに幸いです。

平成二十七年三月

編　者

目次

第一章　女性としての学び方・働き方

ただ今、ご紹介いただきました秋枝蕭子と申します。生まれは一九二〇年で、非常にわかりやすいんですね。今年、満で九十二歳と半年以上たちました。気持ちだけは若いつもりなんですけど、体の方は正直です。ちょうど九十という歳は、九十と書いて卆寿と言いますが、その頃から体のあちこちが同時におかしくなってきたんですよ。まず、目が悪くなる。今度は、耳が遠くなる。それから、歯ががたがたになる。また、足ががたがたになる。さらに、しょっちゅう動悸と不整脈が出る。実は、今日の講演会のお話も春頃にいただいたのですけど、秋にということでしたので、「私、それまで生きているかどうかわかりませんよ。また秋になってから確かめてください」と申し上げておいたんですよ。そしたら、九月頃に確かめのお電話をいただいて、「幸いまだ生きております」と言ったんです。何とか漫談ぐらいならできるかもしれないと思って、今日はやって来ました。

実は、私自身は気をつけていたつもりなのですけど、うっかりミスというか、今月、十月一日に転倒しまして、頭をしたたか打ちました。びっくりして、今住んでいるところのすぐ前の病院でCT検査をしてもらいましたら、今のところ脳の本体の方はおそらくダメージを受けていなくて、外側の頭蓋骨と本体の間にある無数の毛細血管がやられて内出血して、そのために頭がみるみる大きなあんパンぐらいに膨れ上がったんですよ。これはやばいと思って、一晩、氷で冷やしましたら、翌日、こぶが小さくなって、それからはずっとおとなしくうちにいました。

私が今住んでいるところは「アビタシオン」という名前のケアつきの老人ホームですけど、毎朝、自己流の体操をしたり、遠くに行けませんから、ホームの中をぐるぐる歩いたりしていたんですが、頭を打ってからは、脳に振動を与えるというので、歩かなかったんですよ。もう三週間ぐらい。そしたら今度は、足ががたがたになりました。それまでは、もちろん杖はついていましたけど、これほどよたよたはしてなかったんです。何とかして今日までもたせたいと思って、毎日、祈る気持ちでおりました。幸い今のところ言語障害は起きていないようだったので、今日は漫談をさせていただきたいと思います。もしかしたらお聞きづらいことがあるかもしれませんけど、お許しください。長く立っていられませんので、座って話をさせていただきます。

私はご覧のとおりのちびで、小学校の一年生のときから一番のちびなんです。女学校の一年生になったときに、近所のおばあさんが「何年生ですか」と聞いたから、「一年生です」と答えたら、「一年生にしては大きいわね」と言われて、おや、そんなこと言われたことないのにと思ったのですが、はっと気がついて、「女学校の一年生ですけど」と言ったら、そのおばあさんはびっくりして「夢にも女学校の一年生とは思わなかった」と言ったんです。そのくらいちびで、一番真ん前にいつも座っていました。目は子どものときからよかったのですけど、耳は難聴だったんですよ。でも、一番前の席でしたから困らなかったんです。それがこの頃どんどん難聴がひどくなりまして、耳が聞こえにくくなりました。

それで最近、とてもいい耳鼻科に行きまして、お医者さんにいろいろと詳しく診ていただきました。「耳の器官そのものは悪くない。これは年による難聴で、治しようがありません」と言われたのですよ。「もっと聞こえなくなったときに、またいらっしゃい」ということでした。おそらくそのときには補聴器でも勧められるんじゃないかなと思っていますが、今のところはたいていの話は聞き取れますし、ある程度の話も不自由なくできますので、そんなものは使っておりません。だけど、もし聞きづらかったら、手でも挙げて知らせてください。

もともと、私自身の研究テーマは、アメリカと日本の女子教育史の成立過程の比較研究なのですけれど、難しい学問的な話をするときは、いろんな資料を用意したり何かしたりしなくちゃなりませんから、「今日の講演会では、もうそんなことはできませんよ」と言いましたら、「今まで歩いてきた道の漫談でいい」と言われましたので、私が歩いてきた道について漫談をさせていただきます。一応レジュメをつくっておきましたので、それに沿って話をします。

最初は、回顧談みたいなことです。私が福岡女子大を定年退職したのは一九八五年三月です。そのときは、前学長の高木誠先生（第十一代学長）のお父様の高木暢哉先生（第六代学長）が学長だったんです。それで、お父様の方の高木先生と私とで女子大のさらなる発展のためにいろんな計画を立てていたのですね。私は、アメリカに一年間、フルブライトのリサーチスカラーという形で行かせていただいたことがあります。アメリカの女子教育や、いわゆる開かれた女子大学や、生涯教育などについて学んできました。私が行ったのはハーバード大学でしたけど、その中にラドクリフ研究所というのができたんです。結婚してうちに入ったために、学問なり研究生活なり、あるいは芸術活動などの中断を余儀なくされた女性たちが、子育てなどがそろそろ終わるときに、せっかく習得したものをそのまま埋もれさせないようにするため、ラドクリフ研究所がつくられました。学者の場合はドクター号を持っている人、あるいは芸術活動でしたらある程度認められている人、そのような人たちにスカラシップを与えて、自由にブラッシュアップして能力を磨いてもらい、そして再び社会に貢献してもらうようにするのがこの研究所の目的だったんです。

それは私が行った二年前にできまして、幸い私が日本からの最初の留学生のような形でそこに所属することができたんです。私がそのときに感心したのは、その研究所から選ばれた二十人ぐらいの女性がスカラシップをもらうんですけど、そのスカラシップを何に使ってもいいということです。

たとえば、そのスカラシップでベビーシッターを雇っても、お手伝いさんを雇っても、何をしてもいい。とにかく女性が、特に家庭の主婦がもう一度勉強したりするためには、そういうものがどうしても必要な場合がある。だから、自分の勉強に都合のいいものがあったら、何に使ってもいいという非常におおらかなスカラシップだったんです。

私は非常に感銘を受けました。というのも、日本の文部省の科学研究費というのは、何か面倒くさい書類がたくさん必要で、うるさい規則がたくさんあるからです。ところが、ラドクリフ研究所ではそういうことを一切しません。大学教育を受けて、ある程度の仕事をやっているような人は、自分の良心でそのお金を使うだろうと信用されているんですよ。「何に使っても構いません。使い道は問いません」という形だったんですね。そのことに私は非常に感銘を受けました。

そういうことがあったものですから、日本に帰ってきてから、お父様の方の高木学長と、この福岡女子大を開かれた女子大にしたいと私は思ったのです。いわゆる生涯教育ですね。日本では一旦家庭に入ったら、たとえ子どもの手が離れるなどして、もう一度仕事に戻りたいと思っても、単にブランクがあるというだけで、もう仕事につけないですよね。お茶くみの雑用係くらいにしかつけないです。いくら大学教育を受けていたとしてもね。だから、それをもう一度ブラッシュアップするような生涯教育センターをつくりたいと思ったのです。それから、女子大の学部にも、開かれた大学として社会人を入れるという構想も抱いていたんですよ。そのときに、当時の高木学長も賛成してくださって、一緒にそのプランを練っていたんですね。

私は文学部の一般教育に属していたのですけど、もともと小さい大学ですから、一般教育を受ける学生も人数が少ない。家政学部の方には、家庭理学科という一般教育も担当する学科がありましたから、その二つをドッキングして「人間関係学部」という一つの学部をつくったらいいという案を出していたんです。その当時の学長さんは賛成してくださったし、文学部の方の一般教育の人たちも賛成してくださったんだけれども、何か家政学部の方から反対が出たとかいう話で、結局、その案はおじゃんになったんです。

ちょうどその頃、図書館の建物がシロアリでいっぱいになり、新しくつくり直すということになりました。県の方でつくるという判断でした。ところが、こういう公立の大学の場合は、新しい建物をつくるというときは、学生一人に何平米というのが決まっていて、それに学生の人数を掛けたものじゃないと新しい建物ができないのですね。当時は学生の数が全部で六百人ぐらいしかいなかったんです。

今はもう少し多くなっているようですけど。だから、新しい図書館ができるといったって、小さなものしかできない予定だったんです。それで私は、その新しい図書館に私が考えている開かれた大学構想、生涯教育センターとか、そういう施設をつくって大きくしてもらえるように県と交渉したんです。すると、県からオーケーが出たのです。当時の女子大の事務局長が県と折衝してくれたおかげで、少し大きめの図書館ができて、今講演が行われているこの教室とか、この反対側にある生涯教育センターの図書室とか研究室とか、そういう施設ができたんです。だけど、私はその完成を見ないで定年退職しました。

私が定年退職したのは一九八五年の三月ですけど、その年の十月にこの新図書館は竣工したのです。そういうことから、この建物は私にとってすごく懐かしい建物なんです。たしか私の記憶では、竣工したときの開所式か何かのときに、私は話をさせられた覚えがあります。その後、ここで、二、三回話をした記憶もあります。定年退職してからもう三十年近くたちましたが、卒業式のときに呼ばれて時々伺うぐらいで、ここ数年はずっと来たことがなかったんです。だけど、きょう来てみたら、きれいになっていたし、図書室の本も増えていましたし、私はとても嬉しかったです。

私は今度の新しい学部と学科ができるときのことにはかかわっておりませんけれども、新聞などで見ますと、従来の文学部と人間環境学部がある意味で発展的解消をして国際文理学部ができ、私は非常に賛成なんです。というのは、日本のこれからの女性は、うちにだけこもってないで、やっぱりせっかく学んだもの、殊にこの福岡女子大は県立ですから、県費で賄われているのですから、この大学で勉強した人は勉強した成果を後で社会に還元する義務があると私は思っているからです。だけど、そのままでは通用しないわけよね。結婚や何かで家庭に入って、十年も十五年もたてば、みんなさびついてしまうでしょ。だから、それをもう一度ブラッシュアップするような生涯教育センターが必要になります。あるいは、大学に行きたくても行けなかった人を対象にして、開かれた女子大として、そういう人を入れる学部をつくることも必要になります。そういう案がどこまでこれから実現できるか知りませんけど、私が思っていたような学部ができそうになっているんだなと思って感無量です。

あんまり時間がなくなるといけませんので、ここからは「私の歩いてきた道」というテーマで話させていただきます。

私は一九二〇年、大正九年三月の生まれです。私が生まれた頃や子どもの頃は、大正デモクラシーの時代として、明治と比較して進歩的な時代だとみんな誇りに思っていたんですね。そしたら、福岡女子大で教えるのも終わりの頃になったら、学生が「うちの親は大正生まれで頭が古くて困ります」と言ったんですよ。「ちょっと待ってよ。私も大正生まれなのよ」と言ったら、学生たちはみんな「先生は違います」とか何とか慌てて言ってくれましたけど。私たちは昔、「明治は遠くなりにけり」というような感覚でしたが、今の人たちは「大正は遠くなりにけり」と思っているんじゃないでしょうか。大正時代というのは短かったけど、大正デモクラシーの時代と言うように、比較的、進歩的な時代だったんですね。

それで、私の父も母も、当時としては珍しく進歩的な考え方をしていました。そもそも戦前は、女の教育と男の教育は全く別物として考えられていました。男は将来社会で仕事をする人だからというので、男は強く、たくましく。女は家庭に入って、しとやかに家庭を守って子どもを育てればいいというので、女は優しく、しとやか。そんな時代に、私の父は「男も女も、強く、優しくなけりゃいけない。男も強いだけじゃだめだ。優しく、いろいろな人に思いやりのある人間にならなきゃいけないし、女も優しいだけじゃだめだ。強くなけりゃいけない」と考えていました。そうなると、男の子と女の子を育てる方針を変える必要はないということになりますので、うちでは男の子も女の子も全く同じに育てられました。

私には兄が一人と弟が一人いました。私は真ん中に挟まれていました。兄が弱かったということもあるのですけど、私は随分とおてんばな女の子だったようです。だけど、おてんばだからって、叱られたことはないんですね。父の方針で、「嘘をつくな」ということと、「弱い者いじめをするな」ということ、そういうことは言われましたけど、とにかく「女も男も将来、強く優しい人間になれ」ということと、それから当時としては珍しく、「女もライフワークを持て」ということを言われながら育ちました。

それで、ここで学校時代のエピソードをちょっとお話しします。小学校一年生のときに、よく学校の先生が子どもたちに聞きますよね、「あなたたちは大きくなったら何になりたいか」って。そうすると、当時の男の子には、陸軍大臣とか海軍大臣とか総理大臣とか、中には電車の運転士なんてのもいまして、男の子の将来の夢には、うんとバラエティがあるんです。ところが、女の子は異口同音に、「お嫁さん」と言ったんです。その中で私一人が、「大きくなったら女子大の先生になります」と言ったそうなんですよ。そのことを、私は全然覚えていないのね。担任の先生から、後で「あなたはそう言ったのよ」と言われて、私はびっくりしたんです。

私は三月生まれですから、クラスの中では、背だけじゃなくて年齢も一番ちびだったんです。満六歳になったばかりの子どもがそんな発想を自分でするはずないと思ったから、父に「そんなことを吹き込んだのはお父さんじゃないの」と聞いたら、父は「覚えてない」って言うんですよ。父は覚えていないと言うけど、もうその頃には女子大はあったんです。明治の半ばに日本女子大ができて、私が生まれる二年前に東京女子大ができたんですね。二つの女子大がもうすでにできていたから、父が冗談みたいに、「大きくなったら女子大の先生になったら」なんて言ったんじゃないかと私は思うんですけど。父としては、「覚えはないけど、もしかしたら言ったかもしれないな」なんて言っていました。

結局、父か私の予言どおりになっちゃったわけですけど、私は一意専心して女子大の先生を目指していたわけじゃありません。私はちょっと惚れっぽいのかもしれないですけど、小学校に入ったら、小学校の先生になりたくなる。女学校に入ったら、女学校の先生になりたくなる。もともと、先生が好きだったみたいですね。それから、私は小学校のときから理数科が強かったので、女学校の頃には殊に物理を勉強したいという気持ちがあったんです。当時は、女子が物理なんかを勉強するには、東京女子高等師範の理科しかありませんでした。だから、担任の先生たちには、「そこを受けろ」と言われたんです。私もそのつもりでいたんですよ。

そしたら、受験近くになったときに、私の女学校のときの先生の中に、今のお茶の水女子大ですけど、女子高等師範学校、女学校の先生を養成する学校から来た先生がいて、その先生が自分の学生時代の話をしてくれました。女子高等師範学校というのは、当時の官立ですね。官立の学校は、授業料はなくて、逆に学費までくれてね。だけど、卒業したら義務年限というのがあって、どこかの女学校に義務で必ず何年か教えに行かなくちゃならない。そのとき、成績のいい学生から、いい学校を選べるんです。成績が悪いと、僻地の女学校に飛ばされる。それで、点取り競争がすごく激しい。誰かが冬なんかに風邪で休んだりすると、休んだときのノートを誰も貸してくれない。たちの悪い人は、わざと嘘を教える。嘘を教えて、少しでもその人の順位が下がれば、自分が少しでも有利になるからです。そういう空気があったという話を私は聞かされました。

私の父は福岡の人間で、川筋男でした。すごく一本気で曲がったことが嫌いな人間で、ある意味で非常に単純で、けんか早い男だったんです。その血筋を私はちょっと引いているらしくて、そのため女子高等師範学校の話を聞いたとき、そんな学校には行きたくないと思ったんですね。そのときに、もう一つ、したいことがありました。女性の解放と、日本の女性の地位を高めるような仕事をしたいと思っていました。

というのは、戦前って、つまり第二次世界大戦の終わりまでは、日本の女性は、法律的に言えば全員「無能力者」という枠に入れられていたからです。男性で無能力者というのは、精神薄弱者や精神障害者です。いわゆる一人前の人間としての能力が果たせない人間のことを、無能力者と言うはずです。ところが、女性は全員、どんな優秀な人でも法律的に言えば無能力者とされました。だから、女性には参政権などがずっと与えられなかったのです。女性は一人前の人間じゃないと見られていたわけですね。

私のうちでは私を男性と平等に育ててくれたけど、一歩外へ出ればそういう社会でしょ。いろんなときに、いろんなところで、女性への差別は嫌というほど見聞きしていました。だから、女性を解放する仕事もしたいという気持ちがもう一つあったのです。お茶の水の理科に行くことを断念したときに、じゃあ女性解放の仕事をしようと思ったんですが、まず日本で勉強してから、先進国に留学して、向こうの女性の状態を勉強して、その後で女性解放の運動をしようと思ったんです。

そういうことから、東京女子大の英文科に入ったんです。私の担任の先生が東京女子大の英文科の二回生で、折に触れて東京女子大の話をしてくれていたということも関係していると思います。当時としては珍しくリベラルな大学が東京女子大だったのです。それで、そこに行ってもいいなと思った。同時に、そこを出てから、先進国のイギリスかアメリカに行って、向こうの女性の実態をこの目でちゃんと見た上で、日本に帰ってから女性解放の仕事をしようと思った。その準備として、じゃあ東京女子大の英文科に行こうと思った。だから、英文学が好きで入ったんじゃないんですよ。外国に行くんなら、多少は英語ぐらい話せないと困るでしょ。だから、そのつもりで入ったんです。東京女子大は、それまでは四年制だったんですけど、ちょうどその年から本科三年と予科一年という制度に変わりまして、まず予科の試験を受けて通って、それからまた本科の試験を受けて通ったら、本科の一年生のクラスに入ることができたんです。私を含めて六人が、本科に直接入りました。

ところで、私の母は東北の岩手県の盛岡というところの素封家《そほうか》の娘だったのですけど、火事でうちが焼けたり、北上川が氾濫してうちが洪水に遭ったり、それから母の父親と母親が、母が女学校の三年生か四年生のときに続けて亡くなったんです。それから兄も姉もみんなどんどん続けて亡くなった。それで母は、おじが後見人になってくれたんだけど、父と結婚するときには、七人兄弟の中でも弟一人しか生きていなかった。その弟も間もなく死んで、母はいわゆる天涯孤児になったんです。それからもう一つ。母の父親が生前、お友だちの多額の借金の連帯保証人になって、そのお友だちがそれを返さなかったために、うちや蔵やなんかほとんどとられちゃったんですよ。初めは地元で五本指に数えられるほどの金持ちだったのに、完全に没落しちゃったのね。だから、そういう詐欺みたいなのに遭っても、泥棒に入られても、失われないものは一旦身についたものだと母は考えるようになった。身についたものは、そういう天災でも人災でも失われないからというので、母は貧乏世帯であっても、できるだけ学問でも何でも、独学ではできないことをしなさいと私に言っていたのです。

一方、父は医者の家系で、医者の跡取りだったんですけど、父が二十歳の年に父の父親が死んで、跡をとらなくちゃいけないのに、父は気が大きくて海外に雄飛したかった。それで、家、財産やなんかはみんな弟や妹たちにやって、単身上京して、苦学しながら学校を出たんです。一番自由な職業というので、父は新聞記者になりました。だけど、新聞記者になっても、川筋男の性格があるもんだから、上司と意見が合わないとさっさと辞表をたたきつけてやめてしまうようなたちで、そのために母は経済的には随分苦労させられていました。

でも、私が女学校の一年生になるぐらいまではまだ順調で、そのときは今の日本経済新聞社の前身の新聞社の経済部のデスクをしていたんです。その頃、満州事変が始まったり、満州の傀儡帝国、満州国ができたりして、その頃から急激に軍部の予算が膨大したんですね。父は経済部のデスクでしたから、そのことについて批判の記事を書いたのよ。そしたら早速、軍部にやられて、父の書いた記事のためにその新聞が発禁処分になったのです。それで、父がさっさと責任をとって辞表を出してやめたのね。会社の方は、部署をかえるからやめなくていいと言ってくれたけど、父の性分としては、少なくとも会社に迷惑をかけたんだからと言って、さっさとやめちゃったのよ。

その後、原稿を書いたり、小さな新聞社の顧問をしたり、いろんなことして何とかやっていたんですけど、だんだんうちの売り食いが始まったのね。父は本当に本が好きな人間でした。若いときから文学青年でもありました。いろんないい全集物や何かをいっぱい買い込んであったし、それからちょっとした骨董なんかもあったんです。それを次々に売ってくれた。それで月謝をつくってくれた。私が女学校の三年生のときが一番ひどくて、タケノコ生活でしたけれども、ほとんど売るものがなかった。私が女学校の授業料を持って行かなくちゃいけないという日の前日に、古本屋がリヤカーを引いてやってきて、父が買い集めていたいろんな全集物とか、いい本をリヤカーいっぱい積んで持っていったことを私は覚えています。そんなふうにして、授業料をつくってくれたんです。父は、売れるものがあるうちは売って授業料をつくってやるけど、いよいよ売れるものがなくなったときは諦めろとも言っていたんだけど、何とかかんとかして売り食いしながら私は女学校までは卒業できたんですね。

私は、女学校の二年生のときから家庭教師をしたんですよ。小学校の六年生の家庭教師をした。私は教えることは割に好きだったから、教えることには困らなかったんだけど、私はクラスで一番ちびだったのに、私が教える相手は小学校六年生で、クラスで一番大きい男の子だったんですよ。私よりはるかに大きな男の子でした。教えるのはいいんだけど、私が行くと、おうちの人が「先生がおいでになったよ」と言われて、そう言われるのが恥ずかしかったことを今でも覚えています。とにかく、女学校の二年生から家庭教師をして、それから、その後、あとは全部、家庭教師と奨学金でほとんど親に一銭も出してもらわないでやってきました。

父に言わせると、「貧乏してやったから、早くから自立心がついたんだから、ありがたく思え」と言うんです。全くそのとおりだと、私も思っているんです。後に、私は非行少年・少女、普通の子を一緒に調査して、比較研究したことがありますけど、少年院や少女苑に入っている子どもは、普通の中学生や高校生と比べると、非常に多く小遣いを使っているんです。結局、子どもが欲しがるものは何でも与えるとかして甘やかすと、大人になって自分の欲望を抑制する訓練が子どものときにできてないから、欲望がだんだんエスカレートして、大きなものを盗んだり何か悪いことをしたりするようになるんですね。だから私は、あえて求めて貧乏になる必要はないけど、あまり豊かでない方が、家庭の経済のやりくりをした方が自分のためにもなると思います。家庭教師をしながらも、私は自分のことは奨学金で賄ったんです。だから、家庭教師でもらったお金は、封も切らないで母にみんな渡していましたね。母がやりくりで苦労しているのを私は知っていましたから。だけど、それは本当に自分のためにも、自立心を育てるためにも、少々の貧乏でもへこたれないという気持ちを培うためにもよかったと思うんですね。

私の父は、若い頃から文学青年で、俳句なんかをずっとやっていたんですね。その頃、私たちは東京の郊外に住んでいたんですけど、大雪が降ると、父が私に学校を休ませるんですよ。「こんなすばらしい大雪の日に、学校や会社なんかに行ってられるか。自然を冒涜する」って、変な理屈をつけて、私と二人で長靴を履いて、武蔵野の豊かな田んぼや林や森を一時間以上、親子で手をつないで、他の子が学校へ行くのを横目で見ながら、それこそ自然を満喫して歩いていたんです。今だったら、親子ともに呼びつけられて叱られるかもしれないけど、私はそれによって、自然に対する畏敬の念を本当に植えつけられましたね。自然というのは、人知を超えた本当にすばらしいものだということをね。

ついでに、枯れ葉の話なんだけど、これも私が小学生の頃の話です。うちは庭が割に広かったんですよ。門から玄関まで二十メートル余りあったんです。父がプラタナス、つまり鈴懸《すずかけ》の木をずらっと両側に植えていました。そうすると、冬になると枯れ葉が落ちるでしょ。そしたら、父はごみだけ拾わせて、枯れ葉はそのままにしておくのよ。「枯れ葉を踏んで歩くのが気持ちがいい」って言ってね。

私が小学校の四年生くらいのときのお正月の前々日のことだけど、ご近所はみんな庭をきれいに掃き掃除していたけど、うちだけ枯れ葉だらけだった。私は母が忙しいんだと思って、気をきかせたつもりで枯れ葉を門から玄関まで全部掃いたんですよ。枯れ葉は、裏の方に積み重ねておきました。そしたら夜、父が帰ってきて、「誰だ、枯れ葉を掃いたのは」と言うのですよ。私は得意になって、「私が掃きました」と言ったら、父が情けなさそうな顔をして、「あの枯れ葉を踏んで帰ると、武蔵野の豊かな自然を踏んで帰るようで癒やされる」と言うわけですよ。「神の声を聞くような気持ちになる」と言うのね。父が「枯れ葉は焼いたのか」と尋ねたので、私が「まだ焼いてない」と言ったら、父から「翌日またまき散らせ」と言われた。

翌日、大みそかの日に、親子みんなで枯れ葉を全部、門から玄関までまたまき散らした覚えがあります。それは滑稽な思い出ですけど、同時に自然のよさというか、偉さというか、そのことにそれほど感動している父の気持ちが、私が大きくなるにしたがって、わかってきたような気がするんですね。だから、そういうことは普通、学校では怒られるようなことかもしれないけど、私は本当にありがたかったと思っていますね。それから、親が本当に貧乏してくれたことも、ありがたかったと思っています。

私は青山女学院というミッション・スクールに行ったんですけど、私はそこには初めは入るつもりじゃなかったんですよ。私は府立の女学校に入るつもりでいました。自分ではそこへ当然入るつもりでいたのね。そしたら、自分が得意の算数でケアレスミスをいくつもして、落ちちゃったんです。自分じゃ入るつもりだったから、不合格になった後の準備は何もしてなかったのね。そしたら、ご近所のお嬢さんで、青山に行っている方から「青山は明日まで受け付けますよ」と言われたのね。それで、青山がどんな学校かも知らないで、明日まで受け付けてくれるんならといって受験を志願したら、そこへ首尾よく入ったんです。

入ってから初めて、この学校はミッション・スクールだということがわかりました。それも明治の初めに、明治七年に、まだ日本の女学校なんてほとんどできてないときにできた古い女学校でした。しかもその創設者が初めは宣教師の女性だったんですけど、「女子のための学校をつくる」と言ったら、当時の日本の男性たちから「そんなの無駄だ。女に学問なんかさせたって無駄だ」って言われたそうです。それどころか、「男子を入れたら一遍で大きな学校になりますよ」とも言われた。それで、スクーンメーカーという最初につくった人が、かえって憤慨して、「日本の女性がいかに差別を受けているかわかったので、あえて女学校にした」と、回想録に書いています。

最初の頃の日本の女学校というのは、まだ日本に公立の学校が全然なかったときにできた学校ですよ。小学校へもまだ女の子は行っていなかった。明治三年に、今、麹町にある女子学院と、横浜にあるフェリスね。それが最初の女学校です。その頃の宣教師たちというのは、みんなアメリカから来た人だけど、アメリカではとうに大学教育まで女子に対して開いていたんですよ。

話は飛びますけど、アメリカで一番最初に、女子のために創設されたいわゆる高等女学校、当時はセミナリーと言ったんですけど、それはマウント・ホリヨークというマサチューセッツ州にある学校です。今、マサチューセッツ州にはセブン・シスターズと言われる最高の女子大七つのうち四校があるんです。今日では少し内容が変わってきてはいますけど、その最初にできたのがマウント・ホリヨークなんですね。最初につくった人は、随分苦労してつくったんです。とにかくアメリカでは、一八三七年に女子のための女学校ができていたんです。

それから、中西部の方でも同じ頃にオベリンという人が大学をつくった（そこを卒業した日本人が桜美林という学校をつくった）。オベリンがつくった大学では、オハイオ州という中西部ですけど、人種とか性別とか宗教とかの差を一切取っ払って、誰にでも門戸を開くということにした。オベリンが一八三三年の創立のときに実際にそれをしようとしたら、その頃はまだ女子で大学の教育を受けるだけの力のある人は誰もいなかったものだから、女子は誰も入れなかったんです。それで、四年制の予科部がつくられました。そこから四年後の一八三七年、マウント・ホリヨークが東部の女子大としてできた同じ年に、四人の女性がオベリンの大学に入ってきたんですね。

そのとき、アメリカでもごうごうの非難が町中にあって、「大学なんかに行くような女は女じゃない」っていう雰囲気でした。「おとこおんな」みたいで、「あんなのを嫁にもらう奴がいるか」と言われて、下宿しようとしても部屋を貸してもらえなかった。最初の四人はとても苦労したんですよ。

ところが、その人たちは四年後、大学を卒業した後、四人ともがトップクラスの男性と結婚したのよ。「誰からも嫁のもらい手がない」と町では言われていたのにね。一人は後のオベリン大学の学長夫人になり、一人は教授夫人になり、一人は牧師夫人。向こうでは、牧師というのは社会的な地位が高いんです。一人は弁護士夫人。弁護士もトップクラスの職種ですね。

ついでに言いますと、英語では職業というものを表すのに、ジョブとかプロフェッションとかいろいろな言い方がありますが、コーリング（呼ぶ、calling）と言われる職業があります。神から使命を受けた、コールされた職業というのでコーリングと言うんです。医者とか、大学の先生とか、弁護士とか、それから牧師など、そういった職業のことをコーリングと言います。最初の四人の卒業生は、全員がトップのコーリングの奥さんになっちゃった。「大学に行く女性には嫁のもらい手がないだろう」と言われたけど、最初の四人は「嫁のもらい手」を実力でちゃんとかち取ったんですね。

それから以後は、どんどんと中西部では共学の大学を中心にして、東北部ではセブン・シスターズという名門の女子大を中心にして、女性を受け入れる大学ができてきました。明治維新は一八六八年ですけど、その翌年の一八六九年には名門ボストン大学が大学院まで女子に門戸を開いているんです。そのぐらい、アメリカは世界で真っ先に高等教育を女子に開いています。そういう歴史があったわけです。

それだから、明治の初めに日本に来たアメリカ人の宣教師の女性たちは、アメリカではもうすでに高等教育を受けた女性が出始めていたのに、日本に来てみたら、まだ日本では女子は小学校さえ行っていない時代だということにショックを受けました。日本で男女ともに子どもが小学校に行けるようになったのは、明治五年に「学問の制度」と書く「学制」という日本で最初に出された教育制度の法律によると言われています。

学制では、すべての子どもたちに小学校を開くということが謳われました。というのは、幕末に幕府の禁を犯して外国に行った人たちが、行ってみたら向こうの方がはるかに民度が高かったわけですね。殊に女性の教育のレベルが高かった。福沢諭吉もそうだけど、私の研究テーマである森有礼という日本で最初の文部大臣になった人も、外国に行って、「女子教育が一番大切だということがわかった」って言っているんですね。

そういう人たちが帰ってきて、やっと明治五年になって学制が頒布されました。日本が先進国に追いつくためには、武士だけじゃなくて全体の民度を上げなくちゃいけない。だから、全国民、つまり士農工商、さらにわざわざ婦女子という言葉を入れて、婦女子もみんな小学校に行くことという法令をつくったんです。それが明治五年、一八七二年でした。

しかし、その頃はまだそういう考え方が広まっていなかったでしょ。というのは、幕末までは女に学問は要らないとされていたからです。皆さん、暇があったら貝原益軒作とも言われている「女大学」を読むとおもしろいですよ。「女は天性のばかだ」と書かれているんです。だから、とにかく「女は男にひれ伏して仕えろ」というような結論になるんですけどね。当時は、女は男からばか扱いされていたわけよ。

松平定信という老中がいますよね。彼は学者で、老中としても有名な人ですけど、自分の家中の武士には学問を奨励した人です。その松平定信に、家中の女に宛てた家訓書の如きものがあります。それにも、「女はすべて文盲なるをよしとす。女の才あるは大いに害をなす。決して学問などはいらぬものにて、仮名本よむほどならばそれにて事たるべし」とあって、あとは「従順で和順」であるのが女の美徳だとされた。明治になるまでずっとそういう調子だったから、女には学問は要らないということになっていました。

だけど急に先進国に追いつくためには、一般の人たち、婦女子も含めた者に小学校が必要になります。明治の最初の訓令はおもしろいんですよ。男子にはすでに学があるけど、女子には学がないから、これから小学校を興すことに対する第一義は「女子を入れること」であるとする指令書まで出ているんですよね。各府県では、子どもたちを学校に行かせるために告諭書というのが出されました。それも見るとおもしろいですよ。今までは、お嫁さんを探すときは周りの金持ちとか地主とか、そういう人たちの娘を探すけど、そういうところの娘でも学校に行ってないということがわかったら良縁を逃すって脅しています。それで、貧乏人でも学校に行っているということがわかれば、良縁を得て、玉の輿に乗ることができるから、女の子は学校に行けって勧めています。そんな滑稽な告諭さえあるんです。

そういうふうにして努力したけど、一遍にはなかなか進行しませんでした。福岡県なんかひどいですよ。学校ができたら、「学校風が吹いてきた。逃げろ、逃げろ」って。「女の子は隠せ」と言って、女の子を隠して、学校に行かないようにさせたって。それから、「学校に子どもをやれ、やれ」と言うのは、学校なんぞがあるからだと、学校を焼き討ちにする事件が明治の初めはいっぱいあったんですよ。今では、学校が足りないからつくれという声があっても、すでにある学校を焼き討ちしろなんていうのは考えられないでしょ。それが明治の初め頃。今から百五十年ぐらい前までは、そういう状況だったんです。

そういうことから、アメリカでかなりの高等教育を受けてきた女性の宣教師たちは、日本の女性の状態に同情したんです。「男の子を教えろと言われたけど、自分はあえて女の子を教えたい」って、そういうことが女性の宣教師たちの手記や学校ができたときの報告書などに書かれていますね。

だから、日本の女子教育というのは、本当にアメリカに負うところが多いわけですね。そしてアメリカは、人権を大切にする。もちろん、今だって完全にというわけにいかないけど、日本と比べればはるかに早くから男女差別を撤廃している。だけど、ウーマンリブが二十世紀の半ばにアメリカで盛んになったのは、法令では早くからそうなっても、実態がなかなか伴わなかったからなんですけど、日本ではもっとひどかったというわけですよ。

私は、さっき言ったように、青山に入ったとき、それがどういう学校かわからなくて入ったけど、それで非常によかったと思うのは、その当時はミッション・スクールの方が公立の女学校よりレベルが高かったからです。たとえば、青山では英語と数学は東京の男子の一流中学の教科書で教えてくれた。だから、英語の時間は一週間に六時間か七時間はありました。ところが、公立の女学校では英語がないという学校がいくらもあったんです。あっても三時間ぐらいしかなかったのね。だけど、青山では普通の公立の女学校の倍以上も英語の時間がありました。それから数学では、最初は府立一中の数学の教科書を使ってくれていたんです。

初めは私が府立の女学校に落っこっちゃったから、仕方がなく青山に入ったんだけど、人生何が幸いになるかわからないんですよ。私の場合も、そういうことが何度もあります。もうだめだと思った途端に、ぱんと開けてくる。うまくいっていると思ったら、がたっと落ちる。そういうことがよくあったんです。だから、青山に入ってよかったです。

それから、私は初めのうち、キリスト教というのを誤解していました。うちの宗教は、仏教でした。私が小さいときに、近所の森の中に一軒家があって、そこにキリスト教のおばあちゃんが一人で住んでいました。その人は、キリスト教の中でもちょっと狂信的なホーリネスという教派の人だったんです。だから、本当に魔女みたいな感じの人だったわけ。森の中の一軒家に、何か狂信的なおばあちゃんが一人いた。だから、私はキリスト教というのは何か魔女的な、そういう宗教だとばかり思っていた。ところが、青山に入って初めて聖書を読んだりいろんなことをしたりしてみたら、非常にレベルの高い、殊に道徳心の高い宗教だということがわかった。

それともう一つは、西洋文明を理解するには、よく言われるんだけど、二つのルーツを理解しないといけません。一つはギリシアの合理主義。それからもう一つはキリスト教。この合理主義とキリスト教が西洋文明を支える二つの柱だとよく言われるんだけど、私はそれを学ぶことができたことがとてもよかったと思っているんです。

私がさらに上の学校に行く頃は、うちの経済の状態はちょっとはよくなっていました。兄はもう大学に行っていました。兄が大学に行っているので、私も行くつもりがあるなら行ってもいいと言われて、それでさっき言ったような理由で東京女子大の英文科に入ったんですよ。つまり、文学を勉強するためじゃなくて、外国に行ったときに困らないだけの英語が身につけばいいというぐらいのつもりで行ったんです。だけど、本当にそこはいい学校でした。自分の母校を褒めるのはちょっと気が引けますけど、非常にリベラルな学校でした。当時は、もう戦争の最中でした。私が女子大に入ったときに日中戦争が、それから卒業した翌年十二月に大東亜戦争が起きたんですよ。それでも、まだ宣教師の先生たちは大学にとどまっていらっしゃいました。

第一に私が感動したのは、東京女子大に入ったときに上級生が校歌を歌ってくれたことです。私は何も知らないで入ったので、その校歌にまず感動しました。学校の校歌というと、有名な詩人とか有名な文学者に書いてもらうのが普通でしょ。だけど、この学校では生徒がつくったのよ。最初に入った生徒たちが合同でつくった歌詞なんですね。その一節は、「天つ日は雲を開きぬ　天地は光をうたふ　神と人ふかく結びて　少女等の生くる喜　胸うつはここ」という歌詞なんですね。私は、入学式のときに初めてその歌を聞いて、しかも生徒たちがつくったという歌詞で、本当に感動した覚えがあります。それまでは、日本の女たちは、いろんな雲の中に閉ざされていたわけよね。それがやっと開かれる。「少女等の生くる喜、胸うつはここ」というのを、私はそのとき本当に実感として感じました。

それから、初代の学長は、あの有名な新渡戸稲造先生でした。私はそれも知らないで入ったんですけどね。新渡戸先生は、日本とアメリカの太平洋の架け橋になろうとして留学しました。後に国際連盟の事務次長になられましたが、学長をなさったのは一、二年と本当に短くて、すぐ二代目の学長の安井てつ先生にバトンをタッチされました。新渡戸学長は安井先生に向かって、「この学校を普通の学校にするな」と言われたそうです。そうしたこともあって、いわゆる管理主義的な学校にするなというのが安井先生の口癖でした。それまで、官公立の学校はがんじがらめに規則で縛られて管理主義だったんだけど、管理主義の学校にしてはいけないというのが東京女子大の根本にありました。

それから、その頃の女子の教育方針は、例の良妻賢母主義でした。明治の半ば頃から文部大臣が音頭をとって、女は良妻賢母主義だと喧伝しました。家庭を守って、将来の軍人を育てる母親にならなくちゃいけないというのは、その頃の文部省の方針だったんです。それに反して、新渡戸学長は「知識よりも見識を」と言われた。ウィズダム（見識）というのは、単なる知識ではなく、頭の中で総合された知恵ですよね。それから、「学問より人格を」。学問はいろんなことを調べればわかるけど、体全体の中にしみ込んだ人格をつくる方が大切だ。それから、「人材より人物を」。人材というのは、すぐ役に立つ技術なんかを身につけた人のことを言うけど、それよりも人間教育ですね。人間を教育するのが主だと。それが方針だった。

二代目学長の安井先生もこの考えを踏襲されて、「この学校は花嫁学校ではありませんよ」というのが口癖だった。安井先生の考えでは、「人間をつくりさえすれば、結婚して妻となったらいい妻となる。母親となれば賢い母となる」ので、殊さら良妻賢母と言う必要はない。しっかりした人物さえちゃんとつくっておけば、結婚したときにちゃんとした人間になるというのが方針だったんですね。私はそれに大賛成でした。入学するまではそこまではわかっていなかったんだけど、我ながらいい学校に入ったなと思っています。それでまた、非常に自由な中で伸び伸びとさせてくれました。

それから、学生会議でのエピソードというのがあります。私が東京女子大の三年生のときだったかな。その頃は、日本とアメリカとフィリピンの学生が、一年交代で学生会議というのを開いていたのですよ。私が出席したのは日比学生会議の年だったんですけど、本会議が始まる前に日本側の予備研修を東京でやったんですね。予備研修では、「政治の部会」とか「経済の部会」とか、それから「学園の部会」とか、五つほどの部会があったんですけど、私が参加した「学園の部会」には、男子の学生は東大、早稲田、慶應とか、そういった一流大学の学生たちが十人ぐらいいた。女子の学生はお茶の水、日本女子大、東京女子大、津田、あと実践だったかな。とにかく、当時の主な女子大学から十人ぐらいが代表として行ったのね。

そして、私に与えられたテーマが「女子に高等教育は必要か否か」というテーマだったんです。私はもちろん「必要だ」という立場で論戦を張ったわけですよ。そしたら、出席していた日本の男子学生十人全員が、「女子に高等教育は不必要だ」と言うのよ。なぜかと聞いたら、「生意気になる」。「学問なんかしたら生意気になる。そして、夫の言うことを素直に聞かなくなる」。それから、「舅、姑に従わなくなる」。「白紙でお嫁に行った方がいい」。「初めから何か自分の考えを持っているのがお嫁に来たらかえって困る」。そんな調子で、十人全員が「不必要だ」と言うんです。私は一人で「必要だ」という立場から頑張って論戦したんですよ。

それで、一応は私が勝ったのね。そしたら、男子学生は怒って先に帰ったんだけど、その中の一人が帰り際に、「君のような女は嫁にもらわないからね」と捨てぜりふを残したのですよ。そうやって、男子学生が帰っちゃったでしょ。その場には、女子学生も十人ぐらいいたんですよ。津田だの、お茶の水だのとか。だけど、みんな黙りこくっていたんですよ。私が孤軍奮闘しているのにですよ。そして、男子学生が帰った途端に、「男子は横暴だわ。けしからんわ」とか、「腹が立ったわ」とか、「あなたが論破してくれて胸がすっとしたわ」と言ったのよ。私は、それにも腹が立ったのよね。「あなたたちはそう思っていたのなら、何で私を援護射撃しなかったのか」って。自分だけが男子学生からにらまれないように、いい子にしていて、論戦するのは私に押しつけといて、その男子がいなくなった途端に、けしからんとか何とか言う。今でも日本の女性には、そういう傾向があるんじゃない。本当は自分も同感だって言うけど、そのときは決して助けないのよ。誰か一人に押しつけて言わせておいて、それで後で、けしからんとか何とかって言う。私は、日本の女性がそういう態度を持つ間はだめだと思うのね。

私はアメリカのハーバード大学に一年間いたんだけど、向こうではディスカッションをよくやるのですよ。とにかく、男子も女子もよくディスカッションをやります。そもそも講義では、半分が講義で、あとの半分はディスカッションなんですよ。だけど、向こうの女子学生、ラドクリフというハーバードの女子部が今は名前だけになって、講義は全部男子学生と一緒にハーバードでやっているんですけど、女子学生の行儀が悪いのよ。編み物をしながら聞いているのね。日本だったらそんなこと許されないでしょ。だけどね、編み物をしていた女子学生が、講義が終わって「質問は」と尋ねられると、ぱっと手を挙げるのよ。そして、どんどんディスカッションをやるのですね。人が話しているときに編み物をするなんて、お行儀が悪いのには私は賛成しないけど、言うべきことは言う訓練はできている。アメリカでは、訓練ができているのは女子学生だけじゃないですよ。家庭の夫人でも、実によく発言します。それに私はとても感心したんですけどね。

実を言うと、私は一度、大学院が終わったときに、フルブライトの大学院の試験に通っていたんです。それでアメリカに行くことになって、そろそろ出発するから支度をして出てこいと言われて、東京に出てったら、大使館の指定のホテルに泊まらせられたんだけど、私だけに待つようにと言うんですよ。最終の返事が来ていないと言うんですよね。私は東京女子大を卒業してから、うちの家計を助けるために五年ほど仕事をしたんです。四年は出版の仕事、編集の仕事をして、それから一年は母校の東京女子大の教務課に勤めたのですけど、編集の仕事をしていたとき、その頃は戦争も終わりの方だったから、男性編集者はほとんど全員と言っていいほどに結核患者だったんですよ。まともな人はみんな戦地に送られているのね。内地に残っている五十歳以下の男は、そういう欠陥のある男ばっかりなのよ。それで、私は自分じゃ元気なつもりだったんだけど、私も結核になって半年休んだんです。それはそれとして、とにかくそのことを正直に書類に書いたんですよ。十年前に肋膜をやったと。それで、ひっかかっちゃった。

その頃、日本からアメリカに行った留学生たちは、環境が変わったことから結核になる人が非常に多かったけど、今の国民健康保険みたいなものが当時のアメリカにはなかったから、アメリカの保険会社が留学生を引き受けなくちゃいけないというんですよ。留学生が一年以上向こうに滞在するケースでは、保険会社が引き受けないと最終のオーケーが出ない。そして私の場合は、どの保険会社も私を引き受けなかったんですよ。それで結局、中止になっちゃったんですよ。そのときは、がっかりしました。だけど、後で福岡女子大に来てからアメリカに行くことになりました。その頃の福岡女子大には、今のように先生方の海外研修という制度はなかったんですね。それだから、その時の学長、第二代学長だった干潟龍祥先生が私にフルブライトの交換教授の枠の募集が来てるから受けないかと言うので、私ものんきに受けたら通っちゃったんです。このことについても、いろんなエピソードがあるんですよ。

最初は書類審査だけだったからいいんですけど、その後、アメリカの学者四人と日本の学者四人、合計八人の前に引き出されて、いろんなことについて英語で質問を受けるのですね。そしたら、日本の学者って全員、男なのよ。意地が悪いんですよ。私に「女子大学のことを調べるために、いろんな大学を訪問したいか」と尋ねるから、私は「もちろん訪問したい」と言ったんです。そしたら、「あなたはこのプログラムに適当じゃありませんね。三ヵ月ぐらいの視察旅行というプログラムがあるから、そちらの方に志願しなさい」と言われた。だけど、もともとマサチューセッツ州にセブン・シスターズのうちの四つが固まっているのよね。だから、「そこの一つを本拠地にして、そして他の大学などをみんな調べるつもりだ」と言ったんです。そしたら、幸いそのときアメリカ側の試験官の中に一人だけ女性の教官がいて、その女性の教官が素早く「あなたの言うとおりだ」と言ってくれたの。「あなたは適格者だ」と。

アメリカ側の女性教官にはこのプログラムにちゃんと適格していると言われたけど、他の男性教官の方はみんな反対だったでしょ。ただ「視察旅行に行け」と言うだけ。だから、もう私はだめだと思っていた。それに比べたら、私と一緒に受けに来ていた教授たち、九大の教授や何かもいましたけど、そういう人たちはもう自信たっぷりだったんですよ。「自分が書いた図書について話したら、アメリカの先生が同感だと。その本を送ってくれと言われたから、もう僕は大丈夫だ」とか、みんな自信たっぷりだったんです。こっちはもうだめだと思っていました。そしたら、通ったのは私一人でした。他の先生たち、男性は全員落ちちゃった。人生は、もうだめだと思っても、後で転換するということがよくあるから、悲嘆しないことね。「失敗は成功のもと」と言うでしょ。本当に何が幸いになるかわかりません。

それはそうと、大学というのは、戦前は原則として男しか入れませんでした。それから特に旧制の帝国大学というのは、旧制の高等学校卒業生しか受験資格がありませんでした。旧制の高等学校は男子しか入れないから、卒業生は男しかいないわけでしょ。だから、女子は帝国大学には入れない制度になっていたんです。そしたら、東京と京都に次いで三番目にできた東北帝国大学の学長が非常にリベラルな人で、第一次募集のときに定員が埋まらずに第二次募集をするときに限って、専門学校の卒業生たちにも受験資格を認めるということにしたんです。

そのときは、専門学校というのは男子だけじゃなくて女子の専門学校もすでに数校できていたのですね。それで、お茶の水の女教師だった人が二人、日本女子大の女教師だった人が一人、その三人が受験したんです。お茶の水の方は、黒田チカという化学の人と牧田らくという数学の人でした。それから日本女子大の丹下ウメという人は化学でした。みんなもうすでに教員にもなっているような人だから、優秀な成績で通っちゃったんですね。そしたら文部省が大騒ぎして、東北帝国大学は聴講生を入れるんだと思っていたから大目に見ていたけど、正科生として入れるとはとんでもないというので、その頃の新聞で大騒ぎになったんですね。もし女子学生が三年間順調にいったら、三年後には彼女たちに学士号をやらなくちゃならなくなるけど、女子に学士号とは以ての外であるという文部次官談が新聞に載ったりしたのです。

主な新聞はみんな好意的だったのですけど、女子教育者と言われた先生でも、昔風の先生たちは、「女が大学に行くなんていうのはとんでもない」と言ったのですね。「そういう大学に行こうという女は、婚期の遅れた独身で困っている人か、さもなくば、平塚雷鳥の『新しい女』の思想にかぶれた女たちに決まっている。とんでもない」と反対したんです。

ただ一人、賛成した人がいます。今の共立女子大の前身である共立女子職業学校が明治の半ばにできたのだけど、その校長が鳩山春子さんという人で、鳩山由紀夫さんのひいおばあさんに当たる人です。その人は賛成してくれた。それこそ東北帝大の大英断として賛成してくれた。だけど、初めはみんな旗色が悪かったんですね。それにもかかわらず、とにかくそこで先鞭をつけてくれたから後に私も入れたんですけどね。

女性が東北帝大に入るときには、普通はまず男子の高等学校卒業試験を受けて、それから次に、大学の二次募集も受けることになっていました。だけど、私はまたそれも運がよくて、戦争の末期だったものですから、交通が軍の兵隊や物資を送るので一杯だったため、受験生なんかを汽車に乗せる余裕がないというので、入学試験は全部、書類審査になったんです。そのおかげで、私は試験を受けなくて入ることができた。

何が幸いになるかわからないのですけど、東北大に入ったらすぐ動員があって、私たちのときは農村動員でした。この動員のおかげで、後で随分と農村から助けてもらうことになりました。女子学生は全体で三人だけでした。文系の法文学系で千人以上の学生がいたけど、女子は三人だけだったんです。一人は国文の人。それから西洋史の私。それからもう一人は宗教学の人。その三人でした。国文の人が一番若かった。男子学生は二、三人ずつ農家に臨時の息子となって行くわけです。五十歳以下の農村の男性は全員、戦地に行っていていないんですからね。それで、一時的に農家を手伝うということになった。だけど、三人の女子学生を引き受けてくれる農家がなかったんですよ。女で大学に行くようなのは生意気で、力は弱いに決まっているし、農業なんかできないだろうっていうことで、「お断り」と言うんですよ。しょうがないから、農村における動員本部という形で行くことになりました。大学から二人ずつ教授がそこへ来るんですよ。だから、三人の女子学生と教授二人とで、村の公民館を借りて自炊生活をやったのです。

そのときもいろんなエピソードがあるのですけど、一つだけ言います。実際は、農村の動員本部なんて、することなんて何もないですよね。一人が留守番をしてればたくさんだから、あとは田んぼへ行くことにしました。みんな経験がないんだけど行きました。私はもんぺを持っていなかったから、体操のブルマーを履いて行ったんですよ。行ったら、最初は部落会長のうちの田植えでした。「私たちも手伝いに来ました」と言ったら、向こうも追い返すわけにいかないから入れてくれて、入ったら親切に教えてくれたのですよ。すねが出ていますから、私は足をヒルにいっぱい食いつかれながらも、とにかく一心に田植えをしました。半人前ぐらいしかできなかったけど、親切に教えてくれたので手伝いました。そのうちに、一番若い女子学生が高らかに歌を歌い出したんです。いい声なのよ、彼女。そしたら、小さな村でしょ。その日のうちに、そのことが村中に伝わっちゃって、「女子学生お断り」と言っていた農家が、翌日から「うちに来てくれ」「うちに来てくれ」と、あちこちで引く手あまたになったのよ。

それで、代わりばんこに留守番を一人残して、あと二人ずつが農家へ手伝いに行きました。仕事は半人前もできませんでしたけど、農家の人たちがおもしろがってくれました。そして帰りは、「あなたたち自炊しているそうだから」って言って、ダイコンだのニンジンだのキュウリだのを持たせてくださるし、中にはちゃんとしたおかずを煮たのをお重に入れてくださる人もいました。私たちは、そういうのを持って意気揚々と帰って来たんです。

田植えが済むと、その次には稲の雑草刈りがあるんですね。今のように機械がないから、田植えだってみんな手でやるのですけど、雑草取りも田んぼにはいつくばって手でやるんですよ。それがちょうど暑い最中でね。それが一番大変でした。

第一回の除草が終わったら、次の除草までに一ヵ月ぐらいはあるから、学生たちはそれぞれうちへ帰れということになったんです。それで、そのときに私も帰りました。昭和二十年八月十五日、私は東京駅にいました。その頃、親たちが岐阜に疎開していましたから、岐阜までの切符を買うために東京駅の切符売り場で交渉していました。そこで私は、終戦の玉音放送を聞きました。雑音が多かったけど、終戦だなということはわかりました。ちょっとそばを見たら、陸軍の将校が柱にもたれて号泣していましたよ。それから二、三日たって、切符が手に入ったので東海道線を下ったら、本当に焼け野原。全部、焼け野原。岐阜まで。これでは戦争どころの話じゃないと思いましたよ。岐阜に着いて、長良川の水の青いのを見たら、「国破れて山河あり」という、あの杜甫の詩を本当に実感しましたね。

その間に、もう終戦になっていたんですが、大学が農家と刈り入れまでをすると約束をしていましたから、私は九月になって刈り入れをするために農家に帰ったんですよ。津田から来た人も北海道から帰って来た。一番高らかな声で歌って評判になった女子学生は一番近い仙台に帰省していたんだけど、その人が帰って来ないのよね。近いのにね。そしたら、その女子学生は自殺しようとしたというのよ。結局、紙一重で助かったんですけど、致死量は飲んでいたそうでした。

彼女は国粋的な教育を受けて、一番洗脳されていたんです。一緒に田植えをしたり畑の草を取ったりしていると、田舎でも頭の上に敵機が来て機銃掃射されるんだけど、そうすると彼女は敵機に向かって、「鬼畜米英」と叫ぶのよね。だから、私は「あなた、鬼畜米英と言うけど、アメリカ人だって日本人と同じよ。いい人もいれば悪い人もいるのよ」と言ったら、「敵をかばうとは何事か」と私がかみつかれるわけです。それから、「今に神風が吹いて敵を殲滅する」と言うから、「神風って要するに台風よ」って私が言ったら、それでまたさんざんかみつかれたんです。彼女が自殺しようとしたと聞いて私はびっくりしたんだけど、本当に紙一重で彼女は助かりました。見つかるのが二、三分おくれたら死んでいたと言われていました。

そのときに、私は教育の恐ろしさというものをつくづく感じました。今でもいろいろな国々で、若い有為な学生たちが戦争の話とか、聖戦だとかに洗脳されて、命を失うことがあるでしょ。その恐ろしさって、計り知れません。だからね、教師が教育を一歩間違ったら、多くの若い魂にとんでもない思想を植えつけることになります。そのことを私はそのときに痛感しました。

ちょっとついでに尋ねますが、あなた方は、終戦の年の日本の男女の平均年齢を知っていますか。知っている人は、手を挙げてみてください。誰もいないですね。昭和二十年、一九四五年、終戦の年の日本の男女の平均年齢ですが、男子は二十三・九歳です。二十四歳になっていません。それから、直接外地にあまり行かなかった女子でも三十七・五歳。外地で戦争で死んだ男が約三百万人います。内地でも、原爆やその他、東京などの大空襲や何かで十万人とか二十万人とか死んだでしょ。日本各地が焼け野原にされたときに死んだ人たちが、女子も含めて、とにかく六十万人から七十万人と言われています。

今回の東日本大震災で、死んだり行方不明になったりした人が二万人に達すると聞いています。私の母は東北の生まれだし、私は仙台に足かけ十年いましたから。親戚や友だちもいるから、私も本当に胸を痛めています。ただ、二万人の死者や行方不明がいるといっても、今ではすぐに国の内外からいろんな支援がなされています。だけど、当時の戦争では支援なんて一切ありませんでした。戦死したって、ただでした。

戦死者のうち、外地で戦死した人の七十%から八十%は餓死なんです。いろんなところで玉砕がありました。そういうときだって、武器とか食料は来なかったんですよ。日本から送ったって、途中でやられて届かなかったのです。それで七十%から八十%は餓死しました。遺骨だって、今までに返ってきたのはほんのわずかです。戦争というのは、どれほど悲惨であったかということなんですね。内地だって、あの空襲で焼き払われました。私の親戚なんかも随分焼け出されましたけど、戦争ということで一銭だって補償はなかったのですよ。戦争というものは、あらゆる意味で、男子だけじゃなくて女子にとっても、国家の文化にとっても避けなければならないものなんです。

それから、もう一つだけ言っておかなければなりません。私が肝に銘じたことがあるんですよね。私が大学院生のときなんですけどね。「かみそり」というあだ名のついたすごく優秀な心理学の教授がいたんです。東京から来た人だったんですけどね。その人は来たときから女性蔑視者というので有名だった。とにかく研究室の男子学生には声をかけるけど、私には一切声をかけてくれなかったですね。だけど、そのときは戦争からまだ数年しかたってないから、そういう頭の古い人たちもいると私は思っていました。

しかし、あるとき私がたった一人で研究室にいたとき、彼が用事で研究室に入って来ました。私一人しかいなかったでしょ。彼が開口一番、何て言ったと思いますか。「女がいつまでも研究室にいるのは目障りだ。さっさと嫁に行ってしまえ」ですよ。今だったらセクハラで訴えてもいいようなことなんですけど、その頃の私は、そういう古い考えの人たちがたくさんいたから、そういった考えそのものについては不思議だとは思わなかったけど、あれだけ頭のいい先生が何でそんな偏見を持っているのかが不思議だと思いました。そこで、「何か理由があるんですか」とこっちから質問したんです。すると、「ある」と言うんです。

その先生が東大にいたときに、優秀な女子学生を助手に雇った。五年間ほど鍛えたら、彼女は確かに優秀だったそうです。そして、彼女を一人前の研究者に仕立てて、やっと仕事を任せられる段階になった途端に、彼女が「結婚するからやめさせていただきます」と言った。結婚すると言われたから、口では「おめでとう」と言ったけど、腹の中は煮えくり返るようだった。自分の五年間、心血を注いで一人の優秀な研究者を育てたつもりだったのが水泡に帰した。だから、それ以来「女の研究者なんていうのは絶対に信用しない」と彼から私は言われました。そのとき、私は肝に銘じました。本当に、覚悟しました。私は、絶対に自分の行動が後に続く女性の門戸を閉ざすようなことだけはしない。「だからもう女は信用しない」とか、「女は採用しない」とかというようなことを言わせることだけはするまいと思ったんですね。

不思議ですけど、私みたいに男に嫌われそうな男女平等なんてことを言う人間は、そもそも男とは縁がなさそうなんだけど、世の中というのはおもしろいもので、「蓼食う虫も好き好き」ですね。私でも何回かプロポーズされたことがあるんですよ。だけど、それはいつでもどっちかを選ばなきゃならないときだったのよね。仕事を選ぶか、結婚を選ぶか。どっちかを選ばなきゃならないケースばかりだったから、迷うことなく私は仕事を選んできたんです。

そういうことがいろいろありますが、どっちを選ぶかは自分の覚悟です。ハーバード大学のラドクリフ研究所なんかは、女性が一旦家庭に入っても、子どもが育ってから、そのままだったら使い物にならなくなっている知識を、もう一度ブラッシュアップして、もう一度社会に還元できるようにしています。私もそうすべきだと思っていますから、この福岡女子大学には、社会人に対して門戸を開けるような学部をつくってほしい。学部が無理なら学科でもいい。それから、女子学生の視野をもっと広げるような教育をしてほしい。「自分と自分の家族さえ幸いならばいい」と考えるんじゃなくて、「後に続く女性のために」ということを常に念頭に置いて行動する女性を育てる大学に福岡女子大がなってほしいと願っています。

そのためには、女性は自分自身が自立してなければいけない。人におぶさって生きているうちは、自立はできない。自立というのには、「精神的自立」と、「経済的自立」と、それから「生活的自立」の三つがあるけど、その三つともを兼ね備えていなければ、その人は「一人前で自立している」とは言えないわけですね。これまでの女性が弱かったのは「経済的自立」と「精神的自立」なんですね。このごろは随分と働く女性も増えましたから、「経済的自立」の方ははるかによくなりましたけど、「精神的自立」の方はまだまだです。特に家庭に入ると、女性は自分の考えを持たなくなります。だから、女性に参政権が与えられたとき、日本では「夫が二票を持つようなものだ」と言われたんです。でも、近頃は違ってきていますね。夫と自分とは別々の考えで投票するという女性も出てきました。やっぱり、女性も自分の考えを持たなければなりません。何でも夫に頼っていたんじゃ、それは「精神的自立」とは言えないでしょ。

それから、「生活的自立」というのは、自分の力で衣食住の始末が最少限できるということです。これがだめなのは男ですよ。だから、日本の男にはこちらの方をしっかりとたたき込んでいかなくちゃいけない。戦後、家庭科というのができたとき、戦前の家事裁縫科じゃないって言われました。男も女も家庭を支えていかなければなりません。男女が平等に家庭を支えていくためには、最小限度の生活技術とか、家族関係をよくするための相互理解とかが男女共に必要です。それを教えるのが戦後の家庭科だったんです。家庭科は、戦後しばらくの間は男女共修だったのよ。そしたら、それから十年もたたないうちに、経団連の方から「男が仕事に専心できるように、家庭は女に守ってもらいたい」との要望が出されました。それはまさに、戦前の女の生き方ですね。「家庭は女、男は仕事」、そういうふうに女子教育と男子教育を変えてもらいたいと言い出したのです。

それ以来、日本では、せっかく男女共修だったはずの家庭科がなし崩しになって、男はその時間に大学受験のための理科だの数学だの、あるいは体育をやり、女だけが家庭科必須となったんです。今でも私は忘れられないけど、女だけが家庭科必須となったときに、朝日新聞に女子高校生から投書がありました。「ひどいじゃありませんか」という言葉で始まるんですよ。「私たちも大学受験をしようと考えているのに、私たちが裁縫を必須でやっているときに、男子は受験のための数学や理科の勉強をしている。ずるいじゃないですか」という投書があったのが忘れられません。

やっぱり、これからは、女子だってどしどし大学へ行く時代です。今はほら、日本の女子は高校へは九十何%、それから大学へは半数が行くというんですよね。だけど、国連の中に、男女差があるかないかを調べる部署があって、その調査によると、一三五の国連加盟国の中で、日本の女性の地位は一〇一位なんです。もう、後ろから数えた方が早い。中国なんか、田舎の方へ行くと、随分と貧富の差も教育の差もひどいんだけど、中国でさえ六九位です。男女差が少ないのは、北欧の国々。そこから学ばなければならないのは、女性が本当に自分の仕事も家庭もうまくできるようになるためには、いろんな原則があるんだけど、一つは平和でなければならないということなのね。

北欧のスウェーデンが一位ですが、平等や社会福祉などがとても発達しています。私は、そこに調査に行ったことがあるんです。そのときに聞いたら、意思決定の場に女性が四十%はいるそうです。だけど、数だけの問題ではないんです。政治家とか、企業のトップとか、組織の中で意思決定の場に参加するためには、普通は課長職以上でなければできません。いくら女性の人数が増えても、下っ端にとどまっていたら意思決定の場に参加できません。課長職以上の女性がどのくらいいるかというと、日本の場合は先進国中最低なんです。大学への進学率はトップクラスなんですよ、日本は。男子と同じぐらい五十%以上の女子が大学に行っているんだけど、せっかく大学で学んだものを社会に還元していないということなんですね。私は、これほどロスなことはないと思います。

それからもう一つスウェーデンで聞いたことは、スウェーデンは過去二百年の間、戦争に巻き込まれなかったということです。スウェーデンは、中立を守ったんです。第一次世界大戦のときも、第二次世界大戦のときも、中立を守りました。もちろん、あそこの国にも軍隊はあるんですよ。あるけれど、そういった積極的で侵略的な戦争には参加しない。だから、軍事費を社会福祉の方に回すことができた。スウェーデンが社会福祉で常にトップのクラスに入っているのは、そのためだと言われたんです。そのことは、私は本当だと思うんですよ。

戦時の消耗ほど、人類の大きな消耗はありません。さっきも言ったように、先の戦争では日本の男性が戦地で三百万人以上、いろんな夢や希望もあったであろうに命を落としました。学徒出陣もありました。最後には、武器弾薬がないから、特攻隊が出てきました。ベニヤ板の飛行機や水雷艇などをつくって、爆弾もろともの突進が命じられました。そんな残酷なことをして、勝ち取った今の平和憲法をなくせって運動が近頃また出てきているじゃありませんか。平和憲法を変えて、戦争をしないという第九条を取っ払うことは、絶対にしちゃいけないと私は思うのですよ。

私は、今も過去においても、いかなる政党にも属している人間じゃないし、いつも自分を自由な立場に置いて、言いたいことを言いたいと思っている人間だけど、これだけは許せないと思います。第二次世界大戦の後、六十七年間平和だったのは平和憲法を守ったからです。そのおかげで、日本はあれだけ何もない焼け野原の中からこれだけの復興ができたんです。平和じゃなかったら絶対にできませんでした。だって、子どもを産んで育てるなんて、戦争の中で逃げ惑っているような状況ではできないからです。今だって、そんな国が現にあるじゃないの。そんな中では、実際、子育てだってできませんよ。だから、絶対に平和を守るということを、これは何を差しおいても私はやってもらいたいと思います。私はあと一、二年で死ぬんじゃないかと思っていますが、このことは私の遺言だと思ってください。

せっかく勝ち取った平和を確保すること。それから、せっかく大学で学んだあなたたちの力を、ただ自分の家庭の幸福のためだけじゃなくて、何らかの形で社会に還元すること。この覚悟が必要だと思うのです。特に、こういった公立とか国立の大学で、人々の税金で学んでいる人たちには、それだけの覚悟が必要だと私は思っているんですね。それを言いたくて、もう足がふらふらしているにもかかわらず、今日は皆さんに話をしに来ました。時間も来ました。私の意のあるところを受け取っていただければ幸いです。

（平成二十四年十月二十四日講演）

第二章　戦後日本の激動する社会の中で

――それでは、秋枝先生、昨年十月の特別講演会の続きのお話をお願いします。「戦後の日本における女性解放政策について」から始めていただけませんでしょうか。

市川房枝さんたちが、一九四五年八月二十五日に、「戦後対策婦人委員会」というものを結成しました。終戦からたった十日しかたってないのに、そういうものをつくったんです。男の人たちは茫然自失して虚脱状態だったときに、彼女たちは動き出しました。それまで女性には参政権も何もありませんでした。女は全員、無能力者という枠に入れられていたんですね。無能力者というのは、精神薄弱者とか精神障害で一人前の能力がない人のことです。そこに女性は全員が入れられていたんです。それで市川房枝さんとか平塚雷鳥さんたちが、迫害されながらも女性解放の運動をもうすでに戦前からやっていたのです。

それで早速、市川房枝さんたちは、この戦後対策婦人委員会をつくって、政府とGHQにそのことを進言して、日本の女性解放と、特に象徴的な意味で参政権を求めました。そしたら、それを一つのもとにして、十月十一日にGHQが戦後の日本の民主化のための五大政策というのを出したんです。そこに女性解放と婦人参政権が取り入れられたんです。だから功労者ですよね、市川さんたちは。その他には、農地解放とか、秘密警察の廃止とか、財閥解体、男女の共学、とにかく、そういうことが決められた。そのときは、GHQは絶対的な権威だったでしょ。だから、日本政府は、不満があっても認めざるをえなかったんです。それから早速、一九四六年四月十日に戦後第一回目の総選挙がありました。そのときは、連記制だったのよ。

――連記制ですか。

そうですよ。連記制というのは、たとえば、候補者が何人かいたら、一人の有権者が二人とか三人とかに投票できる制度なんです。そして、一番得票数の多い人が当選するんです。だから、一つの選挙区で最終的には当選者は一人にしても、連記制だったから女性が三十九人当選したんです。そしたらね、次の回から連記制は廃止されました。女性を当選させないためです。この連記制の選挙のときに、私の友だちの松谷天光光《てんこうこう》が当選したんだけど、皆さんは彼女のことを知っていますか。

――はい。旧姓、松谷天光光さん。ご結婚後、園田天光光さんですね。

あの人、私の同級生なのよ。

――どちらでの同級生なのですか。

東京女子大学。それで、彼女にはいろんなことがあったんだけど、とても勇敢な人でした。とにかく天光光というのは、変わった名前でしょ。彼女のお父さんが変わっていたんです。お父さんは政治にとても関心があったのに、四人の子どもが女の子ばかりで、一番上が天光光なんです。それから二番目は天星丸《てんほしまる》。三番目が「天に飛ぶ人」（天飛人）って書いて「あまひと」って呼ぶのよ。四番目は徳子と言って、出産時に亡くなられたお母さんの名前をつけられたの。天星丸は女医さん。天光光はご主人が亡くなった後、天星丸、私たちは「星ちゃん」って言っていたけど、東京で星ちゃんと一緒に住んでいるのよ。

――天光光さんはご健在ですよね。(注) 最近も、何かで新聞に出ておられました。

その記事は、誰かが切り取って私に送ってくれたけどね。あなたたちはまだ生まれていなかったかもしれないけど、とにかく天光光は「白亜の恋」で有名だったのよ。先述のように彼女のお父さんは政治に関心があったんだけど、自分が出られなかったから、長女の天光光に期待をかけたんです。私は東京女子大学の同級生なんだけど、天光光はよく私のうちに遊びに来ていたんです。遊びに来ると夜十二時頃までしゃべるのよ。だから、私は心配したんだけど、天光光は「平気、平気」と言って、一人で十二時頃帰っていくのね。とにかく、すごく大胆不敵な人なのよ。それと同時に一方で、お謡いをずっとやっていたんです。天光光は声がいいのよ。お謡いで鍛えた声でしょ。彼女が最初の選挙に立ったときは、それがすごく役に立った。あの頃はもう東京は、見渡す限り焼け野原だったでしょ。しかも、餓死者がたくさん出ていたのね。

そしたら、何がきっかけだったか、私はその頃は彼女とあまりつき合っていなかったからわからないんだけど、天光光は日本人の餓死をとめようという「餓死防衛同盟」というのをつくったのね。そしたら、その人たちから押されて、第一回の衆議院議員に立候補したのよ。そのとき、彼女は弱冠二十七歳だった。連記制だったから、最年少者として当選したんだけどね。

天光光は、とにかく学生時代からとっぴなことをする人だったんです。戦後、私が市川房枝さんと会ったときに、「私の友だちで、天光光というのがいるんです」と言ったら、市川さんが、「あの人はとてつもないことをやるから、はらはらしている」と言うのよ。女性の代議士の中でも、天光光は「天ぴかぴか」と言われていたんだって。そのくらい、いろんなことで大胆不敵でね。私が感心したのは、彼女が代議士になってから、ちょうど上野駅の下のところで、いわゆる今の浮浪者、ホームレスのような人たちが夜寝ているところを見に行ったのよ。「餓死防衛同盟の旗印で立ったんだから、その実態を見なくちゃ」と言うのよ。私に一緒に行こうと言うので、私はまだ東北大の学生だったんだけど、一緒に行ったのね。だけど、やっぱり私は意気地がないのよ。駅の入り口に立ったら、浮浪者が通路にごろごろ寝ているでしょ。こっちは足がすくんじゃうんだけど、彼女は大したもんです。みんなに声かけて、いろいろアドバイスしてね。「こんなとこに寝ていないで、あなたたちの相談に乗ってくれるところがあるから、そこへ行きなさい」とか、ちゃんと指図していました。

——ということは、天光光さんは行動力だけじゃなくて、知識もあったわけですね。

もちろんそうよ。東京女子大学と早稲田大学の両方の出身だけあってね。政治とか社会学とか、そういうことには学生時代から関心があったのね。だから演説をすると、さっき言ったようにとても上手なのよ。ほら、謡曲で鍛えているから、朗々とした声で演説をするんです。すると、たちまち人気が出て、それで最年少者だけど当選したのよ。それから、彼女はあちこちに転籍したのね。「餓死防衛同盟」が解散になってからは、社会党に入ったのよ。本来は右翼的な人なんだけどね。だから、彼女のことは右翼社会主義とでも言うべきかな。

——右翼社会主義ですか。

私には、そのように思えますね。彼女はそのうちに、熊本の天草の人、園田直さんとの「白亜の恋」で有名になったのよ。園田さんは、自民党なんです。だから、それで本当は立場が違うんだけど、社会改革とか貧しい人を助けるとか、そういうことでは意気投合していたらしいのよ。

——天光光さんには、それだけ魅力があったということですか。

魅力はある。声は朗々としているし、率直だし。ただ、そのときそのときで、かっとのぼせるのよ。そんな調子で、考えるよりも先に行動するような人だった。

——天光光さんと秋枝先生が仲よしだったとは、不思議な感じがします。

そうでしょう。でも、私たちは割に仲がよかったんです。お互いに立場がわかっているのね。ちょうど園田さんが外務大臣のときは東京に豪邸があったので、私は天光光に招かれてそこを時々宿にしていたんです。園田さんが厚生大臣をしていたときには、現職の厚生大臣として初めて水俣市に行って、水俣病の患者さんと家族に謝罪して、水俣病を公害に認定したのよ。だから、私はそのときは園田さんを褒めてあげたのね。そしたら、園田さんが「秋枝さんに初めて褒められた」って言われたのよ。

私は自分の立場をいつもはっきりさせているし、嘘はつかないから、天光光とはお互いに立場をはっきりさせながらも割に気心がわかってね。今でも時々、東京からこっちへ来たときに、突然、電話がかかってきて、訪ねて来たりすることもあったのね。だけど、今後はもう私も老体で東京へは行けないし、向こうも福岡へもう来られないかもしれないだろうけど、電話なんかを時々かけてきたりする。立場は、私はどっちかと言うと無党派なんだけど、進歩派でしょうね。

——リベラルということでしょうか。

そうね。リベラルでしょうね。天光光はどっちかと言ったら右翼の方なんだけどね。だけど、それをお互いに承知しているのよ。だから、おもしろいつき合いなのよ。

——それはそれで、すてきですね。当時、政治的な党派は違っていても、女性問題、あるいは女性解放には超党派で取り組むという雰囲気があったんですか。

そうそう。それがありましたね。天光光が当選したときに、三十九人の女性が当選したのね。その次の選挙からは連記制じゃなくなったもんだから、女性が当選しにくくなっちゃった。連記制のときは、「一人ぐらい女を入れてもいいだろう」というので投票したらしいのね。そういうこともあって、あの時代はおもしろい時代でもありましたよ。

——これまで、園田天光光さんの話をしていただきましたが、その他にも、当時とても活躍された女性の先駆者がいらっしゃったんですか。

それは、いろいろいたでしょうね、あのときは。市川さんなんかもそうじゃないかな。

——たしかに、市川房枝さんもそうですね。

とにかく、三十九人が当選したんだから、いろんな活躍をした女性たちがいましたよ。たとえば、赤線地区の廃止の運動を一生懸命やった人たちね。そういった人たちは、婦人参政権を確立するようなことではみんな一致していたしね。だから、立場は右から左まで一緒になっていたみたいですよ、その運動ではね。それから、天光光は今でもしているんだけど、南米諸国の公使館やら大使館の奥さんたちのグループがあって、その会の会長をずっとしているのよ。だから、天光光は婦人団体とか外交とか、いろんなことを今でもやっているんです。

私がアメリカに行ったときは、ちょうど園田さんが外務大臣の頃だったから、「何か困ったことがあったら、外務省の大使館に駆け込め」と言われていたけど、私は一度も行かなかった。そんなところに行って助けてもらうのが嫌だったからね。ただ、アメリカにいたときは最後までとても忙しかったんだけど、アメリカから日本に帰るときに、まずスペインのマドリードに行ったのよ。そのときもふらふらになりながらだったんだけど、そのあとすぐにロンドンに行って、ロンドンから北欧に行ったの。一人でね。そんなふうにして、オスロに行ったら、私は夜中に七転八倒したのよ。私は盲腸炎かと思ったんだけど、女の一人旅でお薬も持ってなかった。宿屋の女主人に事情を話すと、鎮痛剤をくれたので、それを飲んだら治った。

オスロはそのときの二泊だけで、翌々日はもうスウェーデンに行く予定だったんです。翌日は、昼頃まで寝ていたんだけど、もうその日にオスロ見物に行かなかったら、結局オスロは何にも見ないで帰ることになるから、痛みが少し治まっていたので、見物に行くことにしたのよ。ホテルが町の広場からすぐのところにあったんです。ちょっと坂をおりて行ったら、市役所の広場に出るのね。お昼頃、ふらふらと一人で出て行ったら、ちょうど広場で「今から観光バスが出ます」と言うんです。「急いで乗ってください」と言うから、どこへ行くかわからないけど乗ったのよ。

そしたら、とてもおもしろかった。半日のコースだったけどね。少し郊外で、ノルウェーの古い民家や何かを保存している地区だとか、バイキングの古い船を保存しているところだとか、とにかく、とてもおもしろいところを回ったんです。そして夕方、また広場に戻ってきたのね。そしたら、その日に限って、市役所が八時まであいていた。普段は五時までなんだけどね。市役所の中には、オスロの有名な画家たちの絵が展示されていました。だから、それも見物してからホテルに帰ったのよ。

その夜にまた痛くなって困ったなと思ったけど、お薬をもらっていたから、それを飲んだら治まった。翌日、スウェーデンに行くために飛行機に乗ったら、偶然に私の隣に乗った人が東大の内科の教授だったのよ。それで、実は昨日と一昨日、こういうことがあったと話したら、その先生から「ちゃんと診察しないとわからないけど、話から聞くと、疲労から来た急性胆嚢炎だと思うよ」と言われたんです。だけど、「そのぐらいで治まってよかったですね」って。私は食べるのが割に好きな人間なんだけど、その一週間は食欲がなかったんです。だけど、見るべきものだけはもう見逃さないようにしたのね。あの頃は、一旦日本に帰ったら、また見に行くことはもう難しいでしょ。だから、とにかく帰ってから後悔しないようにと思って、何でも見てやろうと思って行ったのよ。

――胆嚢炎の方は、その後どうなりましたか。

いつの間にか治りました。一週間ぐらいして治りましたね。

――いつの間にかですか。きっと気力で治されたんでしょうね。ともかくも、ご無事にお帰りになられてよかったですね。たまたまバスに乗れて、たまたま市役所があいていて、強運でしたね。

そうそう。私はそのとき四十四歳だったけど、まだ気力があったのね。第一あの頃は、一旦日本に帰ったら、もう外国に行くのはよっぽどの立場の人じゃないと行けなかったから、「このチャンスを逃してはいけない」と思ったのよ。それともう一つは、フィンランドに知り合いがいたこともあるのよ。私がハーバードにいたときに、フィンランドから来た女性研究者と寮で一緒だったのね。その人と仲よくしていたら、彼女が「帰りにヘルシンキに来い」と言うから、実はそれで行ったのよ。そしたら、ちょうど私が着くときに、彼女は他に用事があって地方に行っているので、「自分のアパートの鍵を渡すから勝手に使え」と言うのよ。彼女の友だちが代わりに飛行場まで来てくれて、その鍵を渡すと言われたけど、私ね、フィンランドの言葉も何もわからないでしょ。そんな、鍵を渡されたって自炊もできないでしょ。だから、それはやめて、ＹＷＣＡに似たようなホテルをとって、そこに滞在したんです。

そのときも、おもしろかったですよ。すでにフィンランドでは、男女の平等がほぼ実現していたのよ。それから、子どもを大切にしていましたね。「子どもの城」というのがあるのね。普通は見せてくれないんだけど、フィンランド大学の児童学の女性教授が「いいよ」と言ってくれたから、「子どもの城」や何かを見学させてもらったのよ。そして、その夜は彼女の森の中の別荘に泊めてもらったんです。フィンランドは、森と湖の国と言うでしょ。彼女の別荘は広い別荘なんだけど、自分の敷地の中に、森と湖があるのよ。湖のすぐ横に本格的なサウナの小屋があって、そこでみんなで汗を流して、その後そのまま真っ裸で湖に飛び込んで泳ぐのよ。私は泳げない上に、そんなの嫌だから、泳がなかったけど、おもしろかったですよ。そういう体験を一日させてくれました。

――話が少し戻りますが、市川房枝さんたちの「戦後対策婦人委員会」とか第一回総選挙などがあって、女性解放とか、男女平等、男女同権とか、そのような息吹がわっと押し寄せたときに、秋枝先生ご自身は、何を思われて、どんな運動や行動をなさったのでしょうか。たとえば、委員会で行動するとか、極端な話、選挙に出るとか、天光光さんみたいにしようと思えばできたかもしれませんが、そのときに何を思われて、どんな行動をなさったのでしょうか。

そのときはもちろんですが、私が東北大に入ったときも、もっと前から言えば、東京女子大に入ったときも、私は女性解放の仕事をしたいと思っていました。先進国のアメリカとかイギリスとかの女性の現状や女性学を学ぼうと思っていました。そのときはまだ「女性学」という言葉はなかったけど、女性史を学ぼうと思っていたんです。私が東北大の西洋史に入ったのは、そういう目的だったのです。ところが入ったら、教授が女性史にまったく無関心だったのね。私が女性史でこういうことをしたいと言ったら、「そんなことに関心のあるやつはこの大学に一人もいない。やりたいなら勝手にやれ」と突っぱねられちゃってね。そもそも、私には抜けているところがあって、東北大にどんな先生がいて、どんな考えをしているかなんて、何にも知らないで入ったでしょ。そしたら、その先生は右翼的な先生だった。西洋史の主任教授がね。その先生はね、ドイツ海軍の軍艦エムデンがいかにして沈没したかというのを一年かけて講義したのよ。私、そんな講義はちっともおもしろくないのにね。そして、女性のことなんかはまったくの無関心でした。「勝手にやれ」と言われたから、図書館に行ってみたら、女性史に関する本は一冊もなかった。今では考えられないようなことですが、女性史の本なんかまったくなかった。だから、私がこの大学に来たのは無駄だったと思って随分悩んで、私はもうやめてしまおうかと思ったりしてね。

――そんなふうに思われたのは、戦前に東北大に入られて援農動員がすんですぐのことですよね。

そうです。でも、すぐに終戦になってね。私はいろいろと悩んで、他の学科に変わろうかと思ったりしていたんだけど、遅れ馳せながら自分で気がついたのね。大学に入れば先生がいて、先生がいろいろと指導してくださると思ったのがそもそも間違いで、結局、大学では自分で勉強しなくちゃいけないということなのよ。もう先生は当てにしないで自分でやる。

だけど、図書館には本がないでしょ。私は東京女子大時代の恩師でアメリカにいる人とかカナダにいる人とかに手紙を書いて、向こうから資料を送ってもらったのよ。それから、仙台から東京に出て行って、東京女子大や津田だとかお茶の水だとか、そういうところの図書館を歩き回って、女性問題の資料を探したのね。

――津田とかお茶の水とかには、資料はあったのでしょうか。

少しずつですが、ありましたね。それから、私が市川房枝さんと会ったのも、実は資料が目的だったのよ。市川さんは、婦選同盟の活動をしていて、代々木のうちには図書室があったんです。そこで図書なんかを見せてもらったり借りたりして、少しずつ自分で資料の開拓をしたのね。もちろん、今のようにたくさんの本はなかったけれども、案外、貴重な本があったのよ。それから、そこの先生方は親切にも、アメリカの女子教育の本や、千ページ以上の厚い本を紹介してくださったんです。その本はトーマス・ウッディの大著『アメリカ女子教育史』(Thomas Woody: *A History of Women's Education*

入らない本だったんですよ。その本を市川房枝さんの図書室で教えてもらったんです。

in the United States）で、決定版だと言われるんだけど、とうに絶版になっていて、アメリカでも手に入らない本だったんですよ。その本を市川房枝さんの図書室で教えてもらったんです。

それから、さっき言ったように、カナダのトロントにいらした恩師に私は手紙を書いたのね。「こういうのが日本では手に入らないけど、そちらで手に入るか」と聞いたら、「アメリカでもカナダでも、もう絶版で手に入らない」って。それで、恩師がわざわざ出版元にかけ合ってくれて、出版元に残っている倉庫から、その本を手に入れて私に送ってくださったのよ。

そういう人たちに助けられながら私が資料を集めていたら、そのうちに卒論を書くときになったのね。仙台にいたって何にも資料がないでしょ。だから、教授に断って、東京に出たのよ。卒論を書くちょうどその年に、日比谷公園の中にアメリカ文化センターの第一号ができたのよ。そこに図書室があってね。そこを見に行ったら、やっぱりアメリカの女性に関係した本が割にたくさんあった。女性史の本もあったし、女子教育の本もあった。だけど、今と違ってコピー機があるわけじゃない。だから仕方なく、みんな手書きで写したのよ。必要なところは写したり、初めから自分で訳したりして、自己流のノートをつくったのね。私は西洋史の学生だったし、女子教育関係の本が割にあったから、「アメリカの女子高等教育成立の社会的基盤について」という題にして、背景社会との関連で卒論を書いたんです。

――お話をお伺いするだけでも、資料を探すのは大変だったようですが。どうやって探されたのでしょうか。

それは大変でしたよ。昔の旧帝国大学でさえ、しかもリベラルな大学だと言われた東北帝国大学でさえ一冊の本もないんですから、もう大学は当てにならないでしょ。だから、東京に出て行って、今言ったように、日本女子大、自分の母校の東京女子大、津田、それから市川房枝さんの図書室とか、そういう多少アメリカその他の先進国の女性の問題について、何か関係する本があるだろうと思ったところを軒並み歩いて探したのよ。本があっても、大抵は借りられないから、手書きで写した。そうやって卒論を書いたんですよ。

ところが、私の主任教授は右翼的でしょ。戦争時は陸軍と親しかったといわれた人なのね。だから、私がリベラルな立場で書いたのがおもしろくない。しかも、私はいつもそうなんだけど、おしりに火がつかないと動かないたちでね。それで、卒論を書くときも、最後の二日は徹夜したんです。徹夜して、一緒にいた友だちに綴じてもらっている間に、私は靴を履いて、ふだんは大学まで十分かかるところを走りに走って五分で行って、卒論を提出したんです。その日は、土曜日だったので、正午のサイレンとともに事務所に飛び込んで出したのよ。それが後々まで有名になって、後輩たちに「あの真似だけは、するまいね」と言い伝えられたぐらいでした。

とにかく、締め切りに間に合って出したのはいいけど、最後はぶっつけ本番だったのね。それで、一字がわからないところは後で調べて書こうと思って、その字のところはみんなあけておいたのよ。一旦出しておいて、それで出したということの証明をしてもらったら、後でそれを取り寄せて、あいたところに字を書いておけばよかったのに、そのような要領よさがなく、そのままにしていたから、口述試験のときに主任教授からうんと絞られた。「君は書きっ放しで読み返しもしない。だから、脱字だらけだ」ってね。後から辞書で調べて書こうと思っていたのよ。だから、そういうのもみんなばれちゃってね。それで、うんと絞られた。主任教授は「もうどうせ君は間に合わないと思っていた」と言ったけど、とにかくぎりぎりでサイレンとともに出しちゃった。そんな調子だったけど、主任教授からは「その割にはいいものを書いた」とも言われたのよ。それだから、ちゃんと卒業できたわけ。私としては、必死だったのよ。東京女子大もそうだったけど、東北大も奨学金と家庭教師で、親からは一銭ももらわないでやっていましたからね。だから、そのとき卒業できなかったら、奨学金が切れちゃって困ったことになるでしょ。とにかく卒業しなきゃいけない。それで、何とか間に合わせて出した。卒業の少し前からだけど、その頃、私は女学校の世界史の先生になろうと思っていたのよ。西洋史をやっていたからね。そしたら、大学の先輩から「残って一緒に僕らと研究しないか。共同研究をしないか」と言われたので、それも悪くないなと思って、大学院に志願することにしたのよ。そのときも、主任教授に相談に行ったら怒られてね。「君のような横着な人間は推薦しない。だけど、学生には志願する権利はあるんだから、志願したけりゃ志願したらいい」って言われたんです。志願したら通っちゃった。

最初から、主任教授は私が気に食わなかったわけ。こっちも、それはわかっていたけど、私は大学院の、それも特別研究生になれたのよ。戦時中に男たちがみんな戦地に行ったら研究者の後継者が育たないというんで、特別研究生には文部省から特別奨学金が出て、それは助手の給料より高かった。東北大の文学部には、そのときちょうど二十ぐらい科があったんだけど、全体で七人が選ばれるのよ。

だから、だいたい三つの科で一人が選ばれるのね。歴史では、日本史と西洋史と東洋史の中から一人だけしか選ばれないんだけど、私がうまく選ばれちゃったの。

とにかく、私は変なところで運がよいのね。主任教授からにらまれて、「こいつは絶対に推薦しない」と言われていたんだけど、他の教授たちが認めてくれていて、それで私が選ばれちゃったのね。だから、もう主任教授は機嫌が悪くてね。

――その主任教授は、戦時中は右翼的だったそうですが、戦後は変わられたのでしょうか。がらっと変わられた方も多かったと聞きますが。

多少は変わったんでしょうね。今思い出したんだけど、戦後その教授はアメリカの自由主義の研究をしていらしたようね。

私は初め、その主任教授にものすごく信用があったのよ。それはね、私は夏休みにレポートを書いたんだけど、アーネスト・サトウというのがいるでしょ。『アーネスト・サトウの日記』というのがあるんです。それがおもしろいから、それをずっと分析して、私も変なところが凝り性で、百枚ぐらいの原稿を書いて出したのよ。それも期日に遅れに遅れてね。先生はどうせ私は出さないと思っていたらしいんだけど、私が出したら、その先生がそれをすごく評価してくださった。

――その主任教授がですか。

そう。それで、そのレポートに百点くれたのよ。先生から私は「こんなことは初めてだ」と言われてね。それで初めは、私の信用はその先生にすごくあった。だけど戦後になってね、ある政党に入る学生たちが西洋史を中心として出てきたのよ。一人のとても優秀な学生がいたのね。彼は実力もあった。最初は党員が三人しかいなかった。ところが彼は、彼一人の力で党員を百人に増やした。それぐらい実力者だった。それも、たったの一年間でね。彼がこれと狙った人で失敗した人はなかった。唯一失敗したのは、私だけだった。彼は私のところにしょっちゅう勧誘に来たんだけど、私は「あなたの言っていることはわかるけど、私はそんなのに縛られるのは嫌いだからね」と言って、とうとう最後まで入らなかったんです。

――それは秋枝先生もすごいですね。

彼からも「唯一失敗したのは、あなただけだ」と言われた。私の考え方は割にリベラルでしょ。だから、実は彼がいの一番に狙ったのは私だったんだって。そして、彼は私に関しては最後まで失敗したのよ。でもね、私たちは後々まで割につき合ってはいたのよ。それはそれでいいんですけど、その彼のために西洋史の学生ほとんどが党員になったのね。そしたら、その主任教授が私に「学生の動向を知らせてくれ」と言ってきたのよ。でも、私は動向をまったく知らせなかった。そしたら今度は、主任教授が「君を信頼して頼んだのに、君は一つも学生の動向を知らせてくれなかった」と言うのよ。だって、友人たちを裏切るようなことなんか、私はできっこないじゃない。そしたら、やっぱり学生の中にもいろんなのがいるのよ。主任教授のご機嫌を伺うために、入党した学生の悪口を言う人がいた。私はそういうのを聞くと腹が立つから、悪口を言われた学生をわざとかばってやった。そしたら、「秋枝は伏せている党員だろう」ということになった。それで、主任教授は私を疑い出して、私を研究室から追い出そうとした。

――実は、裏にそういうことがあったんですね。

そう。そういうことがあったのよ。だけど、他の教授たちがみんな私の方を守ってくれて、それでとにかく私が七人の特別研究生の中に入れたんでしょうね。それは今で言えば修士課程の二年間に相当するんでしょうが、博士課程には三人しか残れないのよ。だから、主任教授は私を呼んで、「君を絶対に推薦しないからね。それから、そもそも教授には学生の就職の世話をする義務なんかないんだから、自分で就職活動をしろ」と言った。そう言われても、私はどうしていいかわからない。私はご近所で割に親しくしてた教授がいたから、その先生のところに相談に行ったのよ。私が「就職活動をするようにと主任教授から言われたので、どこかいいところあったら世話してください」と言ったら、その教授が「いや、教授会の雰囲気としては、残す三人の中の一人に君を数えているから、そんな就職活動なんかするな。黙って静観していろ」と言ったんです。そう言われたから、私も静観していたのよ。

そしたら、私はまた主任教授から呼ばれて、「君は絶対に残さないから就職活動をやれと言ったのに、君は就職活動をしている気配がない。厚かましいやつだ」と言われた。そう言われたって、どうしようもないでしょ。その頃、私が書いた修士論文を三人の教授が見てくれていたのね。主任教授が一番強いんだけど、他に二人の教授たちにも見てもらっていたのよ。就職を相談した先生から「他の二人の教授がどういう評価をしているか聞いてこい」と言われたから、私は聞きに行ったのね。一人は日本史の教授で、一人は心理学の教授だった。二人の教授は、「あなたを博士課程に残すという判定を書いて出している」と言ったんです。じゃあ、慌てることもないと私は思ったの。

博士課程に誰を残すかは、普通は一月に決まるのに、一月には決まらなかった。二月の教授会、三月の教授会でも決まらなかった。博士課程は四月から始まるでしょ。そうすると、もう奨学金が切れちゃうわけ。だから、どうなることやらと思っていたけど、私が大学院の後期に残るか残らないかというのは四月の教授会でも決まらなかったのよ。

——あとの二人は決まっていたのですか。

そう。あとの二人はすでに決まっていた。主任教授が絶対に私を推薦しなかったから、私だけが決まっていなかった。だって、主任教授が推薦しないというのは一番強い障害になるわけでしょ。だから私も諦めかけていたのだけどね。東北大の近くに私立の女子大があってね。そこの講師を私はすでにしていたから、もうそこに勤めるしかないなと思ってもいたのよ。

しかし、五月の教授会で文学部長が主任教授を説得されて、私は特別研究生の二期に進学できることになったのです。私がたまたまアメリカの女子教育がいかなる社会背景から出てきたかということを研究していたから、教育学部の学部長が「自分は専門が違うけど、自分が指導教官になってあげる」と言ってくださったのよ。その先生は教育哲学の先生だったけどね。

——その教育哲学の先生とは、細谷恒夫先生でしょうか。

そうです。細谷先生はすごく良心的な先生だった。立派な先生だったから、それだけに私も心配したのよ。だって、細谷先生は私の指導教官になってあげると言ったけど、そしたら、細谷先生と西洋史の主任教授との仲がおかしくなるからね。だけど、「それはもう覚悟だ」って細谷先生は言ってくださった。そして、そのときに細谷先生は、「あなたの言うことは一応信用するけど、他の教授たちにも聞いてみる。あなたの言うことが本当だとわかったら、自分はどんなに主任教授から憎まれてもあなたを守る」とも言ってくださった。

――細谷先生は、本当にすごい先生ですね。

そして、結局、細谷先生は私を守ってくださった。そして「自分のところの研究室に来い」と言ってくださった。でも、専門が違うでしょ。だから、細谷先生は「直接あなたを指導はできない。だから自分で勝手にやりなさい。だけど、本でも何でも欲しいものがあったら言いなさい。自分が買ってあげるから」とおっしゃったのよ。だから自由にさせてもらって、便宜だけは図ってもらったから、こんなにいいことは他にはないような形で博士課程を過ごさせてもらったのよ。それは本当にありがたかったですよ。

細谷先生は、とても良心的な人でした。私が福岡に来てからだけど、学生運動があったでしょ。そのときはもう東北大を定年退職されていました。細谷先生はもともと山形の出身だったこともあって山形大学の学長になっていらした。細谷先生は学生運動に非常に誠実に対応されて、そのために心筋梗塞で亡くなったのよ。あまりにも良心的過ぎたんでしょうね。それくらい細谷先生はいい先生でしたよ。

私は「捨てる神もあれば拾う神もあり」で、いつも最後は誰かに拾ってもらったのよ。だけど、そのときも細谷先生から言われたけど、「それは、あなたが自分の信念を曲げなかったからだ」って。細谷先生は私をかばってくれた。そのことが東大の先生にまで伝わって、私は有名になっちゃったのね。あるとき、私が東大の西洋史のところで、本を調べるために図書室に行ったのよ。そしたら、後に学長になられた林健太郎先生っているでしょ。その林先生が出てきて、「あなたがあの秋枝さんですか」と言われたんです。他にも、当時は北大にいらっしゃった堀米庸三先生だったかな。法制史の先生。その堀米先生が東北大に非常勤講師で来ていらしたのよ。その先生も私のことを聞いていて、どの人が秋枝さんかと講義のとき見ていたって。そして、「ああ、あなたでしたか」と言うわけ。私はわざとけんかしたわけじゃないのよ。だけど、結果的には、けんかになっちゃったのね。私の側からは譲らないからね。

それはもう、父親の「川筋気質」を受け継いでいるのよね。私は長い人生で、大学でも社会でもいろいろな活動をやったんですけど、自分を最後まで曲げなかったから、誰かが救ってくれた。たとえ同じ意見じゃなくても、「あの人は、とにかく嘘をつかない」ということがわかれば、誰かが救ってくれる。私は今まで、それで通してきたのよ。だけど、もちろん時々はやられたけどね。

――奨学金の方は、どうなったのでしょうか。

それがね、切れなくて、ずっと続いたのよ。本当は三月で切れるはずだったでしょ。博士課程への進学が決まったのは五月だったけど、四月にさかのぼってくれた。もちろん、その間はお金がなかったので、自分でもう随分工夫して、食いつないでいました。そのときも、いろいろとおもしろい綱渡りをしましたけどね。

――信念を貫き通すという形で、秋枝先生が真っ直ぐに頑張っていたら、拾ってくれた人がいた。そういうご体験ですね。

そうですね。後でも言われたのよ。「君が最後まで説を曲げなかったから、君には見どころがある」ってね。そういうふうに見てくれる人もいるのよ。

――それが成功の秘訣になっているようなところがあるのでしょうか。

あるわね、それは。私は思うんだけど、その先生に折れて、胡麻すったら、もうだめよ。そんなことをするときは、もうだめよ。

――そういう人生観から考えると、戦後の女性解放運動は、信念を曲げない形で、いちずに進むことができたと言えるのでしょうか。

私はね、実際の活動をしているわけじゃないのよ。たとえば教育委員会が相手だったら、それは非常にやりにくかったと思いますよ。私はもう追い出されていたかもしれませんね。私が勤めていたのが大学でよかった。私が福岡女子大の教員組合の委員長に選出された時、吉久勝美さんという組合嫌いの副知事が交渉相手だったけれど、ちゃんとデータをそろえて話をしたら、さすがの彼も、「こんなに悪いとは思わなかった」と言ってくれて、それから後は、私をとても信用してくれたのよ。

そのとき、福岡女子大の学長は白川正治先生だった。白川先生も非常に正義感の強い先生だったでしょ。だから、白川先生とお互いに情報交換しながら私は教員組合の活動をやっていたのよ。そしたら、後で白川先生が笑って、「吉久さんが、今度の女子大の組合の委員長は、まるで学長交渉のようなことをするとおっしゃっていましたよ」と私に教えてくれたんです。白川先生も私も、福岡女子大の予算をよくするためには、学長と組合の両方で協力しなくちゃいけないという考えをもっていたのよ。

——吉久さんというのは、県庁のお役人だったのですか。

そうです。後に副知事になった人です。福岡は御三家のうちの一つと言われるぐらい日教組が強かったから、それを潰すために吉久さんが文部省から送り込まれたのよ。ある程度それで成功したから、論功行賞で副知事になった人ね。私は吉久さんが組合嫌いだということは聞いていたから、どんな対応をされるかなと思っていたら、向こうも福岡女子大の組合長は女だというので気を許したのでしょうね。こっちは、向こうが反論できないようにデータを根拠にして説明したから、さすがの吉久さんもうなっちゃって、「こんなに女子大は悪い待遇であったとは気がつかなかった」と言った。それで、今度は「女子大をよくしてやれ」って、学事課長に指示してくれたのね。学事課長は九大出の人で、女子大に割と好意を持っていてくれたのよ。だから、学事課長がちゃんとやってくれた。

私が吉久さんとやり合ったでしょ。それで、学事課長が後から私に言ったのね。「吉久さんが女子大をもっとよくしてやれと指示してくれたから、実は自分も仕事がやりやすくなった」ってね。それで一遍に図書費は倍になり、教員の研究費は五十何%上がった。こんなことがあったから、「女に何ができるか」と言って、てぐすねひいていた女子大の男の教員連中は黙っちゃった。

――秋枝先生が女の実力をお見せになったのですね。

だけど、その一年間は私は何にも研究できませんでしたよ。

――秋枝先生ご自身は女性解放のための実際の活動をしてきたわけではないとおっしゃいましたが、長年にわたっていろいろな社会的な活動にかかわってこられましたよね。

それは、私も少しは社会的な活動をしてきましたよ。女性学研究会のメンバーでしたから、そこで一緒に共同研究をしたり、それから「虹の会」の活動をしたりしました。福岡で専門職を持っている女性は、初めのうちは少なかったんですよ。弁護士は一人とか、裁判官は一人とか、大学教員でも一人とか二人とか、そういう状態でした。だからね、そういう人たちには職場に女性の仲間がいないでしょ。それで、福岡で専門職を持っている女性が集まって、親睦と情報交換を中心とする会をつくったんです。

その前に、国際的な組織でＢＰＷの会っていうものがあったんです。Business and Professional Women's Clubs というインターナショナルな会です。日本も戦後、その中に入れと言われて入りました。中央の方では入ったんだけれども、福岡ではそんなややこしい会には入らないで、専門職の女性たちがお互いに励まし合ったり、情報交換したりしようというので、今からちょうど五十年前にできたのが「虹の会」です。

――「虹の会」とは、どんな意味でしょうか。

「虹の会」って俗称なのよ。たまたま二十二日に発会したから、その二二をかけて、それから将来にレインボー、すなわち虹をかけて、それを重ねて俗称「虹の会」と呼ぶことにしたのよ。福岡BPWという会はちゃんとあったんです。だけど、会長とか副会長なんて決めないで、回り持ちのお当番で会をやっていたのよ。

そんなふうに、組織立った活動をしていなかったから、そのうちに、忙しい人とか怠ける人とかが当番になると、本当は原則として一カ月に一回集まることになっていたのに、一年ぐらい集まらなかったり、名簿もどこかに行っちゃったりするなんてこともあったんです。そしたら、あれは何年だったかしら。昭和四十何年ぐらいだったかな。中央政界がどんどん保守化して、労働省の中の婦人少年局、あんな局なんか潰してしまえということになったんです。政界を縮小するためにです。そのときに、男たちは「女に局長のポストをやることはない」とも言ったそうよ。それで、私たちはそれを残す運動を始めた。

そのときに、ばらばらになっていたら運動にならないし、福岡にもBPWの支部に正式に入ってもらいたいという要請もなされていたから、昭和四十一、二年頃だったんじゃないかな、正式に福岡支部として入ることになったのね。それまで、会長、副会長も何にもつくっていなかったんだけど、やっぱりそういうものを組織上つくらなくちゃならなくなった。私はそのとき、城野節子さんに会長になってもらおうと思ったのよ。

——福岡女子大出身で、九大のフランス語の先生ですね。

そうそう。そしたら、城野さんはまた日仏学館の方で忙しくて、年に一回ぐらいしか出られないから自分はできないって言うのね。それでお鉢が私に回ってきて、私が初代の会長になっちゃった。だけどね、それからだんだんと組織がきっちりとして、今は役員や何かをちゃんと決めて、よくなっていますよ。あれから、もう五十年がたちました。この前、五十周年の本も出したんですよ。今は百人近くの女性会員がいます。

——組織が整って、会員も増えたんですね。

そうです。それに、行政の方でも女性が活躍しないといけないから、私たちは女性の副知事を置く運動をずっとやっていたんです。奥田八二知事はそれを実現させようとしてくれていたのよ。私たちも熱心に支持をしていました。だけど、候補者の名前が出てくると、どこかから漏れてしまって、結局潰されちゃったのね。

それで、やっと麻生渡知事になって、最初の女性副知事が実現したのよ。後にも先にも、そのとき一回だけだけど、麻生知事が私に夜の十二時過ぎですよ、電話を直接かけてきて、「先生、喜んでください。先生が長い間言われていた女性副知事がやっと県議会の最終日に通りました」と知らせてくださったのよ。

——労働省の女性局長を潰すという話は、どうなったのでしょうか。

その話は、みんなで潰しました。国際婦人年のおかげね。国際婦人年を契機として、保守から過激な方まで合わせて五十ぐらいの婦人団体ができたのよ。それが全部一緒になって、国際婦人年に「連合婦人会」というのをつくったのね。その会長に、私の東京女子大のときの同級生だった人がなったのよ。ずっと成蹊大学の英語の先生をしていた人で、彼女はもともとバイリンガルで育った人なんです。だから戦後、文部大臣の通訳をしたり、国際会議に政府の代表としてよく行ったりしていたんです。名前は中村道子さん。

——婦人団体の後押しもあったのですね。

そう。そうやって、みんなで反対運動をしたのよ。それで、女性局長が消えなくて済んだのね。そして翌年になると、各府県にあった婦人少年室を潰すという話になった。そうすると、全体で約二百名の人員を削減できる。労働省が政府の役人の削減問題でお茶を濁そうとしたのね。それで、またそれの反対運動をしたんです。そのときは私も随分やりましたよ。私は学生にまで授業のときに呼びかけて、寄付をお願いしたのよ。「婦人少年室を残したいと私は思っているけど、賛成する人があったら名前を書いて百円入れて」と封筒を回したのね。戻ってきたら、名前だけ書いてあるけど、お金が足りないのよ。みんな百円を入れるの忘れて、名前だけ書いて回しているのよ。だから、あとは私が自分で足して渡したけどね。とにかく十万円ぐらい集めましたよ。だから、そういうふうに自分のできる範囲ではやったけどね。

——いや、できる範囲っておっしゃっても、すごいですよ。一人百円で十万円なら、千人ですよ。

もちろん、学生は百円だけどね。「虹の会」の私の友だちは、もっとたくさん出してくれたからね。それを全部合わせて十万円ぐらいだから、千人にはならないわね。そうやって、私は自分のできる範囲で活動をしたのよ。話は変わるけど、学生運動が盛んなときがあったでしょ。昭和四十何年ね。あのとき、私は学生部の委員をしていたのよ。だから、学生たちが県庁に押しかけたときは、私もついて行きましたよ。

そのときは、まだ天神の方に県庁があったときだけどね。行ってみたら、機動隊がびっしりと学生と県庁の間にいるのよ。私はその両方の間を行ったり来たりして、機動隊を刺激しないようにして、機動隊には乱暴なことをしないでくれと頼んでおいて、学生には余計な挑発に乗るんじゃないよと言ったの。

そのときに私がありがたいと思ったのは、九大の学生たちも来ていて、実際は女子大の学生たちは九大の学生たちのしりについて行ったようなものなんだけど、九大の学生たちが私に「大丈夫ですよ、先生。僕らは女子大の学生を絶対に守りますから心配しないでください」と言ってくれたんです。

結局、衝突は避けられたんだけど、そんなことも私はしましたよ。それから、「大学立法」問題のときは大学を守るため、先生方も一緒に反対運動で、やっぱり天神でデモをしましたよ。その程度のことですけれども。それから、女子大の学生は九大の学生から指導を受けて、それで、いろいろやるんだけど、あの頃は無茶なこともしていたのよ。「政府のやり方がけしからんから授業を放棄します」と言うのよ。それで、私のところに学生が来て、「先生の今度の授業を放棄します」と言うから、「ちょっと待ってよ。あなたのお母さんが、もし政府のやり方がけしからんから、今晩から料理も食事も何にもつくらないと言ったら、あなたはそれでいいの」と私は言ったのよ。「私の授業がおもしろくなくてボイコットするというなら、私はそれはもっともだと思う。受けて立つ。だけど、政府がけしからんから授業をボイコットするというのは筋が通らないじゃないか」と学生と言い合いましたね。それで、私はちゃんと授業をやりましたよ。

——学生はみんな授業に出てきましたか。

みんなは来ないけど、相当数は出てきましたよ。それでも、やっぱり学生たちは先生たちとの団交はやるのよ。それはたいてい放課後なんだけどね。そのとき、私は必ず出て行きました。逃げちゃう先生たちも多かったんだけどね。私は必ず出て行って、学生たちとやり合うわけです。だけど、女子大の学生たちは、大学の規模が小さいということもあって日頃から先生たちと親しくしているから、あんまりひどい言葉は使わないのね。九大では学長に向かって、よく学生たちが「貴様」とか言っていたけどね。その他にも、教授の部屋を占領して、いろんなものを売り飛ばしたりして。たとえばテープレコーダーやなんかね。

でも、女子大の学生たちは団交と言いながらも、ちゃんと敬語を使うのよ。「今、先生はそうおっしゃいましたけど、私たちはそれに承服できません」とか、とても丁寧な言葉遣いをするから、こっちもそれで言い合いをするわけよ。それで夜の九時ぐらいになったら、「もうやめよう」ということになるのね。そのときも、帰り際に誰がどうやって出したのか知らないけど、お茶が出るのよ。そしたら、寮の学生たちが、「後片づけは私たちがしますから、先生たちは早くお帰りください」と言うのね。翌朝、学生たちに会っても、にこにこしながら「先生、おはようございます」と言ってくれるしね。

だから、個人的な信頼感は全然なくならなかった。それはそれでよかったと思うのね。

——団交へ出てきていた先生たちと逃げていた先生たちというのは、どれぐらいの割合だったのでしょうか。

半分ぐらいは逃げていたんじゃないかな。私は自宅が比較的近かったということもあるけど、それだけの信頼感を女子大の学生に持っていました。だから、向こうもちゃんとそれを理解していてくれましたね。

——逃げていた先生たちには、何か特徴みたいなものはありましたか。

それはね、自分のことしかしないというようなタイプの人たちね。たとえば、自分の研究だけしかしないとかね。どこの社会でもそうですよね。

——けれども、たとえば女性解放運動など、そういう活動を進めていくためには、自分のことだけすればいいとか、自分さえよければいいということでは、なかなか活動が展開しないのではないでしょうか。

そうですよ。だから、私はそれでいろいろ喧嘩をしたんですね。たとえば、私が福岡女子大に来たときには、女子のための大学なのに、「女性学」の授業科目がなかったのよ。そういう科目名はそれ自体が当時は存在しなかったので、「婦人問題」とかの科目名で呼ばれていましたが、そういう科目を置いてくれるように、私は最初から教授会で言っていたのよ。それが実現したのは、何と私が定年退職する三、四年前だったんです。女性学に関する授業科目を開設できるまでに、二十何年かかったのよ。

男の先生たちは、普段はいい先生たちなんだけど、新規科目の開設となると、とても料簡が狭いのね。「秋枝先生がそういうことに関心を持つのは勝手だけど、そのとばっちりを僕らに及ぼさないでもらいたい」って言うんです。それはどういうことかと言うと、新しい授業科目を開設するとなると、それを担当できる専任教員がいないので、たいていは非常勤の先生を呼んで、二コマぐらいから始めるのよ。その頃は、どうしてなのか私は知らないけど、県庁は非常勤講師の費用を科目ごとにじゃなくて、全部の科目分を一括して出していたのね。そうすると、新しい科目を開設したら、既存科目を廃止しなくちゃいけない。それで、他の先生たちが既得権を守ろうとした。私の提案が通ると既得権が失われるというので、「僕らに影響を及ぼさないでもらいたい」と言うわけね。だけど、そういった圧力に屈しないで、私は粘り強く提案し続けました。

――秋枝先生のご提案に賛成してくれたり、応援してくれたりした先生はいらっしゃいましたか。

いたとは思うけどね。割にリベラルな先生たちも、何人かはいらっしゃったからね。ただ、新しい科目を開設すると既得権が失われることになるから、先生方からの抵抗は避けられなかった。だけど、そのうちに時代がだんだん変わってきた。ほら、国際婦人年の後、時代は本当に変わってきたでしょ。それ以降、だんだんと反対できないような空気になったわね。最初の非常勤講師は、九大の有地亨先生（家族法）でした。

私が定年退職してからは、私が五年間、婦人問題という科目名で担当したんです。だから、私は七十歳の年まで非常勤講師として授業をやりました。だけど、その頃は別に反対運動はなかったですよ。もう時代が変化してきていたんですね。私が退任した後は、篠崎正美さんでした。あの人は九大で社会学を勉強していて適任だったから、あの人に来てもらったのよ。

――だけど、あの頃にはまだ悪い冗談をほのめかすような風潮もありましたよ。女性学という言葉がまだ定着していなかったので、婦人問題とか女性問題とか言っていましたよね。婦人問題の方はまだいいけど、女性問題というのは別の意味でも使いますから。

そうそう。スキャンダルみたいな意味に受け取って、揶揄する人もいたわね。今でも、たとえばジェンダーフリーという言葉があるでしょ。議員さんたちなんかは不勉強で、それはセックスフリーのことだと思っているのよ。だから、「女子大でフリーセックスだかセックスフリーの講義をするとはけしからん」とか、「公民館でそういう講演をするのはけしからん」とか言ったりする。そういう議員さんたちは、不勉強なのね。

――他にも、たとえばリプロダクティブ・ヘルスという言葉を使うと、いかにもフリーセックスを推奨しているかのような印象をもたれてしまいます。あるいは女のわがままみたいなのに結びつけられて、反対されます。

だけど、そういうことに反対する人たちは、その程度の感覚しか持っていないのよ。そういう人たちは不勉強なだけじゃなくて、連想する方向性が悪いのよ。

――けれども、そのような反対をすることを旗印にしている会派などがあることも事実です。

たしかに、そうですね。だけど、私は「だからこそ教育が大切だ」と思うのよね。私自身も教育を通して次の世代を担う人たちを育てようとして、女子大の学生を立派な女性に育てましたよ。それから、私は公民館とかいろんなところに時々呼ばれて話をする機会もあったのね。そしたら、戦後十年ぐらいたった頃から保守化の傾向が顕著になってきたでしょ。その頃、当時の与党の一部から、今もそうなんだけど、改憲の運動が出てきた。私は、婦人会や何かに行くと、「平和、とにかくすべてのもとは平和だ」と言って、反戦平和の話をしたのよ。そしたら、私はそれで有名になっちゃって、大きな婦人団体の会のときに、「先生、今日は平和の問題は話さないでください」と言われた。幹部の人たちにね。だけど、私は平気で平和の話をしたのね。そうすると、終わってから婦人会の人たちは機嫌が悪いこと。お茶も出してくれない。

――反戦平和がどうしていけないのでしょうか。

憲法改正に都合が悪いからでしょうね。初めのうちはそんなことなかったのに、憲法改正が言い出された頃から、「先生、平和の話をしないでください」と言われるようになった。だけど、私は平気でするから、後でにらまれる。しばらくの間、そういうことがありましたよ。私は自分がいかなる党にも縛られるのが嫌だから、現在もそうだけど、過去においても一度もいかなる党にも入ったことはないんです。私は常に自由な立場を信条にしています。だからこそ、保守系の人にだって、天光光みたいに個人的には親しい人もいる。それから、また違って、いわゆる勇ましい方の人にだって、嫌いなタイプの人もいる。そんなことは私には関係ないんです。

――インターネットの書き込みなどで、男女平等を推進する活動に反対している人たちもいるようですが。

ある程度、私にはわかっているんだけど、そういう人たちはコンプレックスを持っているのよ。アメリカでも、黒人とか有色人種を迫害したり軽蔑したりする人は、いわゆるプア・ホワイトなのね。プア・ホワイトというのは、白人の中でコンプレックスを日頃から持っているから、自分たちが少しでも優越感を感じることのできる人をつくっておきたいのよ。日本でも同じですよ。たとえば、学校のいじめ問題でもね。やっぱり、他人を迫害したりいじめたりする人たちはそれなりにコンプレックスを持っているから、自分たちが優越感を感じることのできる人をつくるのよ。そして、弱い人たちはその仲間に入っちゃうのね。多数派に入ってないと、今度は自分がやられるから、それを心配しているのよ。

――秋枝先生に対しては、最初はやわらかな先生という印象でしたが、そんなふうに、たたかれながらも毅然としていらっしゃるところが、だんだんと強く印象に残るようになりました。

私はそう変わっていませんよ。私はせいぜい、いろんな委員会で勇ましいことを言う人間だと思われている程度ですよ。大したことはありません。

――秋枝先生は、ご自分のお考えをお曲げになりません。だから、周りの人たちが右往左往しても、秋枝先生としては、同じことをずっと言い続けてこられたのでしょうか。

私は大きな筋では一貫して変わりませんね。もちろん、小さいことで曲げたことはありますよ。あるいは、私の方が間違いだったなと思うこともあるし、やっぱりいろいろ考え直すこともありますよ。

――社会がどんどん複雑化して舵取りがますます難しくなってきているだけに、秋枝先生のような存在がより一層重要になってきていると思われますが。

ただね、もうこの年になったら思うようには動けないのよ。

――逆に、「この年だからいい」ということもあるのではないでしょうか。

私が住んでいるケア付きのマンションには、お医者さんとか高級官僚とか大学教授とか、そういう人たちの奥さんたちが多いのよ。そういう奥さんたちは、たいてい高等教育は受けているんだけど、利口な人が多いから決して政治的な話はしない。絶対にしない。私はよくするけど、みんな知らん顔して乗ってこない。ただ、今でも言える人には言いますよ。だけど、面と向かっては言わないわね。だって、お互いに何となく疎外感を感じるでしょ。誰だって、そんな不愉快な思いをするのは嫌ですものね。

――戦後日本の女性解放ということで、いろいろなお話をしてもらっていますが、日本国憲法が公布されたときの話、ベアテ・シロタ・ゴードンさんの話、教育基本法、男女平等、家庭科の男女共修の話などで、秋枝先生がとりわけ重要だと思われるのは何でしょうか。

それは、やっぱりベアテ・シロタさんの話にしても、家庭科の男女共修の話にしても、もう全部が絶対に大切な話です。ベアテさんは、レオ・シロタさんという亡命ロシア人の音楽家の娘さんだけど、日本で育ったから、日本の女性が非常に惨めな状態であることをよく知っていて同情していたのよ。学校はアメリカの大学を出たんだけどね。その後、まだ二十二歳だったけど、戦後、GHQで新しい憲法の草案をつくるメンバーの中に入った。そのとき、日本の新しい憲法の草案をつくった人たちは、割に進歩的な人たちだったのよ。それから、教育改革に携わった人たちもそうなんだけどね。アメリカ本国で実行できていない新しいリベラルな社会を日本に新しく実験的につくってみようという理想派の人たちが多かったというのよ。だけど、それでも男の人たちは男女平等のことはまだ考えてなかったというんです。そのときに、ベアテさんは自分の体験から、絶対に日本には男女平等の考え方を入れなければいけないと思って、彼女はとても細かい条項まで綿密につくってたんだって。だけど、その草案は認められなかった。でも、大筋のところだけは、男女平等の考え方は入ったのよ。だから、彼女は日本の女性にとっては大恩人です。彼女は、長い間、日本の社会を見ていて、それで同情していたからでしょうね。

明治の初め、アメリカの宣教師の女性たちが、女子教育といってもまだ日本の学校制度そのものがほとんど整えられていないときに、たとえばフェリスとか青山をつくった。そういう女子教育のための学校をつくったのは、やっぱり彼女たちが日本の女性が置かれている状況に同情していたからなのよ。そういうことを証明するような言葉がずっと残っていてね。私はそういう歴史を研究していたんです。私は女学校は青山女学院に行ったんだけど、青山のスクーンメーカーという創設者が女学校を建てようとしたときの話がおもしろいのよ。彼女は、当時の政府の男の人たちから「女の学校なんて建てたって無駄だ。それより男の学校を建てたら、たちまち成功しますよ」と言われた。それを聞いてスクーンメーカーはとても憤慨して、あえて女子の学校をつくったという話があるんです。

それから、その頃の公立の女学校は、男子の中学よりもレベルが低かった。たとえば、英語の時間は正課じゃなくて随意課だった。正課だったとしても、二時間とか三時間だった。そのときに青山は、男子の一流中学と同じように英語の時間を週に六時間か七時間にした。それから数学の時間も、府立一中などと同じ教科書を使ってやっていた。私は東京女子大を受けるときに全然受験勉強をしなかったので先生に怒られたけど、私は予科の試験も、それからまた一年上級の本科の試験も、同時に両方とも通っちゃった。それは、日頃に実力がついていたからね。受験勉強をしなくてもよ。だから、それぐらいに昔はミッション・スクールはレベルが高かったんですね。

最初の頃に日本に来た宣教師たちは、向こうである程度、高等女学校、今の女子大の走りのようなところを出ている人たちだったから、日本の状態を見て非常に憤慨したんです。しかも、日本の女性は素質がいいから、彼女たちを育てたら日本はとてもよくなると期待した。それで、男子の中学じゃなくて女子の学校をつくったのよ。

明治の初めに、男子のミッション中学がいくつかできたけど、潰れることが多かったのよ。男子はどうしても、ミッションの学校よりは官立の中学や公立の中学に行きたがったからね。ところが、女子にはそういうチャンスがなかったから、ミッションの学校に行ったでしょ。だから、女子のミッション・スクールは本当にレベルが高くて、公立の男子中学校と同じレベルだったのよ。

長崎の活水もそうですよ。活水の最初の学長がはっきりと言っているのよ。「この学校については、日本語で教える科目は、日本の男子の中学校と同じレベルでします。英語で教える科目は、アメリカの女子のセミナリーと同じレベルでやります」と、父兄にちゃんと言っているんです。私はもともとは日本の公立の女学校に行くつもりだったんだけど、自分の得意な数学でケアレスミスをいくつかやって受験に失敗して、それで慌てて、青山がその翌日まで願書を受け付けると言うから受験したんだけど、結果的に青山に入学してよかったと思ったのね。

そういうように、シロタさんもそうですが、向こうの人たちが日本の女性の置かれた状況に非常に同情してくれた。しかも、日本の女性の潜在能力を高く認めてくれた。その点では、私が研究している森有礼もそうなのね。日本の女の人は能力はあるけど、それまでそういったチャンスを与えられなかった。だから、そういうチャンスを与えたら、非常に伸びるということを森も言った。

それから、教育基本法ができて、戦後の新しい教育が始まったときに、家庭科は初めは許可しないと言われたんだって。昔式の料理・裁縫だったら許可しないって。だから、そうじゃなくて、新しい家庭というものをつくるには、男女ともに協力しなくちゃいけないから、技術的なことよりも人間関係、家庭の中や社会の中における人間関係を教える科目として、家庭科というのがつくられたのね。だけど、そのときに同時に、生活技術も身につくようにしないとだめよね。当然、男女ともに生活技術を必要とする。だから、家庭科は男女共修で始まった。

だけど、朝鮮戦争の後、だんだん日本の軍需産業などが回復してきたでしょ。それから、戦後一時期、追放になっていた古い時代の人たちが戻ってきたでしょ。そんなとき、昭和二十八年に今で言えば経団連みたいなところね、そこから「男子が職業に専念できるために、女子には家庭を守ってもらいたい。だから、男女の教育方法を別にしてもらいたい」という要望書が出たのよ。それにつられて、中教審がその線に沿って方針を変えていったのよ。初めは一遍に変えるわけにはいかなかったから、家庭科、職業家庭科とか、いろんなことをして、どっちでも選択できるような形にした。そして、だんだんと家庭科は女子が取ることが望ましいとした。最後には、女子のみの必修になった。

――家庭科の問題は民法の問題と関係していると思われますが、民法に対する当時の国民の動きはどうだったのでしょうか。たとえば、婚姻年齢は、男は十八歳で女は十六歳です。そうすると、もう明らかに性別役割の問題があります。さらに、家制度の保存や保護の問題もあります。そのような観点からの女性問題は提起されなかったのでしょうか。

たとえば、女子労働の問題がありますよね。日本はＩＬＯから長年にわたって勧告を受けています。今度、宮崎公立大学の学長になった林弘子さんを知っていますか。実は、私は林さんとずっと親しくしていたのよ。彼女がフルブライトでアメリカへ行くときには、私が推薦状を書いたのね。林さんは労働法の専門家だけど、彼女が言うには、いまだに労働法でも男女差別がある。

一九七五年の国際婦人年の後、一九七九年に「女子に対するあらゆる形態の差別の撤廃に関する条約」というものが国連総会で採択されました。翌年の一九八〇年に、デンマークで国連婦人の十年の中間世界会議が開催されたときに、条約の署名式が行われたのよ。そのときに、初めは日本政府はサインしないことにしていたのね。デンマーク大使は、日本初の女性大使になった高橋展子さんだった。東京女子大の先輩です。高橋さんには、「サインするな」という指令が日本政府から来ていたんだって。私は直接、彼女から聞いたんだけど、「自分は憂鬱で、大使になって最初に出る国際会議で、自分は肩身の狭い思いをしなくちゃならない」と思っていたのです。そしたら、前日になって「サインしていい」ということになったって。サインしないという閣議決定がなされていたけど、土壇場になって「サインはしていい」ということになったそうです。

そのときに反対していたのは、特に三つの省だったのね。まず法務省ね。国籍法の問題があったからなのよ。日本の場合は、子どもが生まれたら自動的に父親の籍に入る。だけど、母子家庭もある。特にあの頃は、進駐軍の兵士との間に生まれた子どもがいた。そしたら、結婚したつもりだったけど、父親がそのまま戦地に行って戦死しちゃったとか、あるいはアメリカに帰って行方がわからなくなったとかで、嫌でも母子家庭になってしまった。だけど、父親の籍が日本じゃないから、その子どもたちは正規の子どもとして認められなくなったわけね。外国ではどちらでもいいというふうになっているのに、そのときは法務省が父系主義をとっていたから反対したのよ。

それから労働省。男女の賃金格差があるし、いろんな地位の格差がある。それで労働省が反対した。もう一つは文部省。家庭科が女子のみの必修になっていたからね。男子は家庭科の時間に数学なんかをやったりしている。それで、そのときの文部省は、「あれは差別じゃありません。区別です」っていう言い方をしたのよ。ちょうどその頃、私は県の「婦人問題懇話会」の第一期と第二期の「教育と社会参加」の部会長をしていたのね。それで、私は「教育委員会にかけ合いに行く」と言ったのよ。そしたら、ある人がそれに反対したんです。その後、いろんなことがあったんだけどね。日本の社会には、根強い男尊女卑の考え方がある。だけど、私がさっきも言ったように、そういう考え方をする人の多くはコンプレックスを感じているのよ。女子と一緒に、同じ土俵に上ったときに自信がないのよ。私はそれを感じたときがあったのね。

私が東北大の大学院を終わったときに、学部長が東北の国立大学三つに私を順位一位として推薦してくれたのよ。だけど、その三つの大学は全部、私を断ってきた。その理由は、過去において女子を採用した経験がないからというものだった。私より成績の悪かった男子が三つともに行ったのよ。戦後十年もたってない頃だったから、古い頭の先生が残っていらっしゃるからだと私は思っていたのね。そしたら、後で聞いたら逆なのよ。学部長級の先生たちは、私をとると言った。そして反対したのは、私と同じぐらいの若い世代。講師とか助教授の先生、男の先生たちが反対した。

反対の理由はね、「自分たちが女と比較されちゃたまらない」ということだったそうですよ。仮に私が彼らより優秀だったら、彼らの面目丸潰れよ。もし私が彼らより悪かったら、そんな男よりできない女をとる必要がない。よくても悪くてもとる必要がないというので、みんな反対したんだって。だから、競争にならないところでは大丈夫だけど、競争になりそうなところではやっぱり反対する。

――男性に問題があるのは確かでしょうが、女性には問題がないのでしょうか。

そうね。私も女たちにも問題があると思いますね。女も不勉強ね。昔は女が置かれた場所はとてもひどかったから、女たちは悔しい思いをしていたのにね。今、女たちは楽をしているじゃない。亭主に稼がせてね。昔は亭主から月給を捧げ持ってありがたくもらっていたけど、今は銀行振込になっているから、奥さんたちはカードで自分のお金のようにじゃんじゃん使っている。それで亭主は四、五百円の「サラメシ」を食べているのに、奥さんたちはレストランで二、三千円のランチを食べている。

お芝居や音楽会でも、昼間はほとんど女だからね。

女たちは、その方が「楽でいい」と言うのよ。福岡女子大の学生も、私がやめる頃になったら、そう言い出したのね。初めのうちは、みんな「何かしたい」と言って意欲があった。でも、私が定年退職間際になったら、「専業主婦がいい」という学生たちが増えてきた。「どうして」と聞いたら、「楽だから」って。私は怒ったんですよ。本当に怒ったんですよ。「楽だからというのは何事だ」と言ってね。そういう傾向は、今も見られますよ。だから、女たちも悪いのよ。私は、昔は女性解放のための活動を自分のライフワークとしてやろうと思っていたけど、今は男性解放のためにもそれをやりたいと思っているぐらいですよ。男の方がむしろかわいそうよ。今はいろんな便利な電気製品もあって、家庭の専業主婦の方が楽。亭主が、それこそ過労死寸前まで働かされているのにね。

――「二十四時間戦えますか」という宣伝もありましたね。

私は、この頃は男性の方に同情しています。だけどね、もう三十年、四十年ぐらい前かな、BPWの国際会議がアルゼンチンであったときに、日本代表の一人として行ったんだけど、そのときにいろんな決議が出るのよ。たとえば、男女は平等。大きくなったら家庭の責任と社会の責任をともに担うということを、小学校に入る前から教えなくちゃいけないとかね。大人になってからでは遅いと言うんです。

ところが、日本ではそういうのはやっと戦後の教育で少し教えられて、それも上っ面だけでしょ。家庭の中では、相変わらず男尊女卑的な考え方をしたり、女らしさとか男らしさとかいうのを言ったりしている。だから、小さいときから両方の責任を持つということを教えていかなくちゃいけないという決議が出たのよ。私はそのことを帰ってきてから、いろんな新聞や何かであちこちに発表したんだけど、ちっともそれが実現しないのね。

私には兄と弟が一人ずついたんだけど、父の方針で、女の私も兄弟とまったく同じに育てられたのよ。男のやることは女もやってもいいというふうにね。だから、私はおてんば娘で育ったんだけどね。それでも私が後になって考えたら、父はそうは言っても、やっぱり女の私には手心を加えていたねと思うときがあるのよ。というのは、兄や弟たちの話では、「何か悪さでもしようものなら、父の鉄拳が飛んだ」と言うのよ。「時には部屋の隅まで吹っ飛んだぐらい飛ばされた」と言うのよ。私は思い出しても、父から殴られた覚えは一度もないのよね。だから、やっぱり平等だと言いながらも、父は私には手心を加えていたんだなと思ったことがありますね。

たしかに、体力的なことでは平均して男の方が強いけど、他の点では男女に同じように素質はばらまかれているんだから、男だけが優秀で女は優秀でないというわけじゃないでしょ。今になって、「これからは、女の力を社会に活用する」なんて言われているけど、結局、それは女を安く使おうとしているとしか思えませんね。

――非正規雇用の問題ですね。

そう。それに使うだけ使って、都合が悪くなったらぱっとやめさせる。今、働く女性の過半数は非正規雇用なんですよね。そうやって、利用だけはするのよ。戦前に女性を徴用していたのと同じですね。そういったことには、まず女たちが気がつかないといけないのよ。だから女も悪いのよ。女も不勉強。

――秋枝先生の人生の道筋において、新憲法の制定がありました。やっぱり大喜びなさったのではないかと思いますが、憲法についてはどんなことを思っていらっしゃいますか。

今の日本国憲法はアメリカから押しつけられたと言われることがあるけど、そうじゃないんですよ。日本国憲法が公布される前に、たとえば東大教授だった高野岩三郎先生たちが「憲法私案」を起草しているのね。その私案は、今の憲法にとても似ているのよ。戦後、日本国憲法をつくるときに、その頃の古い政治家たちは、前の明治憲法に似せたようなものをつくったのね。そしたら、GHQから「こんなんじゃだめだ」と言われて、日本側からの私案がどうしても必要になった。そのときに、一週間でそんなのができるはずがないのよ。アメリカの人たちが、「日本でも私案のように立派な憲法の草案をつくってる人たちがいるじゃないか」と言って、そういうものを参考にしてつくったのよ。だから、押しつけられたんじゃなくて、そのもとは日本側の私案だった。

それから、市川房枝さんたちだって戦前から活動していたんだから、ただ押しつけられることになったとは考えにくいですよ。だから、「押しつけられた、押しつけられた」って言っている人たちに対して、強力な反論をしていないのも大いに問題ですね。

女の代議士も少しは増えているんだから、その人たちがもっと結束して、「押しつけられたんじゃなくて、日本だってこういう憲法の私案が初めからあるんだ」と言うべきだと私は思うのよね。だから、改憲の議論を見ていると、私は歯がゆくて歯がゆくてね。だけども、考えたら私はもう卒寿はとうに過ぎて心身ともに弱っちゃって、「棺桶に片足を突っ込んでいる」という言い方があるけど、私なんかもうほとんど両足突っ込んでいるんだからね。社会的活動はもう無理ですよ。

――参政権がなかったとき、私の身内の人間が飢え死にしたこともありました。戦争で失われた約三百万人の命がやっと新憲法に化身したとも考えられます。そういったことを学んで、投票ぐらいは行くべきではないでしょうか。義務投票制にして、オーストラリアのように罰金を取らないといけないのでしょうか。

それは、どうでしょうかね。本当に、今の日本の若い人は遊び志向ですからね。

――もったいない話です。経験がないから、一人の人間として認められなかった悔しさなんていうのは、今の若い人はやっぱりわからないのでしょうか。

だから言うじゃない。「明治の大学生は尊敬され、大正の大学生は恐れられ、昭和の大学生は軽蔑される」ってね。そういう言葉があるんです。

――平成の大学生はどうなるのでしょうか。

それは、ますます軽蔑されるでしょうね。大正の大学生が恐れられたのは、その頃に社会主義などの思想が入ってきて、大学生たちが中心になって活動していたでしょ。だから恐れられたのね。ところがね、昭和の初めの不況のとき、大学生たちはその頃としては割に良家のぼっちゃんたちで、遊びほうけていたのよ。だから軽蔑されたのね。その後、いろんな変遷があったけど、今また、大学生たちは遊びほうけているものね。

――明治の初め頃に、特に女性の外国人宣教師が日本女性の悲惨な状況を見て、何とかしなくちゃと同情してくれました。そのとき、「日本女性は素質がいい、潜在能力を秘めている」と見てくれていたんですね。宣教師の人たちは、日本女性のどんな点に着目して、素質のよさや潜在能力を感じていたのでしょうか。

森有礼もそう言っていました。私がいろんな女学校の沿革史などを読んで思ったことなんだけど、やっぱり宣教師たちは日本女性とつき合ってみて、「とても利口だ」と感じているんですよ。

――要するに、教育は受けてないけれども、素質としていいものがあると感じてもらったということでしょうか。

そうね。森有礼が言うには、「日本の女性は今までは働くだけの奴隷みたいにされていたか、あとは遊び女、男たちのおもちゃにされていたけど、潜在能力はあるから、日本の女性に教育を与えたら、もうすばらしいものになる」と言うのね。森有礼がそんな考え方をしていたから、私は彼の研究をしたのよ。森の発想のもとはホーレス・マンだから、私はマンの研究もした。そして、その比較研究もした。だけど、私のやったことはあんまりみんなが認めてくれてない。

――男の方の素質のよさについては言及されていないのでしょうか。

明治時代になって宣教師たちが来たときに、日本の男の人たちの中でもすでに目覚めていた人たちはどんどん勉強していたでしょ。だから、男のことについては、もうすでにとてもよくわかっていたのよ。だけど、女の人はうちの中にいたからさっぱりわからなかった。奥様だったからね、昔は。実際に見えているのは、女中とか、あるいは男が相手にする遊び女とか。そういう女性のことしかわからなかったのよ。

そして、当時の日本の奥様たちは英語がわからなかったこともあって、外国人のお客さんを接待するときは料亭に連れていった。向こうでは、アメリカでもイギリスでも、大事なお客さんは自分の家庭に招くのよ。だけど、それを日本はしないからね。だから、日本の女性の潜在能力はわからなかったのよ、初めはね。それで、最初に気がついたのは向こうから来た宣教師の女たちだった。いずれにしても、日本女性の潜在能力に気づいてもらったんだから、あとはそれをどう開花させるかが問題ですね。

（平成二十五年七月二十一日取材）

（注）平成二十七年一月二十九日、多臓器不全で死去。

第三章　女子高等教育の現場にて

――前回は戦後の日本女性の解放政策について、いろいろとお話をしていただきましたが、今回は秋枝先生が福岡女子大学に着任なさってからのお話をお願いします。

昭和二十九（一九五四）年一月の女子大の教授会で、教育学の人事は私でもう決まっていたんです。そしたら、県の方からクレームが出てね。県の方は、福岡にいる他の男の人に決めていてね。その人を採用する予定だったのよ。だから、県は私にオーケーを出さなかった。後から聞いたんだけど、県の中でも、この案件を担当していた係長がね、もう頑として私に拒否反応を示していたそうです。

一つは、地元に適任の男性の候補者がいるのに、何も仙台あたりから女をわざわざ呼ぶ必要はないというのが県の方針だったらしい。それで、その人もやっぱり選考の中には入っていたらしいのよ。だけど、女子大の教授会がその人でなく私に決定してくれていたでしょ。だから、県の方がむくれた。その頃、県は大学ってものがよくわかっていなかったのよ。最終の任命権者は知事でしょ。普通の事務職員の人事は、みんな知事部局やその他の上の方で決めちゃうのよ。だから、県のその方針を大学が蹴って私にしたから、県がなかなか承認しなかった。それで、一月にはもう決まっていたのに、結局、最終的には五月まで引き延ばされたのね。

それで、私も困ってね。そのときは、仙台の三島学園女子大学というところで非常勤講師として教えていたんだけど、四月から福岡に行くというので、そちらの方は他の人に譲って、もうやめていたのよ。だけど、私の人事はなかなか決まらなくてね。最終的には、県の方が折れた。後から聞いたのだけど、そのときに九大の先生方も、殊に教育学の先生方がとても努力してくださったらしいんです。

それで結局、県の方が折れて、五月の末になってやっと私に許可がおりたのよ。そういうことで、私はね、五月の末に着任したんです。そしたら、事務課長というのは県のお役人で、県の方から人事で配置されているんだけど、その事務課長が私に「先生は割愛願が行かないうちにさっさと自分からやめて着任したから、引っ越しの手当や旅費は何にも出ません。現地採用の形になります」って言ったのね。それはそれで仕方がないと私も思ったのだけどね。

——割愛願を女子大が出したら赴任旅費がつくけど、割愛願を出していないという理由で現地採用の形になったのですか。

そう。割愛願が出ないうちの三月に、私が「もう、どうせ福岡に行くから」ってやめて、後任に他の人を推薦して、その人がその三島学園女子大に行っていたからね。だから、もう割愛は出せないって。そのとき、事務課長が私に「あなたは世間知らずだ」って言ったのよ。私も腹を立ててね。しかも、「最後に県の方が折れて承認印をついたんだから、県にお礼の挨拶に行きなさい」って言われたのよ。だから、私は変な大学だなと思ってね。

他の先生たちに、「この大学は、採用されたら、いくら最終の任命権者は知事にしても、いちいち県に挨拶に行くのですか」って聞いたらね、他の先生たちは「そんなことをした人は誰もいない」って言うのよ。私だけ「お礼の挨拶に行け」って言われたから、私は「そういう習慣もないのに、私だけ挨拶に行く必要はありません。むしろ、一月に決まっていたのを五月まで引き延ばした県の方が悪いから、県の方から挨拶に来るべきです」って、啖呵を切ったのよ。そして結局、私は挨拶には行かなかったのね。そしたらその後、県からとても意地悪をされたのよ。
たとえば、私が研究しているようなことに関しては福岡に資料がなかったから、夏休みに東京へ行って資料を収集する予定にしていたのよ。そのときは県が「出張するときは一週間前に届けること」って言っていたから、私はちゃんと一週間前に届けたのね。でも、いつまでたっても私にオーケーが来ないのよ。その頃は今とは違って飛行機とか便利なものはなかったし、新幹線もなかったのよ。だから特急で行くしかなかったんだけど、早く予約しないと切符がとれないのよ。

――寝台車ですか。

そう。寝台車。朝九時の出発。その頃は、夜の出発じゃなかった。二十時間くらいかかっていましたね。私は待ちきれずに、九時出発の切符を買ったのよ。まだオーケーが出ていなかったけど、後で買うことはできないからね。そうやって、私は東京へ出かけたのよ。もちろん、教授会の了承は得ていました。そのときは父たちが千葉に住んでいたので、私はそこに泊まっていました。そしたら、そこ宛てに事務課長から速達が来て、「先生は許可を受けないで勝手に上京したから、公休にはならない」って。だから、私に「休暇願を出せ」って言ってきたのよ。それで、また私も若気の至りで学長宛てに手紙を出した。そのときの学長は女子大になってから最初の学長で、元の九大学長だった奥田譲先生ね。その奥田先生に私は手紙を出してね、「こんな大学、聞いたことがない」って書いたのよ。「地方に資料がなく、東京にしかない資料を収集するために教員が上京するというのに、それを許可しないというのは聞いたことがない」と書いたのよ。そしたら、奥田先生から返事が来てね。奥田先生はそのことを知らなかったんだって。それで事務課長を呼んで叱って、休暇願を出せって言ったのを取り消させ、県庁に行かせて公休にするための手続きを取らせたって。「だから安心して勉強を続けて帰っていらっしゃい」って、奥田学長が書いてよこしてくれた。それで無事にいろんな資料を調べて、夏休みの終わりぐらいに帰ってきたのよ。

帰ってきたら、私に事務課長がね、「だから言ったじゃないか」って言ったのよ。「先生が赴任したとき、県に挨拶に行けって私が言ったのに、先生が行かなかったからそういう嫌がらせをされたんだ」と。私は九時の汽車で出発したんだけど、その九時頃に「理由に疑義があるから出頭せよ」っていう指示が県庁から大学に来たんだって。でも、私はもう乗っちゃっていないでしょ。そしたら、「けしからん。公休は認めない。休暇願を出せ」ってなったんだって。そういう嫌がらせがあったけど、事務課長が言うには「挨拶に行かないから、こういうことを次々にやられるんだ」って。

――なるほど。秋枝先生の着任が四月じゃなくて五月にずれ込んだということで、何か後々まで不利益が生じたんでしょうか。

とにかく、引っ越しの費用は出ないし、旅費も出ない。それから、一ヵ月足りないとね、年金のときに差し支えるのよ。

――ちょっとしたずれでも、後には大きな違いになったのではないでしょうか。

そうそう。だからそういうような形で、もう順々と不利が重なってきたんだけどね。嫌がらせなのよ。明らかな嫌がらせよね。

――そこまで県側が秋枝先生の着任を渋ったというのは、地元に男性候補者がいたということと、わざわざ仙台から女性を呼ぶということが原因だったのでしょうか。

私が女ということが大きかったんじゃないかしら。

私はやっぱり一番強力だった原因は、県が「自分たちが人事権を持っている」と錯覚していたことだと思いますよ。だって、普通の県職員の場合はそうですからね。だから、自分たちが決めた人が当然なるべきだというのを女子大の方が蹴ったということにも腹が立ったんでしょうが、その上はるばる遠い仙台から何も女を呼ぶことはないというのでね。そういうことがみんな重なったらしいんです。だから、県のメンツが丸潰れになったというわけですよ。

――もし仙台から、男性教員を呼ぶということだったら違っていたのでしょうか。

それは違っていたかもしれないね。だってその前にね、まだ私が仙台にいたときにね、東北大の学部長が東北の国立大学三つに私を順位一位として推薦したのよ。その三つの大学は全部、「今まで女性をとった経験がありませんから」って拒否したのね。それで、私より成績の悪い男性が三つともに行ったのよ。そしたら、学部長が私に詫びたんですよ。「自分の力不足でこういう結果になって申しわけない」ってね。だけど、他の先生方からのお世話があった。たとえば九大の平塚益徳先生。

私は直接、平塚先生を存じ上げていたんじゃないんだけど、平塚先生の東大の先輩で、村上俊亮先生という方が、私が東京女子大のときに非常勤講師で教育学を教えにきてくださっていたのよ。覚えていないけど、私はよく質問していたらしいのね。それで村上先生は私のことを覚えて、とても目をかけてくださってね。後に、私が「東北大に入りました」って言ったら、すごく喜んでくださったんですよ。

だから、そういういきさつで、私が東北の三つの国立大学がみんなだめになったという話を村上先生にしたらね、「自分が就職の世話をしてあげる」って。それで後輩の平塚先生に話をしてくださったのよ。それで平塚先生が、ちょうどそのとき比較教育文化研究施設というのが九大にできる予定だったから、「その助手として来い」って言われたんです。私もちょうどアメリカと日本の女子教育史の比較教育をやっていたから、もってこいのテーマで研究できると思ったんです。

それと、もともと福岡は父の郷里なのよ。そのときは、おばの一家が福岡にいたしね。福岡に行ったことはそれまで一度もなかったんだけど、親近感はあった。だから「よろしくお願いします」って言ったのよ。そしたらね、その年にできる予定の九大の比較教育文化研究施設が文部省の予算の都合で延びたんですね。だから、そのときに行くことができなくなったんです。そしたら、福岡女子大の方で教員のポストが空いていたから、そちらの方に平塚先生が推薦してくださったんです。

——なるほど、そのような経緯があったのですね。

だから、私の人事をそんな変な形でつぶしたら「九大の方も黙っていない」って、平塚先生とか原俊之先生がおっしゃったそうなんです。

私はお二人とも前には存じ上げてはいなかったのだけどね、原先生とあるとき学会で一緒になったら、「九大もあなたのことを推しますから、少し時間はかかるかもしれないですけど待っていてください」って言ってくださったんですよ。だからそういう意味では、女子大の人事だったけど、九大の教育学部が全面的に私をバックアップしてくださったのよ。

私も比較教育をやっていたからね。九大にイギリスの比較教育のジョセフ・ラワライズ博士とブライアン・ホームズ博士がいらしたときは、いつも私にも声をかけてくださって、一緒に研究の仲間に入れてくださってたんですよ。原先生なんかは、「あなたは九大の助教授だ」なんて冗談を言いながらやってくださったから、それはとっても私にはありがたかったんです。それで私は、「捨てる神もあれば拾う神もある」と思っているんです。私の場合、もう不思議にそういうふうになってね。もうだめだと思ったら、ぱっと開けるのね。

――九大には、大物の先生がいらっしゃったんですね。

そう。そういう九大の大物教授は、女子大が四年制の大学になるときにも助けてくださったのよ。女子大は、もとは福岡県立の女子専門学校だったでしょ。戦後の学制改革のとき、県は短大にしようとしたのね。だけど、女専の同窓会とともに平塚先生たちが努力して四年制の大学にしたのよ。だからそういうことで、平塚先生や原先生たちにしても、皆さん女子大にとても好意を持っていてくださった。

女子大の前身の女専は、何と言っても日本の公立女専の第一号でしょ。だから広く西日本地区から優秀な女子学生が福岡に来ていたから、それでとても好意的だったのね。そしてお嬢さんも入っていたしね。私はおかげさまで得をしたのだけどね。そういうことがあったのですよ。

──福岡女子大の秋枝先生の前任者は、藤原英夫先生ですよね。女子大の教授会としては、藤原先生の後は秋枝先生という決定をしていたんですよね。それは当時の状況では、斬新な決定ですよね。

藤原先生がまた、私のことを面倒見てくださったのよ。もちろん、皆さんがよくしてくださった。とてもありがたかったです。

私はちょうど大学院を終えたばかりのときでしょ。それにほら、そもそも九州では男尊女卑の伝統が強いでしょ。さらに、県のお役人はプライドが高いしね。少し後の話ですけど、ある総務課長が私に面と向かって言ったのよ。「女で自分よりも地位が高かったり給料が多かったりするのを見ると、無性に腹が立つ」って。その人は、前職は土木課か何かにいたような人なんです。だから、大学教育のことなんて全然わかっていないのね。

もちろん、その頃は県には女性の課長が一人もいなかった。だから、その頃の私は目障りだとされたのよ。私は誰にも悪いことをしていないのに、ただ女だというだけで憎まれたのよ。私が用を頼んでも、その人たちはしてくれなかった。そんな意地悪をいくつもされた。だけど、こっちも腹が立つけど、だんだん慣れてきたのよ。助かったのは、教授会の雰囲気がその頃はよかったことね。私はむしろ女子大に来たときに感激したのよ。年配の先生方が私に廊下で会ったら、「あなたは一番年が若くて女性だけど、遠慮することはありませんよ。思ったことは何でも言いなさい」って言って、力づけてくれたのね。だから私は、教授会で率直に発言していたのよ。そしたら、一部の先生から「生意気な女だ」というレッテルを貼られたけれど。

——今でも似たようなことがあるかもしれません。

だけど、おもしろいことに、私が東北の国立大学三つから断られたときも、後から聞いたら、学部長級とか教授級の人たちはみんな私を支持したそうなのよ。若い助教授とか講師の先生たちが反対したのね。私は、逆かと思っていたのよ。そしたらそうじゃなくて、若い先生たちが「女と比較されたら、たまらない」って言ったそうよ。もし女の方ができたら面目丸潰れだし、もしできの悪い女だったら、そんな女は要らない。できてもできなくても女は嫌だというので、若手はみんな反対したんですね。だけど、そのときはそういう時代だったのよ。戦後まだ十年もたってないときでしょ。結果的には、おもしろい経験をさせてもらいましたね。

私が福岡女子大の一般教育の主事をしていたときに、教員に欠員が出て公募をしたんです。そしたら、いろんな大学から応募が来たけど、まだ大学院を出たばっかりの女性を採用することにしたのよ。私はそのとき選考委員長だったのね。私が「その人をとる」って言ったら、他の男の人たちが、みんなこぞって反対したのよ。だから私は「どうして」って尋ねたのね。そしたら、「独身だからいつ結婚してやめるかわからない」とか、「不安定だから」とか言ったのよ、男の連中はね。私は、「今は結婚してもやめるとは限らない」とか、「むしろ両立しようというのが今の若い人の理想なんだからね」とか言ったんですよ。そしたら、「結婚してやめなかったらもっと困る」って言うのね。男たちがよ。それで私は怒ったのよ。男の若い選考委員たちをね。「あなたたち、女子大で教えているけど、一体どういう方針で教えているんだ」って。「これからの女性は、結婚でも社会でも、自分が学んだことを社会に還元することが理想なのに、初めからそれを否定するような教え方をこの大学に来てするのか」って言って、私は男の若い連中を叱ったの。

――秋枝先生が女子大に着任なさったときに、秋枝先生以外に女性の先生はいらっしゃいましたか。

ええ。まず、女専の生え抜きだった目加田サクヲ先生ね。それから、石本キミ先生っていう英文の先生。それと、私。文学部は三人だけ。あと、家政科の被服と調理に女の先生がやっぱり三人いた。あとは全部男の先生だった。だから、女子大といいながらも実際は男の牙城だった。

――厳しい環境ですね。

だから、私も戦ったわけです。だけど、私はいつもそう思うのだけど、「捨てる神もあれば拾う神もあり」ってね。どんなことをやっても、それを認めてくれる人がいたし、助けてくれる人たちもいた。そういうことね。

それから、こんなこともあったわね。私がいつも男女平等って言っていたから、男の比較的若手の先生たちが、「生意気だから、女でできるかどうかやってみよう」って、風邪を引いて休んでいたときに欠席裁判で私は教員組合の委員長にさせられたのよ。しかもその年は、私ものんきで知らなかったけど、三つある県立の大学の持ち回りで、女子大が当番校だったのね。だから、私は三つの大学の先頭に立って対県交渉をしなくちゃならなかった。平の役員をしたことはあったけど、普通、委員長とか書記長というのは元気のいい男の先生がなるもんだと、こっちも迂闊に思っていた。だけど、それを聞いたからにはこっちもね、それを断ったら、それこそ「男が廃る」じゃなくて「女が廃る」と思ってね。それで、「私は日頃、男女平等って言っていますから、選ばれた以上は引き受けさせていただきます」って啖呵を切ったのよ。だけど内心、どうなることかと思って心配したのね。

――秋枝先生が組合の委員長をされたのは、おいくつぐらいのときですか。

あのときはね、四十歳代の中頃じゃないかな。私はね、あのときもまたいろんな意味で運がよかったんだけどね。ちょっと脱線してもいいですか。私はね、組合だからって何も県とけんかをする必要はないと思ってね。それで、前の組合役員の人たちに「どういうことをしたか」って尋ねたのよ。そしたら、県の担当の役人に会うためには、まともに「会いたい」って言ったらうまくいかないんですって。居留守を使われるって。だから、「課長なら課長がいることをあらかじめ確かめておいて、殴り込みをかけろ」って言われたのよ。だけど、そんなことで殴り込みをかけるのもばからしいし、けんかするのが能じゃないからと思っていたしね。そしたら、ちょうどその年に県の制度が変わって、学事課というのができた。学事課長は九大を出た女子大びいきの人だということを聞いていたから、私は学事課長に「親睦の軟式野球をしよう」って言ったのね。そしたら、女子大のグラウンドで学事課のお役人さんたちと女子大の組合員が、組合員といったって当時の女子大は学長以外は全員組合員でしたけどね、軟式野球の試合をすることになったんです。

試合では、その課長さんが向こう側のピッチャーをやったのよ。そしたら、よくはわからないけど何かの拍子に、こちら側から投げた球が彼の眉間に当たって彼が卒倒して、一時意識不明になったのね。私もさすがにびっくりして、タオルを水で冷やして彼の額に当てていた。大したことなくて、すぐ正気に戻って事なきを得たのだけどね。私がタオルで額を冷やしてあげていたのをね、後でその課長が同僚に「おふくろに看病されているような気分だった」って言ったそうですよ。

――でも、そのとき、お二人の年齢は同じくらいではなかったのでしょうか。

そうだと思いますよ。向こうだって四十歳ぐらい。彼には、私がよっぽど年上に見えたんでしょうね。

――それ以前には、親睦の野球大会はなかったのでしょうか。

なかった。それが初めて。

――比較的最近まで、県立の三大学と学事課のスポーツ大会が夏休みに行われていました。四者対抗で、ソフトボールやバドミントンなどの試合がなされていました。

そういうのには、とても効果がありますね。そのときも、とっても効果がありましたよ。それからますます、その課長は女子大びいきになっちゃった。だから、何が幸いになるかわからないのよ。

――情けは人の為ならずですね。

いつも私はそれを感じるのね。「ああ、しまった」と思うと、後がかえってうまく展開するようなことが多いですね。

教員組合の前の役員の人たちは殴り込みをかけたそうなんだけど、そのとき県庁にはね、吉久勝美さんという副知事がいたのよ。その人は文部省の教科書検定課長だったんだけど、昭和四十二年に福岡県教育長に着任したのね。福岡はかつて「組合の御三家」って言われるぐらい教員組合が強かったのよ。吉久さんは、それを潰すために文部省から派遣された組合嫌いで有名な人だったのね。成果を上げたために抜擢されて、副知事になったわけ。女子大は教育委員会とは関係なくて、その副知事と直接交渉するんだけど、とにかく組合嫌いで有名な人だったから、吉久さんがどういう出方をするかなと私は思ってね。

私は国立大学と、それから私立は西南学院大学、そして女子大の現状を調べ上げたのね。たとえば、教員の研究費がどうなっているかなどね。給料はそれほどでもなかったんだけど、図書費は九大と比べたらもちろん断然低く、西南と比べても非常に低いのよ。だから、それをずっと調べ上げて統計とって、それを一目瞭然のグラフにして、それで交渉したのよ。そしたら、吉久さんがそれを見てびっくりして、「こんなに女子大が悪いとは思っていなかった」って。だから「今度から女子大にはよくしてやれ」って、そのとき付き添っていた課長に言ってくれた。後でその課長が、「吉久さんから直接そういうふうにやれって言われたから、仕事がやりやすくなりました」って言ったのよ。

それまでは、前年度比十％上げるのが常識だったのね。だけど、教員の研究費が五十何％上がったのよ。それから、図書費も九十何％上がった。だから、「秋枝のやつ、何ができるか」って、「女に何ができるか」って、てぐすねひいていた男の先生たちは、もうすっかり黙っちゃってね。

――それは、そうでしょうね。

そうやって幸い一年たって、次の年の委員長は男の先生になったのよ。その男の先生がぼやいてね。「秋枝先生が成果を上げた後にやるので、私は損した、損した」って言っていました。だから、もしあのときに、私が「女だからできません」って言っていたら、「だから女は駄目だ」って言われていたでしょうね。私はそれだけはすまいと思っていたのよ。

——それでは、ここで話題を変えまして、今度は授業のことについてお話ししていただけませんでしょうか。

それは、とてもおもしろかったですね。私は仙台から福岡に着任するとき、仙台の仲間たちから「九州には火の国の女という言葉があるし、女が勇ましいから、下手なことをしゃべったらつるし上げられるから覚悟して行け」って言われていたのよ。なのに最初の講義をして、「何か質問ありませんか」、「何か意見がありませんか」って聞いたら、学生たちが黙ってるのよ、みんな。何度聞いても、黙ってるのよ。それでこっちも拍子抜けして、そしてまた啖呵を切っちゃってね。

——啖呵を学生にですか。

そうなのよ。「うんとかすんとか言え」って言ってね。「反応がなかったら、こっちもやりがいがない」って言ったのね。そして教員研究室に引き揚げたら、五、六人の学生が後をついてきて、「先生に何とか言えって言われましたが、私たちはこれまでみんなの前で意見を言う習慣がなかったので、そういう訓練をしていただけませんでしょうか」って言われたのよ。「読書会などは、いかがでしょうか」って言われたから、それで私もいろいろと考えたんですよ。

翌年、教育学という講義があったのね。私の前任者の藤原先生が教育学の担当だったから、藤原先生に「どんなことをなさっていたんですか」って聞いたら、「教育学なんかをとる学生は三、四人しかいないから、アランの教育学を一緒に読んでいた」っておっしゃったのよ。次の年に私が教育学を担当したら、珍しかったんでしょうか。女の先生というのでね。希望者が四十人。それも各学部の一年生から四年生まで。普通は、四年生なんていうのは単位を落とした人がとりに来るわけでしょ。とにかく四十人の希望者があったら、通常の時間割では組めないのよ。だから、土曜の午後に時間を組んだのね。そして、ディスカッションクラスをやったのよ。そしたら、みんながおもしろがって、後がつかえていないから、昼一時頃から夕方四時頃までみんなおしゃべりしていたのよ。おもしろかった。私も学生が何を考えているかがわかるし、私にとってもプラスだった。そしたら、あるとき四年生が、本当は単位を落とした人なんですけど、渡り廊下に大きな壁新聞を出して、「四年生の卒業間際になって、こんなおもしろい授業に出られるとは思わなかった」って書いたのよ。その後も、いろいろと大きな壁新聞を出したのね。だから、次の年は七十人の希望者があったのよ。七十人でディスカッションはできないでしょ。だから、二つのクラスに分けたのね。その次の年は百二十人の希望者があって、今度は三クラスに分けてね。もう、こっちにとっては際限のないサービスなんだけど、授業はとてもおもしろかった。

　そのディスカッションクラスというのは、教育学の授業でやっていたんだけど、私は「人生の一般のことをテーマに取り上げなさい」って言って、「その時間中、教育学なんて言葉が出なくたって構わないから、何でもあなたたちが興味のあるテーマを取り上げなさい」って言ったのね。クラスでは、五、六人ずつのグループをつくらせたのよ。そのグループごとにテーマを決めさせ、司会もさせて、最後に二十分、私に時間を残させた。私が最後のコメントをするためにね。そんなふうにしてやったら、さすがに女子大の学生だけあってよくやりましたよ。テーマが決まったときは一応、「私のところに相談に来なさい」って来させて、「そういうテーマだったら、こういうのを勉強しておきなさい」とか、ある程度のアドバイスはしましたけど、あとはみんな学生にさせたのよ。そしたら、よくやってくれたのよ、みんながね。

それから、最後のレポートは、ただのレポートじゃおもしろくないからね、「教室と実際社会がどう違うか体験しなさい」って、グループごとに実態調査をさせたのよ。そしたら、こっちが驚くようないい調査をしてくれましたね。だから、私の勉強にもとってもなったのね。

――たとえば、どんな実態調査だったのでしょうか。

障害者の施設で、たとえば若久緑園とか。そんなところに行ってね、いろいろと一緒に先生の役をやるとか。それから、主婦の意識を調査するテーマでは、学生が自分たちでいろんなアンケート文をつくって、ちょっと私も見てアドバイスをするときはしたけど、それをみんなで手分けして調査したのね。そしたら、とてもおもしろい結果を学生たちが出したんですよ。

その頃、九州朝日放送（ＫＢＣ）が「福岡の大学探訪」というシリーズのテレビ番組をつくっていたのよ。それで、女子大にも取材にやってきたんです。だけど、まったく何の前ぶれもなしにね。それも、私のディスカッションクラスの時間にやって来たんですよ。担当の人が五、六人来て、「ほんの四、五分ですから」って言うから、「どうぞ」って言ったんです。そしたら、四、五分たっても帰らない。とうとう終わりまでいたんですよ。そのときのテーマは「男性と女性の長所と短所」だったのね。そしたら最後まで、小一時間はいたのよ。そのときに付いて来ていた担当の課長が後で白状したんだけど、「正直に言うと、僕らは女子大なんていうのは花嫁学校に毛が生えたぐらいのもんだと思って、内心ばかにしながら来た」って。「だけど、ここの女子大は違いますね」って。「あんなにおもしろいディスカッションをするとは思わなかった」って言ったんですね。外来者が突然五、六人来ても学生たちはまったく臆することなくディスカッションをやったから、それで「女子大観がすっかり変わりました」とも言ってくれた。

そんなことがあったから、その後、学生と一緒に三、四回、就職問題とかいろんな問題でKBCに呼ばれたりしたことがあるのよ。あるときは夏休み中で、長崎とかいろんなところに帰省している学生がわざわざその日に来ているのに、当のKBCの担当者が来なかったのよ。それで、私が電話をかけたら、「忘れていた」って。「他のところへ行っていた」って。それで、私はその人に長文の抗議文を送ったのよ。

その頃のテレビ局は思い上がっていた。出してやるという態度だった。だから、「どんな職業でも、職業の倫理というものがある」って書いたのよ。「学生たちはちゃんと正直に約束を守って、長崎や遠くから夏休み返上で出てきているのに、企画して頼んだ方の者が来ないとは何事だ」ってね。「近頃テレビ局はみんなから、ちやほやされているから思い上がっている」って、ばんばん手紙に書いたのよ。そしたら、詫びに来ましたよ。課長も来ました。

――でも、それは当然ですよね。

言うべきことは、ちゃんとびしびし言うべきなのよ。だけど、学生たちがよくやってくれましたね。今、私に親しくしてくれるのは、そのときの学生たちが多いのね。年賀状は今でも百枚ぐらい来るんですけど、その人たちが書いてくれるのよ。だけど、そういうせっかくのディスカッションクラスをしても、黙っている学生もいるのよ。年によって活発なクラスと黙っているクラスがあるけどね。黙っているクラスのとき、私は怒って、「できることだったら、あなたたちをひっぱたいてやりたい」って言ったことがあるのよ。「それこそ柳のむちでひっぱたいてやりたい」って。「何のためにこの時間に来ているのか」って怒ったことがあるのね。

そしたら、卒業して三、四年たってから、一言もしゃべらないことで印象に残っていた学生から手紙が来たんです。「授業中、自分は全然発言しなかった」って。「したくても、できなかった」って。「だけど、就職してから一々、先生の言うことが身にしみてわかって、今になって先生と話したい」って手紙をよこしたのよ。それから、その他にも子どもの教育のことなんかで、いろんな電話がかかってきたりしますね。とてもおもしろいですよ。

——ディスカッションクラスでは、出席の点呼はなさったのしょうか。

私は出席をとらなかった。出席をとると、時間とるからね。そしたら、後になってわかったんだけど、九大の女子学生が潜りで何人も来ていたって。女子大でおもしろい授業があるというので来ていたそうなんだけど、私が出席をとらなかったから、かえってよかったのね。

学生もおもしろがっていたから、さっきも言ったようにね、「どんなテーマでもいい」って言っていました。「あなたたちの興味ある恋愛の問題でもいいし、結婚の問題でもいいし、職業の問題でもいいし、何でもいい。好きなテーマを出しなさい」って言ってやっていました。「教育学なんて言葉が出なくたっていいんだ」って。「教育学というのは、あらゆることにかかわるんだから、そういうものが寄って合わさって教育にかかわってくるんだから、もう幅広くいろんなことを考えた方がいいから」ってね。だから、学生も自由に発言したのよ。それから、実態調査。さっきも言ったように、本当にいい調査をしていましたよ。感心させられるような調査が多かったですね。

――学生が自分から学びたいと思って学ぶことが大事なんですね。

学生は自分たちの興味があることをしているから、やっぱり張り切ってやるわけね。それが同時に、私の勉強にもなるのよ。やっぱりね、いくら比較的若い先生だったといっても、十五、六歳は年齢が離れているでしょ。だから、ディスカッションクラスをすると、学生たちが何を考えているかがわかったしね。

だけど本当、今になっても教師冥利に尽きていますよ。その頃の学生たちは、今ではもう八十歳近い。そういう人たちがしょっちゅう私のところにやってくるのよ。それで私、考えてみたら、もう九十三歳を超えているでしょ。だからもう自分でも感じているけど、私に先がないから今のうちに会っておこうと思って来ているんじゃないかと思っているのよ。東京あたりからもやってきたりするんだけど、お里が福岡で来たついでにということもありますけどね。

それからね、旅行先からいろんなものを送ってもくれるのよ。今日も「旅行に行ったので名産の栗羊羹を送りました」って来たのね。とにかく、いろんなものがしょっちゅう来るのよ。だから私は食堂に持って行って、いつも八人ぐらいで食事をしているので、そのときにみんなに分けているのよ。

——アビタシオンで秋枝先生と一緒に食事をなさっている人たちは役得ですね。

送ってもらった数が少ないときは分けられないけど、八つ以上きたときは配って、みんなで食べているのよ。

——秋枝先生は学生さんと一緒にＫＢＣのテレビ番組に出演なさったということなんですけれども、スタジオへも行かれたのでしょうか。

そう。そのとき、一つおもしろいことがありましたね。「女性と職業」という題だったのよ。アナウンサーが、女子大生たちに「卒業したらどうしますか」って尋ねたんです。「結婚でもするんですか」って言われたとき、学生たちが異口同音に「いや、私たちは仕事をします」って言ったのよ。だけど「女はやっぱり結婚した方がいいんじゃないですか」って、男のアナウンサーが粘ったのよ。そしたら「そんなことはありません」って、ぴしゃって女子学生の方が言ってね。とても頼もしかったですよ。

——そういうふうに発言なさった当時の学生さんたちは、やっぱりその発言どおりに卒業後は仕事をなさったのでしょうか。

そうですよ。多くは勤めていましたね。勤めると同時に、私たちの時代と違うから結婚もした人もいる。子どもが産まれてから辞めて、また後で復職した人もいる。ただ単にうちの中だけにいるという人は、あまりいないんじゃないの。もっとも、私のところによく来たり手紙をよこしたりするような人は、だいたい何かしているわね。

学校の先生になった人が割に多いんですけど、職場ではいろんな問題にぶつかるでしょ。ある卒業生が就職して結婚したら、夫が転勤になったんだって。それで、うちの者たちみんなから「仕事を辞めろ」って言われたのよ。だけど「自分は辞めたくない」って言って、私に相談に来たんですよ。それで私が「あなたね、自分でよく考えてね。一概に家庭に入ることが悪いとは思わないけど、考えてやりなさい」って言ったら、彼女もいろいろと考えた末、結局「亭主を説得して仕事を辞めないで済みました」って。

――卒業生の勤め先としては学校の先生が多かったということですが、おおよそ何割くらいだったのでしょうか。

私が来たときは、七割くらいでしたね。ところが、殊に理系の人たちはだんだんとＩＴ産業の方にね。たとえば長崎の三菱造船所。あれなんかＩＴが入ってから、「もう女子大の卒業生全部くれ」って言って来たほどでしたね。ところがこの頃は、男もそうだけどね、ＩＴをやったからって職がいいとは限っていないみたいだけどね。

その頃、「四年制女子大の就職率が悪い」って報道されて、全国平均六十％というときがあってね、労働省の課長が全国を調査したことがあるのよ。福岡女子大に来たときは私が会ったのよ。その課長が「おたくはどうですか」って言うから、「百％だ」って言ったらびっくり仰天してね。「全国でおたくほど就職率のいいところはない」って言われてね。女子大の卒業生は、就職先で評判がいい。真面目だし、よくやってくれていますね。

だけど、こういうことを言われたことがあるのよ。ある中学校に行ったら、校長先生から「おたくの卒業生と、教育大の卒業生とを比べると、教育大の卒業生は採用したそのときからすぐ戦力になる」って。「おたくの卒業生はすぐ戦力にはならないけど、二、三年もたったら、ぐっと伸びてもう追い越しちゃう」って。やっぱり教養の底辺が広い人の方が後で伸びる。ただし、「おたくは就職活動が下手だ」って言われた。「何もしていない」って。本当に私も何もしてなかったんだけどね。もちろん、たまたま知っている人に頼まれたら紹介しましたけどね。

どうやら教育大の方は、熱心に就職活動をしているんですって。それで、教育委員会は教育大の卒業生名簿だけを持ってきて、「この中から選べ」って言うんだって。「女子大は何もそういうことをしない」って言うのよ。たまたまその校長さんは教育大出身じゃなくて、九大を出た校長さんで、とても女子大の卒業生に肩入れしてくれて、「もっと就職活動をしなさい」って言われたことがあるのね。それから、たとえば九大から教務関係で頼まれたこともありましたね。

――事務補佐員でしょうか。

そう。事務補佐員。私はときどき頼まれて、「推薦してくれ」って言われたのよ。「三人紹介してくれ」って言われたので、順位をつけて三人紹介したのね。みんな優秀だったけど。そしたら、三番の順位をつけた人が採用されたのよ。だから、「どうして三番の人をとって、私が一番をつけた人をとらなかったか」って尋ねたら、「あの子が一番、愛嬌があったから」って。私はがっかりしたのよ。

九大の教授ともあろう者が、愛嬌があるからって、頭のいい人を差しおいてとったから、ちょっとがっかりしたのね。その卒業生も優秀は優秀だったから、後で九大に行っても、「とってもよくやってくれる」ってどの先生も褒めていました。私も紹介者として面目は施したけど、やっぱり九大も「いや、おまえもか」というような気がしましたよ。世の中ってそうなのね。女は愛嬌なのね。実力のある女より愛嬌のある女が選ばれる。それはもう、いまだに日本中変わらないね。

だけど、大事なのは底辺が広いということですよ。それは男にとっても女にとっても同じだけどね。底辺が広いということは結局ね、木が根をうんと張っているということなんです。見えないところで根をうんと張った木だけが大木になる。根が張ってない木は、風が吹けばひょろっと倒れたりする。だから「底辺を張れ、底辺を張れ」って、私は学生たちにいつも言っていましたね。

——つい最近のことですが、教職に就いている卒業生が、秋枝先生と全く同じことを報告しに来たんですよ。最初は教育大の卒業生の方がやっぱり教え方がうまいので、ちょっとよさそうに見られるけど、女子大の卒業生は学問に対する興味があるので、しばらくするととてもおもしろい内容の授業をするようになると言われているそうです。後から技術がついてくれば、女子大卒の先生の方がいいという評判です。

女子大の卒業生は、後で伸びるのよ。そもそも戦後、六・三・三・四の学校制度ができたときに、アメリカでもやってない理想主義の教育を日本で実施しようとしたんだけど、そのとき大学教育に教養教育を導入したのね。アメリカでは、特にいい大学はみんな教養中心でしょ。そして教育学でも心理学でも政治学でも何でも、専門教育は大学院のグラデュエートコースでするのよ。ところが日本は貧乏なもんだから、六・三・三・四の最後の四年の大学教育のときに、教養課程と専門課程を一緒にしちゃったのよ。だから中途半端な大学教育ができたのね。

本当を言えば、アメリカの制度をとるんなら、もう大学の四年間は全部教養にするべきですよ。旧制の大学は全部専門だったけど、旧制の高等学校は三年間全部教養だった。旧制高校では、卒業や成績のことをあまり心配しないでしたいことをやり、教養を高めたから、後で伸びたのよね。だけど戦後の新制大学では、経費がかからないように教養と専門を一緒にして、四年間の中に押し込めたから中途半端になったのよ。

——福岡女子大学の伝統として、学生が自由に学問に取り組むという雰囲気がとても強かったのではないでしょうか。

そうね。ただ、女子大は小さな大学でしょ。だから開かれた大学にして、社会人を入れる生涯教育を実施すべきなのよ。私が定年退職に近づいた頃、その頃の学長が前学長の高木誠先生のお父さんの高木暢哉先生で、その高木先生と一生懸命、生涯教育を導入する計画をしていたのよ。全学の一般教育と家政学部の家庭理学科って中途半端なのがあったから、それを一緒にして人間関係学部というのをつくって、それを広く開放して、社会人を入れる構想を練っていたのよ。そしたら、その高木先生ががんで亡くなってね。だから私もその後、図書館が新築されるときに頑張って、将来そのような教育センターをつくれるだけのスペースを新しい図書館の中につくってもらったのよ。

——生涯教育のためのスペースを新図書館の中に用意しておかれたのですね。

そのときも男の先生たちは、建築の規則を気にしたのよ。図書館を建てるときも学生一人に何平米と決められているのね。女子大の学生数はその頃、全学生で六百人くらいだったから、小さな図書館しかできない。だからその新しい開かれた大学を実現するために、「そこを広げてくれ」って言ったのよ。そしたら、県の方も賛成してくれて、それで広い図書館ができたわけね。

――その広げられたスペースに女性生涯教育資料室ができたのですね。

そう。それから講堂ね。これも、ついでにつくってもらったからね。

――視聴覚教室ですね。

普通だったらもっと小さな、小ぢんまりとした図書室しかできなかったのに、将来、生涯教育センターをつくるということで広くしてくれたのよ。私はもうそれが着工したときの年度末には定年退職だったのよ。でき上がったのは退職後の十月だったんだけどね。着工が決まってから後のことだけど、ある男の先生が「あれはスペースをとるための作戦だから、完成したら他の教室に使っていいですよね」って言ったから、私は怒ったんですよ。「県にこういう目的で許可してもらってスペースをとったのに、そんな県をペテンにかけるようなことはできません」って私は言ったのよ。そしたら時の事務局長も「そうだ」って言ってくれた。本当にそういう約束でスペースをとったんだからね。だからあれは潰されないで済んだんだけど、うっかりしていたら潰されるところだったのよ、他のことにね。

――それでは、話題は変わりますが、秋枝先生が女性学講座を実現なさったお話をお願いできませんでしょうか。

私が女子大に来てからすぐの頃は、「女性学」なんていう学問は存在しなかった。女性学はやっと一九七〇年代から始まった。だけど、私は自分で勝手に女性学的なことを教育学でやっていたのよ。でも、女性学という言葉はなかったんですよ。女子の大学だから、当時は「婦人問題」というような言い方が多かったので、「婦人問題の講座を置いてくれ」って教授会で頼んだんですよ。そしたらやっぱり、男の人たちからの反対に遭って「婦人問題」という講座がなかなか置けなくて、それでやっと私が定年退職する三年前だったかな、初めて「婦人問題」という講座が二単位できたのよ。そのときに私はよく男の先生たちから言われたんだけど、「秋枝先生がそういう婦人問題に関心を持つのは勝手だけど、そのとばっちりが僕らに及ばないようにしてもらいたい」ってね。

――その女性学講座の授業を女子大で始めたときに、中身の点で反対などはなかったのでしょうか。

中身では反対はなかったですよ。大っぴらには反対できないからね。でも、内心はどうかわからない。いずれにしても、もう時代がどんどん変わって、いろんなところで女性学の研究がさかんになっていましたね。お茶の水女子大が一九七五年に日本の大学で最初の女性に関する専門的資料館として、女性文化資料館を設立しましたね。だから、やっぱりもうそろそろ福岡女子大学でもそのようなものをつくらざるをえないという雰囲気にはなっていましたからね。

――お茶の水女子大学などには、先進的に女性問題に取り組んで日本をリードしていこうという気概が大いに感じられますが、福岡女子大学にはそのような姿勢があまり感じられないのですが。

だってね、だいたい女の先生たちだってあまり関心がないんですよ。ところが、お茶の水なんかでは、原ひろ子さんという人が中心になってやっている。東京女子大にも一九七五年に女性学研究所が設置されたし、津田など主な女子大はどこも真剣に女性問題に取り組んでいますよ。

――女子大の使命として、女子学生を特別に教育して社会で活躍してもらうようにするだけではなく、大学自体が率先して社会や時代に働きかけていかないといけないと思いますが、非常勤講師の予算枠が食われるなら講座開設に反対という状態では、大学の姿勢が弱すぎるのではないでしょうか。

結局は、そうなりますね。たとえばヨーロッパでも女性の社会的地位の高い北欧なんかでは、議会に四十％前後は女性がいるんでしょ。それだけの割合で女性がいれば、女性の問題が取り上げられやすいけど、日本の審議会などでよく使われる手法で、女性委員を一人入れたって何ができますか。四十％とは急に言わないにしても、やっぱりある程度は数がいなけりゃ、本当にためになることは何もできないのよ。

私はもう二、三十年ぐらい前になるけど、福岡県が実施している「婦人の翼」、今は「女性研修の翼」と言うけどね、その第六期のときに団長としてスウェーデンに行ったのよ。そのとき、スウェーデンの人たちに「女性の地位が高いのはなぜか」って尋ねたのね。すると、とてもおもしろいことを言われたのよ。女性が数多く進出しているのは、議会だけじゃないんです。いろんな職場の意思決定の場で、四十％は女性が関与しているんですね。だから、女性の問題が取り上げられやすい。

それから、働く女性と言ってもね、日本の場合、パートと正規では大違いでしょ。ところが向こうでは、ただ時間だけの違いなのよ。だから子育ての期間、たとえば五時間働くとしたらね、そこのところだけが違って、あとの条件は全部正規の人と変わらない。しかも子育てが終わったら、すぐカムバックもできる。ところが日本は一旦やめると後は本当のパートになってしまって、たとえ専門職を持っていても、それを生かせるところにカムバックできないのよ。でも、向こうではそれができる。

子どもが小学生のときは、日本だって保護者が出かけていかないといけないような、いろんな学校行事があるでしょ。スウェーデンでは、年間六十日は有給で子どものためのそういう用事に行くことができる。六十日分の有給があれば、何とかできるって。もちろん向こうでだって男性が育児休暇を取ることは少ないんだけど、それでも有給休暇できちんと対応している。

それから最後に聞いた話だけど、スウェーデンは過去二百年間、戦争にかかわらなかったそうよ。第一次世界大戦も第二次世界大戦も参戦しなかったって。だけど、軍隊はあるのよ。あるんだけどね、戦争はしないのよ。戦争ほど国家予算を使うものはないでしょ。スウェーデンは、そういうことにお金を使わなかったから、その分を社会福祉の方に回すことができたって。

だから、いろんな意味で私は感心したのよ。今、問題になっている家庭内暴力の問題でも、母親が子どもを連れて逃げるためのシェルターに私も行ってみましたけど、外からわからないように二重の門があって、秘密が守られている。子どもが学校に行く学齢の場合は、日本の場合だったら子どもを学校に行かせるでしょ。それで捕まっちゃうんだってね。父親が見つけるからね。隠れられない。ところが向こうでは、教育委員会が手配してシェルターに学校の先生を派遣してくれるのよ。逃げるときだって、連絡するとすぐ警察が来てシェルターに連れて行ってくれるのね。警察とシェルターが協力して、ひどい目に遭っている母子を保護してくれるのよ。ところが日本では、訴えても訴えても、「単なる夫婦喧嘩だ」ぐらいにされて、死人とか大けが人が出なければ取り上げないでしょ。そういう違いもある。やっぱりいろんな意味での女性問題に対しては、向こうでは効果的な取り組みがなされていますね。それから、人権意識が強い。日本はそれが弱いですね。そして男尊女卑的なものも残っています。いまだに九州なんかでは根強いでしょ。しかも、問題は男だけじゃないのよ。女たちが女を引きずりおろす。私なんかも、それをよく感じましたね。女が何か発言すると、後でごそごそ言われるのね。「出しゃばり」だとか「目立ちたがり屋」だとか、いろんなことを言われる。だから、女性たちはみんな発言するのを嫌がったんです。

——今では、女性の能力を活用しようとする政策も進められていますが、このことについて秋枝先生はどのように考えていらっしゃいますか。

女性の能力を活用すると言ったって、女性が非正規職員に押し込められたら問題ですね。前はそんなにひどくなかったのに、労働者派遣法が緩和されてから、ますます悪化していますね。今、働く女性の五十七・五％は非正規職員なんですよ。だから結局、安い賃金で女性の労働力が使われることになるんです。戦時中だってそうだったのよ。男の労働力が足りなくなってくると、女に「国家のために働け」と言う。それで平和になってくると、今度は「家庭に帰れ」と言う。

——女性が労働力の調整弁として扱われているということですね。

そうです。意思決定の場に女を一人入れるなんてことでお茶を濁しているから、そんなことになるのよ。一人だったら、何もできないですものね。よほど強い人だったら別でしょうけどね。

——秋枝先生みたいに強い女性が数多く必要ですね。

いや、私はそんなに強くないのよ。この頃ではもう、時々嫌気が差しちゃって、黙っちゃうときもあるんです。

——日本でも、育児のときなどに三人で二人分の仕事をするなどして、ワークシェアリングを進めていくべきだと思いますが、このことについてはいかがでしょうか。

私は、女がみんな男と同じだけ労働する必要はないと思っていますよ。その時々の条件がありますからね。たとえば、高齢者を世話することだって、施設だけではもう間に合わなくなっているでしょ。そうなると、家庭で高齢者の世話をすることになるけど、それだとどうしても女にしわ寄せが来るわけよね。そういう時期は勤務時間を減らさないといけない。私もそれを以前にやったことがあるんです。それは自分の健康のためだったんだけど、十時出勤、三時退勤をやったんです。そしたら、給料を三分の一に削られちゃった。

日本では、そういうようなことがありますよ。だけどスウェーデンではね、三時間なら三時間、四時間なら四時間という労働時間の長さだけが違っていて、他の条件は全部同じなのよ。ところが日本の場合は、労働条件全体がもう断然悪くなるでしょ。だから長く休んでいられないのね。必要に応じて三年くらいの休職を認めてもいいけど、そのかわりカムバックがちゃんとできるような体制をつくることが重要です。だけど、研究職なんかの専門職だったら、三年のブランクがあるともうついていけなくなってしまうという問題もありますね。

――三年といったら、世の中の進歩から取り残されてしまいそうですね。機器の扱いもすぐに変わりますし、「浦島花子」になってしまいそうです。

だから、そういう人にはね、ブラッシュアップする期間をつくるとか、そういうことを考えないとね。ただ単に「三年間、子どもを抱きたいだけ抱けばいい」なんて、ばかなこと言っているから何の問題解決にもならないのよ。

――三年間抱っこし放題などの制度は設けるけれども、同時に社会復帰のための制度も用意するということですね。

それともう一つ、私はね、父親があまり子どもにかかわらないことが日本の少年犯罪の大きな原因になっていると思うのね。私は福岡女子大にいたとき、三回、十年間隔で少年院や少女苑というところを調査したことがあるんですよ。そしたら、収容されている少年少女は、父親との対話が圧倒的に少ないのね。それで「家庭の中に嫌悪を感じている者がいるかどうか」を尋ねたら、もう圧倒的に一位は父親なのよ。そしてそれは、少年院だけじゃないんですよ。普通の中学、高校も調べたのね。公立も私立もね。そしたら、そういうところでも圧倒的に父親が嫌い。その話をあるとき、学校のPTAでしたのよ。そしたら、役員の会長とか副会長は男性でしょ。でも、話を聞きに来る人はお母さんたちばっかりでしょ。だから、後で男性たちが顔色を変えて、「今度父親を呼びますから、また話してください」って私に頼んだのよ。

私は、福岡県の少年問題に関する協議会の委員を長い間していたことがあるのよ。麻生知事のときだけどね。そのときの委員は、ほとんどが男性なのよ。ある男性が立ち上がって、「子どもたちが父親を嫌悪するのは母親が悪い」って言ったのね。「母親が一緒になって父親の悪口を言うから、そうなったんだ」って言うから、「じゃあ、父親たちは自分を正当に評価してもらえるように、自分をちゃんと理解してもらえるように、奥さんと話をしていますか」って私は尋ねたのよ。父親たちは帰っても、ほとんどしゃべりませんからね。

――「メシ」、「風呂」、「寝る」しか言わない。

「メシ」、「風呂」、「寝る」だけで対話らしい対話がなかったら、父親が何を考えているか、どんな仕事をしているか、母親にだってわかるはずないでしょ。そんなことを私が言ったら、男たちは黙っちゃったけどね。男たちには、そういう感覚しかないのよ。だからやっぱり父親もね、女だけに負担させずに、父親も育休や有休を取って、いろいろな家族の交流をしないといけないですね。

麻生さんが知事をやめたときに、慰労会があってね。そのときに麻生さんが「自分がやったことで一番の心残りは、もっと女性を起用しようと思ったけど、それだけが十分にできなかったことだ」って言ったから、私が「そのためには、世界に冠たる評判の悪い長時間労働をやめてね、労働短縮しなくちゃだめですよ。父親も母親も普通の場合は夕食をうちで一緒に食べられるような労働短縮をしたらよくなりますよ」って言ったんです。そしたら、麻生さんは頭を抱えていましたね。だってそれをしなかったら、父親だってかわいそうなのよ。もう労働時間はＩＬＯからいつも警告を受けているように長時間でしょ。その上にサービスもさせられる。

――サービス残業ですね。

残業とか、いろんなことをさせられているからね、父親だってもうへとへと。夜遅く帰ってきて、それから子どもの相手しろったってね、それは父親にとって残酷物語でしょ。それこそ過労死になるね。だからまず労働短縮して、特別なことがあれば別だけど、そうじゃなかったら夕食は家族と一緒に食べるようにしなきゃだめですよ。

そうしなかったら結局、父親は相変わらずそういうふうに過労な状態に置かれたままで、「家族を大切にして団欒しろ」って言われても、そんなことはできない。できないから、家族の中で除け者にされる。そしたら、母親と子どもがくっついちゃう。そうすると、父親はいらいらして家庭内暴力を振るうようになるわけね。だから、そういうことがみんな悪循環しているのよ。

――たしかに、そうですね。今は子どもの方も塾などに行って、夜十時、十一時頃に帰宅したりすることもあるそうです。そんなこともあって、どんどんと家族団欒の時間がなくなってしまっています。

母親なんかも、いい大学に入れるにはいい塾に入れなくちゃとか、そういうことばっかりを考えているでしょ。だけど、たとえいい塾に行こうといい大学に行こうと、駄目なものは駄目なのよ。東大を出たって、おかしな教授たちもいるぐらいですからね。そんなに尻をたたくよりも、伸び伸びと育てて、人間としての根をしっかりと張らせた方がいいのよ。そういう子の方がね、後で伸びる。手っ取り早く役立たせようと思って、形ばっかり気にして子育てしたってね、それはうまくいかない。

――それでは、女子大の存在意義について、秋枝先生がどんなことを考えていらっしゃるかを話していただけませんでしょうか。

私はね、初めは女子大というのは過渡的なものだって思っていたのよ。戦前は女子が大学から閉め出されていたので、男子の大学教育に相当するものを女子に教えるには、女子大をつくるよりしようがなかったわけね。これはアメリカでも同じですよ。だから、そういう意味で女子大というものには過渡的な意義を感じていたけど、戦後は男女平等ということになったでしょ。そうなれば「女子大はもう必要ないんじゃないか」って初めは思っていたのよ。

そしたら、戦後になってもまだ初めのうちは、共学の大学に娘をやりたくないという家庭が非常に多かったのね。福岡女子大の学生に聞いても、「自分自身は共学の九大に行きたかった」という学生が多かったんだけど、「親が許さなかったから女子大に来た」ということだった。そういうふうに女子自身は共学で勉強したいと望んでも、共学だったら家庭が許さないという場合が多かった。それから、女子大を出た方が都合のいい場合もあったのよ。学校の先生なんかになるときね。

それでも私は、将来、共学が普及したら、女子大はやっぱりなくていいんじゃないかと思っていたのね。だけど、こういうこともあるでしょ。アメリカでも、東部の方は女子大が健在ですね。たしかに中西部の方は、共学がほとんどなんだけどね。共学だったら学生団体の長は男で、女子が副になることが多いですよね。だけど女子大だったら全部女子がしなくちゃならないでしょ。対外交渉でも何でも。アメリカでもそう言っていたけど、やっぱり女子大の方が、いろんなことで女子が主導権を取れるって。それに、いろんな経験が女子中心でできる。共学の大学になったら、どうしても女子は男子に譲ってしまって、男子が主導権を取って、女子は副の方を取りがちになりますね。

それともう一つ、これもアメリカで聞いた話なんだけど、女はどんなに頑張っても、アメリカの社会でさえトップの仕事はさせてもらえない。この話はハーバード大学の女子学生から聞いたんだけど、女は自分自身がトップを目指すより、トップになる可能性のある男をつかまえた方がファースト・レディーになれるって。ハーバードの女子学生たちはそれでね、トップになりそうな男をつかまえる方に熱心なんだって。私はあきれたけどね。だけど、それが案外本当かもしれない。

――それはいつ頃のお話でしょうか。

私が五十年ぐらい前にアメリカに行ったときの話です。

――もしかすると、今でもそうかもしれないですね。今、日本でも東大に行く女子の希望でトップに上がってくるのが、何と専業主婦になることだそうです。東大に入るのは、いい男をつかまえるためなんだそうです。

私は東京女子大時代に学生会議というものに参加したことがあって、そのときに男子学生とちゃんちゃんばらばらやったんです。そしたら最後に、男の学生たちから「とにかく君のような女は嫁にしないからね」って言われたのよ。

――同じようなことを私も言われたことがあります。

だけど、会議が終わったら全員が変わっちゃってね。「やっぱり高等教育を受けた女性がいいね」って一人の男子学生が言ったのよ。そしたら、「僕も」「僕も」って全員が変わったのね。だから、それはそれでおもしろかった。

――秋枝先生は、結果的にはやっぱり女子大は必要だというお考えでしょうか。

やっぱり、今は過渡的に必要だと思います。私は福岡女子大を定年退職してから、九州国際大学でしばらく教えました。そこは共学だけど、ほとんどが男子学生ね。法科と経済ですからね。それから、女子大にいるときもちょっと頼まれて、二、三年、九州産業大学に教えに行ったことがあります。そこもほとんどが男子学生。建前は共学だけどね。

そうすると、何て言ったらいいのかな。私は女子教育史や女子の問題を取り上げたんだけど、圧倒的に男子が多くて女子が二、三人ぱらぱらだと、女子教育史を教えるのでも、それだけをその年一年かけて教えるわけにいかないのよ。それで、最後の何時間かという形で女性学を取り上げたんですけど、「こういうことを知ってないと、将来、女性とつき合うときに困るよ。ちゃんと覚えておきなさい」って言って教えたのね。そしたら、「役に立ちました」なんて男の学生たちが言っていましたけどね。

やっぱりある程度は、こちらとしても男子中心の大学では、女性学をちゃんとやりにくいわけよ。だから教育史なら教育史、教育学なら教育学の授業で、最後の数時間を女性学などに充てるというような形でやりましたけれどね。だから、そういうこともあるので、過渡期の今としては女子大にはまだ役割はあると思っています。

それともう一つは、一旦家庭に入ったけど、子どもの手が離れたらまた社会にカムバックしたいという女性に対する対応も必要ですね。男子中心の共学の大学では、そういう生涯学習のところをなかなかつくってくれないんですよ。だからアメリカでもヴァッサーとかスミスとか、そういう女子大では大学院を共学にしたりして、女性の社会人を再教育しているのね。ブリンマーなんかも、そのような仕組みをつくっているんですよ。だけど、まだまだ日本の場合は、女性は家庭に入ると不勉強になっちゃうでしょ。何かしたいという気持ちはあるのよ。子どもの手が離れるとね。だけど、そのままでは通用しないから、その女性たちをブラッシュアップする組織が必要になる。

——その役割が大きいのは確かでしょうが、社会人で大学や大学院に実際に入って勉強するのは圧倒的に男性が多いという現実になっています。男性はちゃんと学生として戻ってくることができるのですが、女性の場合は公開講座でちょっとだけ教養を高める形での勉強を続ける傾向にあります。それだと、やっぱりいつまでたっても男女平等は達成されないのではないでしょうか。

それはね、社会全体の要求が今はそうなっていますからね。私は一年間、ハーバードの教育学の大学院と同時にラドクリフ研究所にいたことがあるんです。ラドクリフ研究所は、ドクター号を持っているけど家庭に入って子育てなどでブランクができた人や、芸術的な活動など、いろんなことで活動していたけどやっぱり家庭に入ったためにブランクができた人を特別に入れるんですね。そういう人が家庭に入って、そのまま埋もれているのはもったいないから、その研究所ではその人たちをブラッシュアップして、再び元の仕事ができるようにという試みをするのよ。私が入れてもらったときは、だいたい三十人くらいいましたね。

——それは楽しかったでしょうね。

楽しかったですね。いろんな外国の人たちが来ていました。インドやカナダの大学の先生も来ていました。日本からは私が最初で、次の年には津田塾大学の高野フミ先生と犬養道子さんが来られましたね。そういうとてもおもしろいところに私は入れてもらったんですよ。私はフルブライト法でアメリカに行ったんだけど、その当時は福岡女子大に教員の海外研修制度がなかったのね。県がお金を出してくれなかった。そしたら、時の学長、二代目学長の干潟龍祥先生に私は呼ばれたんです。「ここにはまだ教員の海外研修制度がないけど、ちょうどフルブライトの交換教授の試験があるので、それを受けてみないか」って言われたのよ。それで受けたら通っちゃった。

私はそのころホーレス・マンと森有礼の研究をしていたから、ニューヨークのコロンビア大学にあるホーレス・マン研究所を第一志望として出したのね。だけど、向こう側の決定でハーバードに行くように言われたのよ。ハーバードのラドクリフ研究所に、資格や能力はあるけど家庭に入ったためにブランクができた女性をブラッシュアップする組織ができて、これはおもしろいから、それを研究して帰りなさいって。同時にハーバードの教育学のグラデュエートコースで好きなだけ講義に出ていいって。とにかく、自由にしていいって言われたのね。

それから、奨学金は学生の倍以上もらったのよ。だから、あちこち訪問して回った。そうすると、向こうの大学はいいですよ。私はフルブライトで行っていたので、一番高く評価してくれた。大学を訪問するとゲストルームを用意してくれていて、ちょっとありがた迷惑だったけど、学長招待の夕食会とか学部長招待の昼食会とか、朝食会とか、いろんな招待があってね。あるところでは新聞記者まで呼ばれていて、インタビューをされたのよ。私はもっと自由にさせてもらいたかったんだけど、すごく厚遇してくれた。国際会議などにも四つほど呼ばれた。
ラドクリフ研究所に呼ばれた人には、研究費も出るんです。しかも、その研究費を「何に使ってもいい」って言うんですよ。女性の場合は、それでベビーシッターを雇ってもいいし、ヘルパーを雇ってもいい。女性が、殊に家庭に入った女性が勉強し直すには、そういうことも必要になりますからね。しかも、その報告をしなくてもいい。「あなたたちを信用しています」って言われたのよ。ハーバードの大学院では、女子寮の一室をあけてくれた。さらに、いろんなところへ行きたいって言ったら、その旅費まで別に出してくれたんですよ。こんなことは、日本ではとても考えられないことよ。「研究費を何に使っても構いません。報告もしなくてもよろしい。あなたたちを信用しています」と言われたのよ。だから、それはもう私は感激しましたね。

――秋枝先生は、コロンビア大学にも行かれたのでしょうか。

行きましたよ。コロンビア大学のアネックス（分校）のバーナード大学で、ちょうどそのとき特別の講座があったから、それにも「よかったら出なさい」って言ってくれたのね。バーナード大学は、アメリカ東部にある名門の七つの女子大、セブン・シスターズの一つです。創立年が古い順に、マウントト・ホリヨーク（一八三七年）、ヴァッサー（一八六五年）、スミス（一八七五年）、ウェルズリー（一八七五年）、ラドクリフ（一八七九年）、ブリンマー（一八八五年）、バーナード（一八八九年）の七つですね。私がバーナードに行ったら、いろんなところを案内してくれたのよ。教授会にも出してくれたりして、おもしろかったですよ。やっぱりゲストルームも用意されていて、「朝食はパンや何かを用意しているからトースターで焼いて、コーヒーを湧かして、自分で好きなようにしなさい」って言ってくれた。学長招待の夕食会では、特別な音楽家が来ての音楽会もあったのよ。とにかく、ものすごくよくしてもらいましたね。

それに、私は学生の倍以上の奨学金をもらっていたのに寮で生活していたから、あまりお金がかからなかったので、お金は半分残しておいたのよ。帰りは真っすぐ太平洋を渡るんじゃなくて、そのお金であちこち回ったのね。ハーバードは七月の初めに終わったから、帰るときは夏休みだったのよ。ヨーロッパを回って帰る計画を立てたんだけど、それはロンドン大学とか、ヘルシンキ大学とかから招待状をもらっていたからなのね。

そしたら、とんだことになっちゃってね。私はニューヨークにある日本交通公社に、帰りのスケジュールを全部つくってもらっていたので、日本交通公社に私の帰りの旅費を払い込んでもらうように頼んでおいたのよ。そしたら出発の二日前に、アメリカン航空から電話がかかってきて、「フルブライト委員会から、あなたの帰りの旅費が自分たちの方に払い込まれていたので、自分たちがあなたの世話をします」って言うのね。だけど、もう日本交通公社でインドやエジプトやアテネを回ることまで、とっても細かいスケジュールを全部つくってもらっていたので、「そういうわけにはいかない。とても時間をかけて日本交通公社がスケジュールを立ててくれているので、申しわけないからできない」って言ったんですよ。二十分ぐらい電話で交渉したら、とうとう向こうが折れてね。それで、お金は日本交通公社の方に払ってもらえることになったのよ。それでやれやれね。

そしたら今度はね、別の問題が起きたのよ。出発の前の日に、ボストンのカスタマー・ハウス（税関）に行ったんです。そこで許可を受けないと出国できないのよ。そこに五十歳代の女性係官がいて、「ヨーロッパの方をずっと回ってから日本へ帰ることになっているけど、そのお金はどうしたのか」って尋ねられたのね。私は正直に、「フルブライトでいただいたお金を貯金して、それを帰りの旅費にしている」って言ったのよ。そしたら、その女性が怒り出した。「フルブライトのお金は我々の税金だ」って。そのとおりですね。だから「アメリカで全部使って帰れ」って。「そのお金でヨーロッパを回って帰るとはけしからん」って。「だから許可しない」って言うのね。ロンドン大学とかヘルシンキ大学とかから、もう招待状をもらっていたので、「そういうわけにはいかない」って言って、またそこで一時間ぐらい交渉した。とうとう最後にその女性は折れてくれて、スタンプを押してくれたんだけど、もう、どうなることかと思いましたよ。

だけど、向こうの言い分はそのとおりでしょ。私だって初めからそれを知っていたら、そんなことはしないけど、私は知らなかったのよ。その頃は、一旦日本に帰ると、再度外国に行くというのは外交官なんかの特殊な人じゃないとまず行けなかったから、この際、何でも見てやろうと思っていたんです。

その晩に、フルブライトの本部に提出しなければならない一年間の報告書を徹夜して書いて、それを朝出してね、それからボストンの飛行場に行ったのよ。飛行機が立つ十分前に着いたのね。私を見送ってくれる友だちたちは早く来て待っていたけど、本人が来ないので、とてもはらはらさせちゃってね。そんな調子だったから、イギリスでは何とかなったけど、北欧に着いたときにはダウンした。

――秋枝先生のアメリカ留学では、収穫が大だったご様子ですね。ところで、Frankness is better than politeness とは、どんなことだったのでしょうか。

それはね、向こうに着いて間もなくの話なんです。ハーバードからは「九月に来るように」って言われていたのね。その年は、アメリカでは十年ぶりの、もみじがきれいな年だったのよ。そしたら、ラドクリフ研究所にアメリカ人の女性学者も来ていたのね。彼女はニューヨーク州にある有名な女子大学の哲学教授だったんだけど、彼女が私に「もみじを見に行きたいから、一緒についてこないか」って誘ったのよ。私もそういう景色は好きだし、ニュー・ハンプシャーって、もみじが一番きれいなところと聞いていたけど、そこに元ハーバード大学の哲学教授で九十四歳になるアーネスト・ホッキングという先生が住んでおられて、その先生から彼女は招待されていたのよ。

私はアメリカで車に乗ったことがなかったけど、「よし来た」と思って乗って、助手席でナビゲーションをしたのね。そしたら、私は褒められたんですよ。私は車の運転は、もちろんできないんだけどね。アメリカの高速道路はとってもよくできているのよ。しょっちゅう道路標識があって、あと何メートルでどこ行きの方は曲がるとかね。「どこそこへ行く」って言われたら、標識を見ていたらすぐにわかるので、「あと何百メートル先を右に曲がる」とか「左に曲がる」とか、そういうことを私が言ったら、彼女に褒められて、「あなたはベストな助手だ」って言われた。私は割に方向感覚はいいのよ。

昔からね。

そうやって一緒に行って、ホッキング先生が引退して住んでいる山の中の別荘に三日間泊めてもらったのね。Frankness is better than politeness の話とは、そのときの話なんですよ。ホッキング先生は、もう九十四歳の哲学の名誉教授なんだけど、世界的に有名で、私は初めて知ったんだけどインドのガンジーとも親しいそうで、いろんな話をしてくれたのね。そのときのいろんな話の中で、私が「アメリカに来たのはこれが初めてだ」って言って、そして来たばっかりのときだったので、「これから、いろんなところに行く」って言ったのよ。

そしたら、ホッキング先生から「日本の学者たちはとても無口で、遠慮深くて、礼儀正しいけれど、それじゃよくない。あなたは Frankness is better than politeness を覚えなさい。アメリカの社会では妙に遠慮して politeness をやるよりも、frankness の方が尊重される」って言われたんです。私はしめたと思ってね。私も自分はそういうタイプだと思っていたから、行った先々で「とても失礼な質問ですけど」って前置きして、もうじゃんじゃん質問したら、かえってそれが評価されたのよ。

アメリカに行って間もなくの頃、私は全米の歴史学会にも呼ばれたんです。だから、そのときも質問したのよ。そしたら、そこに国務省の役人が来ていて、その人は日本にもいたことがあるという役人だったんだけど、その人が後で私に「日本から来た学者とか商社マンは何にも言わない。3Sだ」って言ったのね。何も言わないで、だいたい黙っている silent か、笑っている smiling か sneering かで、最後は眠っている sleeping らしいのよ。しかも、日本の外交官やいろんな会議の代表者たちもみんな

3Sなんだって。だけど私にはね、「あなたは女なのによく質問した」って褒めてくれた。それでその後、国際的な学会に四つ招待されたのよ。そしたら一緒にフルブライトで来た学者たちに、「自分たちは行きたいのに一つも呼ばれなかった。あんたは女で得した」って言われたけどね。私だって、ホッキング先生の話を聞いていなかったら遠慮したかもしれない。Frankness is better than politeness には、とても助けられましたね。アメリカの社会では、遠慮するよりは率直な意見を言った方がいいし、そうは思わないときはそう言った方がいいのね。

フルブライトの学者は世界各国から来るのね。私の滞在の終わりの方だったけど、その学者の会議がデトロイト大学であったのよ。そのときに基調講演をした人が、カリフォルニア大学の社会学の女性教授だったのね。お昼に終わって昼食になったら、どういうわけかその会議の議長と、基調講演をした女性教授と、私と、それからユーゴスラビアの男性教授の四人がメインテーブルになったのよ。そのとき、男性教授がお世辞で女性教授に「アメリカでは女性が権力を持っていますね。女性がしっかりしていて威張っていますね。よく活動しています」みたいなことを言ったから、私は「そうは思わない」って言ったのよ。「口では ladies first とか言っているけど、実態はそうじゃないんじゃないか」って。「やっぱりアメリカも男性中心主義で、私は男尊女卑的なものを感じる」って言った。そしたら、その女性教授が身を乗り出して、「そうだ。あなたの言うとおりだ。そのとおりだ」って、それでまくし立てたのよ。そしたら議長の男性は、もう白髪の方だったけど渋い顔をしていた。だけど、おもしろかったですよ。

思ったことをfranknessで言うと、向こうが乗ってくるのね。最初にホッキング博士という九十四歳の哲学の先生から聞いて、私は行く先々でその手を使ったのよ。私は日本人で英語をしゃべるのは達者じゃないけど、「Frankness is better than politenessでいきますから、そのつもりでいてください」って前置きして、ぼんぼん質問したのね。そしたら、アメリカの人たちは本気になって答えてくれるのよ。その点は日本人のように失礼だとか無礼だなんていうことは言わないで、かえって評価してくれる。だから、おもしろかったですよ。

――秋枝先生はアメリカで、ホッキング先生の教えに従って、思っていることを包み隠さずストレートに発言なさったんですね。

そうよ。お世辞なんかじゃなくてフランクに言う方が、丁寧に礼儀正しいのより、むしろまさりますからね。本当にそういうことは、何度もありましたよ。ある学者の家に夜呼ばれたんだけど、ちょうどそのときは、ニクソンが日本を飛び越えて中国を認めたときだったのよ。そしたら、そこに大学生の男子がいてね、「そのことについてどう思うか」って、「日本は続けて承認するか」って聞いてきた。それで私が「多分日本は承認を当分の間はしないだろう。というのは、日本はアメリカや他の有力な国々の言うことや顔色をうかがっているからだ。だけど、私自身は承認すべきだと思っている」って言ったら、その大学生が喜んじゃってね。その晩中、私を離さないのよ。いろいろと議論を仕掛けてきては、「日本から来た人で、そんなに率直に意見を述べた人はいなかった」って言うんですよ。

――秋枝先生がアメリカでフランクにお話しになったら、アメリカ人が喜んでくれたんですね。ということは、

「実際はアメリカ人でもフランクに話すことはあまりない」ということになるのではないでしょうか。

そうです。でも、日本と比べたらアメリカはずっと率直ですよ。だけど、それでもやっぱり男尊女卑的なものがある。夫婦で同じ大学に勤めていらっしゃって、両方とも助教授ということがあったそうなのよ。どっちを先に教授にするかといったとき、奥さんの方が優秀だったんだけど、亭主の方を先に教授にして、それから後で次の年かなんかに奥さんの方を教授にした。やっぱりアメリカの社会でも、そういうことはあるんですね。

——Politeness で丁寧にしゃべると、何が言いたいのかがわかりにくくなるということはないのでしょうか。

そうそう、それはある。だから、わかりやすい言葉で自分の思ったことを率直に話す必要がありますね。

——けれども、あまりにもずばずばと言いすぎたら逆効果ではないでしょうか。

私は、「フルブライトに私が選ばれたのはなぜか」って聞いたことがあるんですよ。アメリカ大使館に勤めている日本人に私の先輩がいたから、その人に後で聞いたのよ。そしたら、日本の学者たちは、聞かれもしないのにべらべらと自分の研究の話をするんだって。あらかじめ準備して暗記してきた話なんですね。ところが、私は聞かれたことだけを的確に話したんだって。だから、私が言ったことは意味がちゃんとわかったので、それが評価されたんだって。自分の意見をあらかじめ準備して、自信たっぷりにしゃべった人たちは落とされたって。試験のとき、私はもうだめだと思っていたのよ。他のみんなは自信たっぷりでしょ。もう、私は失格だろうと思っていたのね。だけど、やっぱりアメリカの方では、そういうふうにちゃんと対応の仕方を見て評価してくれた。

だから、ばかな演技はしないことね。アメリカ人の家に招待されると、たいてい「アメリカの料理はどうですか」なんて聞かれる。私は「非常に栄養がたっぷりだ。だけど味つけは日本のほうがいい」って言うのよ。そうすると機嫌を悪くする奥さんも中にはいるし、ときどきは「あなたは寮なんかに住んでいるから、本当のおいしい料理を知らない」なんて一生懸命言う人もいる。だけど、私が日本の味つけは非常にデリケートで、自然を生かすような調理をするという話をすると、日本に行ったことのある学者は「あなたの言うとおりだ」って認める。行ったことのないアメリカ人はアメリカが一番いいと思っている。

——アメリカでは Frankness is better than politeness がとても効果的だったようですが、日本ではどうなんでしょうか。もし日本でそのように振舞ったら、どうなるのでしょうか。

日本ではそうはいかないでしょうね。私の場合は、「生意気だ、生意気だ」って言われるのね。あるいは「やれるもんなら、やってみろ」なんて言われたりね。

——日本ではなかなかうまくいかないかもしれませんが、じゃあ他にどんな方法があるかと考えても、なかなかないような気がしますけれども。

日本だって、わかる人はわかってくれる。こんなことを言うとおかしいけど、麻生知事は私を評価してくれたのよ。麻生さんが知事になられた頃、私は女性政策提言委員会というNGOの代表だったのね。その会が麻生さんをお呼びしたことがあるのよ。そしたら麻生さん、後で聞いたら、ものすごくかたくなって来ていらしたらしいのね。麻生さんは、もともとは通産省の優秀な官僚だったでしょ。それから福岡県知事になった。そういうわけだから、そのとき私は麻生さんに「あなたは元通産省の有能な方だって聞いていますから、経済のことはお得意でしょうね。だけど、人生は経済だけじゃありません。生活って面があります。生活と経済で車の両輪です。生活の方は、今のところ日本では女性が中心となっている。あなたは経済には詳しいだろうけど女性問題については詳しくないだろうから、これから女性問題を研究してください」って言ったのよ。そしたら後で聞かされたんだけど、麻生さんが「あの白髪のばあさん、きついこと言うな」って言ったって。それで私は麻生さんに一遍に覚えられちゃったのよ。それで、私はいろんなときに麻生さんに呼ばれるようになってね。そうやって、私は麻生さんにはずけずけと割と対等に言える立場になったのよ。

――やっぱりこれも、Frankness is better than politeness のお陰だとは考えられないでしょうか。

それはそうですね。やっぱり日本でも、わかってくれる人はわかる。それで、麻生さんは私にとっても協力してくれた。麻生知事の前は奥田知事だったけど、私は奥田さんも知っていたから、奥田さんが知事になったときは「女性の副知事を置いてください」って言ったのよ。奥田さんはその気だったのね。だけど、県議会は七割がアンチ奥田だったから、その計画は潰されたのよ。だから奥田さんのときは、とうとう最後まで実現しなかった。麻生さんになって、一期目の最後の三月三十一日。今でも覚えていますよ。夜遅く、麻生さんから私に電話がかかってきたのね。何事だと思ったら、「先生喜んでください。やっと県議会で副知事の案件が通りました。喜んでください」って言われた。

――稗田慶子副知事ですね。

そう。だけどそのときに、麻生さんがおもしろいことを言ったのよ。「稗田君というのも変わってますな」って。「どうしてですか」って私が尋ねた。そうしたら、稗田さんはご自身が女医さんでご主人もお医者さん。だから、麻生さんが「ご主人に相談してお返事ください」って言ったら、稗田さんは「相談なんかする必要はありません。私が決めます」って言って、「私は引き受けます」って言ったっていうのよ。それで麻生知事は、またびっくりしたんだって。麻生さんは、女性の積極性は買ってくれる。よく買ってくれる。

――相手が率直に言うから、こっちも率直に返せるという面もあるように思われますが。

だからね、ばかな演技をするよりは、ちゃんと言うべきことは言う方がいいですね。だけど、そう簡単にはいきません。私は、さっき言ったNGOの女性政策提言委員会の代表をしていたから、麻生さんに提言をするのよ。そしたら麻生さんがわからないときがあって、何度も説明しなくちゃならなかったけど、稗田さんになったらもう、とにかくぱっとわかる。「同感です。だけど、これは簡単にはいきませんよ」って。「時間がかかりますよ」って言うんですね。たしかに麻生さんはわからないときがあったけど、わかってくれるととても協力的でした。

麻生さんは知事を辞めるときに、「もっと女性を起用したかった」って言われたんだけど、実際はたくさん起用してくれたのよ。とにかく、奥田さんが知事になるまでは、県庁の中での女性の課長は一人しかいなかった。奥田さんの時代に二十人になった。麻生さんになってから、さらにどんどん増やしてくれた。だから、それは本当によくやってくれたんですね。それでも麻生さんは、「もっとよくしたかったけど、なかなか抵抗があってできなかった。それだけが心残りだった」って言っていましたけどね。だから、やっぱり言うべきことは言わないとね。中には胡麻するのがいるのよ。本当に、胡麻ばっかりすってね。だけど、やっぱり見てくれる人は見てくれていますよ。胡麻をすっているのは、どうせわかるからね。

——麻生知事が女性を積極的に登用されたというのは、男女雇用機会均等法との関係もあるのでしょうか。

もちろん、そうです。

——福岡県に婦人問題懇話会ができたとき、秋枝先生はその委員になられましたが。

「教育と社会参加」の部会長だったのよ。最初は担当の課がなかったから、原案を書くのでも原稿用紙で五十枚ぐらい、全部私が書いたのよ。書いて次の会議に持っていくと、いろんなクレームが出る。それで、三回ぐらい書き直しましたよ。そしたら、そのうちに担当の課ができたので、担当の課で原案を書いてくれるようになったのね。それで、後の委員の人たちはずっと楽になったのよ。

——そのときの懇話会で、秋枝先生は部会長をなさっていましたが、たとえばどんな問題を扱われたのでしょうか。

私は最終的に報告書を出したんだけど、一つはやっぱり女性を意思決定の場にもっと出すようにすることね。人口比で出すのが理想だから、五十対五十。福岡県の場合は女性の方が人口が多いから、女性の方が多くてもいいぐらいだけど、とにかく「フィフティ・フィフティを目標にしなさい」って言った。県議会ももちろんだけど、「まずは県庁でやってください」と言った。

それからね、女子差別撤廃条約が国連でできた後、抵抗したのは福岡では教育委員会なのよ。その頃は、家庭科は女子だけの必修で、男子はその時間に受験のための数学や理科なんかを勉強していた。当時は、そんなふうな差別があったのよ。

女子差別撤廃条約のときに、私は部会長をやっていたでしょ。聞くと、一番それに強く固執しているのは校長会だというのよ。高校の校長会が「これは差別じゃなくて区別だ」と言って、「直さなくていいんだ」って言ったというから、私はその校長会に「会いに行きたい」って言ったのね。そしたら、その部会の委員の中にも男性がいるのよ。それで男性委員たちは、「ちょっとそれをするのはまだ早い」って言ったのね。そしたら、女性委員の中に、それに媚びたり胡麻をすったりするのがいるわけ。

——女性委員の中には、反対意見を表明した委員もいたということでしょうか。

その場では反対しないけど、部会の外で反対活動をしているということを後で聞いたのよ。それで、その女性委員は教育委員会に出かけて行って、「秋枝先生が校長会に殴り込みをかけるというのを私が阻止して差し上げました」って言ったんだって。私は、あきれましたよ。

——女子差別撤廃条約の第一条には、「女子に対する差別」とは、「性に基づく区別、排除又は制限」と書かれていますので、区別も差別ということになります。

まったく、そのとおりです。だから、いろいろと初めはおもしろいことがありましたよ。女子差別撤廃条約は男女の平等を基礎にして、人権と基本的自由を確立させるためのものです。その実現をめざしていくことが、やっぱり大切なんだと思います。そのためには、いろいろな現実をよく知ることが大切ですね。無知がいけないのよ。それはどんなことにも言えるけどね。

（平成二十五年七月二十七日取材）

第四章　女性と社会貢献

――前回は、秋枝先生が福岡女子大学にお勤めのときのお話でした。今回は、福岡女子大学を定年退職なさった後のお話です。まずは、「女性学」の非常勤講師を五年間にわたってお務めになったというところからお願いします。

初めの頃は「女性学」という言葉はまだなくてね、「婦人問題」なんて言っていたのだけど、女子大だからこそ、そういう講座を置くべきだって私は教授会でしょっちゅう言っていたのよ。だけど、当時の女子大の教授陣は男社会だったでしょ。だから、男の先生たちから反対された。反対というのはね、お金のことなのよ。非常勤講師の予算はどんぶり勘定だったのね。新しい科目を置いたら、既存の科目を一つ減らさなくちゃならない。それで、男の先生たちから反対された。「秋枝先生がそういうことに関心を持つのは勝手だけど、そのとばっちりを僕らに及ぼさないでもらいたい」と言われて、いつも反対された。そのうちに国際婦人年とかいろんな動きが出てきて、やっと私の定年退職の三年ぐらい前に、「婦人問題」という科目を二単位だけ置くことができたのよ。初めは、九大の有地亨先生に担当してもらった。

それで、私が定年退職したらお鉢が私に回ってきた。それから五年間、七十歳になるまで私が非常勤講師として担当し、その後、社会学の篠崎正美先生にお願いしました。

――そのときに、秋枝先生は授業を通して学生さんたちに、どんなことを伝えていきたいと思っていらっしゃったのでしょうか。

ともかく、一応、「女性学」の流れについて話しましたね。一週間に一回でしょ。だから、あんまり欲張れないけど、いろんなディスカッションもさせました。そんなにたくさんの学生は来なかったけど、そのときの学生たちとのディスカッションも、もちろんおもしろかったですよ。

たとえば「女性学」が出てきたいきさつが主なテーマでしたね。「女性学」という名前が出たのは一九七〇年代ぐらいで、そのいきさつは一九六〇年代のアメリカでの黒人運動と関係しているのよ。リンカーンが奴隷解放をしたといっても、実際は黒人差別がずっとあったでしょ。だから、黒人たちが本当の平等を求めて、一九六〇年代、ちょうど私がアメリカに行っていたときに盛んにその運動があったのよ。そしたら、一九六三年にベティ・フリーダンの*The Feminine Mystique*(『女らしさの神話』、邦訳本の題名は『新しい女性の創造』)が出たでしょ。彼女の本が出て、アメリカではそういうことに関心のある女性たちの間で盛んに読まれたのよ。私もアメリカに行ったら、「あの本読んだか」って何度も尋ねられたくらいでしたね。

——ちょうどその頃に、秋枝先生はアメリカに行ってらっしゃったんですね。

行っていました。そしたら、「そういうことで差別されているのは黒人だけじゃない。女性も差別されているんだ」ということが言われ始めたのよ。それから、マイナーな人たちに対する差別も言われ始めましたね。そういうことから、初めは「黒人学」が出てきた。それはアメリカの大学で一九六〇年代の後半ぐらいに出てきたのよ。その次に、「マイナー民族の学問」が出てね。それからやっと、女性たちが「女性学」をやれということになったのよ。一九六九年頃じゃないかしらね。一九七〇年代になると、アメリカを中心としてそれが広まってきたんです。それが日本にも伝わってきたのは一九七四年です。その年にアメリカ留学から帰ってきた目黒依子さんが上智大学で始めた女性関係の講義（タイトルは「社会発展と不平等」）が最初だと言われていますね。

だけど、私は一九五四年に福岡女子大に着任したときから、女性学的なものはやっていたのよ。もちろん、「女性学」という名前はなかったけどね。たとえば、女子教育史を取り上げたり、ディスカッションクラスを設けて女性を取り巻くあらゆる問題を、「教育に関係しなくてもいいよ」と言って、家庭の問題とか、職業の問題とか、いろいろな社会の通念とかを取り上げたりしていました。もう少し実質的な女性学は、その後二、三年たった頃からやっていたんですよ。

もちろん、他の女子大でも、女性学的なものを始める人たちが出てきましたね。お茶の水女子大の原ひろ子さんなどです。東京女子大には女性学研究所ができた。日本女子大には女子教育研究所ができた。日本では、そういうところが中心になって女性学的なものがどんどん出てきたんですね。「福岡女性学研究会」というのもできたんです。この研究会は一九八〇年代ぐらいから高木葉子さんなどを中心にして始まって、私は途中から入れてもらったのよ。高木さんが亡くなってからは、井上洋子さんや富永桂子さんが中心になって活動をしています。

――「福岡女性学研究会」は、もともと「女性と職業研究会」という名称でしたね。

そう、最初はね。だから、女性学という名前じゃなかったけど、女性と職業について研究する会という形で始まったのね。だけど結局、それは女性学のことだというので、昔の国立婦人教育会館（今の独立行政法人国立女性教育会館）が日本中で女性学はどこでやっているかを調べたとき、十三ヵ所の大学や研究所でやっていたんだけど、福岡の「女性と職業研究会」というのもその中の一つとして認められていたのよ。それで、私も仲間に入れてもらって、今もずっと続けているんです。

だけど、私は、二〇〇一年に大きながんの手術をしました。初めは大腸がんの末期という診断だったけど、退院するときは非常に転移しやすい悪性リンパ腫瘍という診断になったのよ。それで、ストレスになるようなことは一切するなと言われたのね。だから、私はその活動はもう実質的にはやっていないんだけど、今でも名前だけは仲間に入れてくれて、年に一度新年会なんかをするときには呼んでくれるのよ。この研究会は活動をずっと続けていて、何冊か本も出しているのよ。

――女性学、ウィメンズ・スタディーというのは、もともと黒人とか、マイノリティーグループとか、権利を抑圧されている人たちをどう処遇するかというようなところの流れから始まっているのですね。

そうです。そういうことに関する学問的な研究をアメリカの大学は従来してこなかったのね。その反省から、黒人学とかマイノリティー学とかが出てきたのよ。それは一九六〇年代の後半の出来事ですね。そしてその後で、差別されているのは黒人やマイノリティーだけじゃなくて女性もだというので、女性学が出てきたんですよ。

――差別されない生き方が大事なんですね。黒人なら黒人で差別されない生き方。マイノリティーであっても差別されない生き方。女性も差別されない生き方を追求していくべきだということでしょうが、そのときにやっぱり職業というのが一番大きなファクターになるということでしょうか。

それはね、職業と同時に教育です。

――その頃はまだ、何が差別かということ自体が、きちんと整理されていなかったのではないでしょうか。

日本なんか特にそうなのよ。文部省は差別じゃなく区別だと言って、国連で女性に対するあらゆる差別撤廃条約が出てからも、最後まで頑張っていたんだけどね。差別という感覚は、もちろん人権史から出たんだけど、実際はアメリカでだってなかなか定着はしてないんですよ。今だっていろんな差別がありますしね。そういうことから、クオータ制度ができたんです。ある範囲で、たとえば三十％は女性を採用しなきゃいけないとかね。そういう制度を導入しないと、結局はいろんな理由がつけられて、女性は排除されてしまうんです。

日本の場合で特にひどいのは、結婚退職なんですね。どんなに有能な女性でも、結婚するとなると、自動的にやめろという雰囲気になっちゃうのよ。今でも時々新聞に載っているでしょ。労働法から言えば、結婚するからといってやめさせちゃいけないのよ。だけど、結局はいたたまれないような雰囲気をつくられちゃうのよ。もちろん、結婚退職の訴訟をすれば女性側が勝つのよ。だけど女の方も、結婚したり、子どもが生まれたりすると、裁判って時間がかかるから、だんだん嫌気が差して逃げちゃったりする。それでも、最後まで戦い抜いた例はいくつかありましたね。林弘子さんなどが労働法の専門だから、粘り強く支援をしていますね。裁判にかけると時間はかかるけど、女の方が勝つのよ。だけど、裁判が長引くとたいていはうんざりしちゃってね。だから、そういうことも今後改善していかなきゃならない問題ですね。

とにかく、女性学というのは範囲が広いのよ。はっきり目立つのは職業的な差別が一番だけど、家庭の中にだってどこにだって、いろいろな差別があるのよね。最近は家庭内暴力の問題なんかが取り上げられているけど、昔はそんなのは女の方が我慢するもんだということになっていたでしょ。女に経済力がなかったから、女は泣き寝入りするしかない場合が多かったのね。

——婦人問題から女性学へと呼び方が変わった頃、労働組合や学校現場では、みんなで論議しながら婦人という言葉を使わずに女性という言葉を使い始めました。

婦人の「婦」という字は、女がほうきを持つという意味でしょ。だから結局、下働きをするのが女の役目と見られているんです。あるいは、女は子どもを産む道具としか見られていないんです。

今でも、女性がある程度の仕事をずっと続けていこうとすると、かなりの苦労を強いられますね。女性一人の場合はまだいいのよ。家庭を持って育児もしながら仕事をするというのは、それを支えてくれる母親がいるとか、ちゃんとしたベビーシッターを雇うとか、そういうことがないとできないのよ。そういったような仕組みが、ぜひ必要です。女をやめさせたい側は、女だからという理由でやめさせることは今は法律的にできないから、転勤させるのよ。転勤が無理なのをわかっていながら、転勤させてやめさせる。そういう意地の悪いやり方でやめさせるのね。だから、まだまだ女性問題というのは解決していませんね。それどころか、この頃は逆にバックラッシュでしょ。だから、女性はよっぽどしっかりしてないとだめですね。女性問題の解決のためには、まだまだやることがたくさんあるんだけど、多勢に無勢です。

しかも、女性が必ずしも女性学に賛成しない。私もね、福岡女子大の女性の先生、新しく来たようなまだ若い先生に、「もっと女性の問題に取り組んでほしい」と言っていたけど、「私はそんなことには関心ありません」という人がいるのよ。だけど、その人を採用するときは私が頑張ったのよ。私が頑張らなかったら、彼女は採用されなかったのにね。というのは、男の先生たちが、女性はいつ結婚してやめるかわからないから不安定だというのね。だから、私は「今の女性は、殊に大学教育を受けた人は、仕事と家庭とを両立するというのが理想だから、結婚したって仕事をやめない人が多い」と言ったのよ。そしたら、「結婚してやめなかったらもっと困る」って。

さらに、「家庭と仕事の両立なんてできない。仕事を疎かにして、片手間に教えられたらたまらない。男は全力を注いでいるのに、女にそんな片手間なことをやられたら困る」って言ったのよ。そのとき、私は選考委員長だったんだけど、あとの委員はみんな男で、その人たちに向かって「あなたたち、そもそも、この女子大でどういう方針で女子教育をしているのか。今の女子は両方できるならやりたいというのが多い。ただの花嫁教育じゃない」と言ったのよ。そしたら黙っちゃって、それでやっと通った。もし私が選考委員長じゃなかったら通らなかった。

——それはいつ頃の話でしょうか。

私が定年退職でやめる五、六年前かな。だけど、福岡女子大には、私が来たときはむしろ感激したことがあるんです。そのころは定年というのがなかったから、七十歳代のおじいさまの先生たちが、特に文学部の方だけど、いらしたのね。私はてっきり、こういう方たちは古い頭の持ち主だろうと思っていたのよ。そしたら、廊下で会ったら私を呼びとめて、私が一番若輩だったけど、「あなた、若いからって遠慮することはないですよ。あなたに好きなことを言わせるだけのリベラルな雰囲気がここにはありますから、心配しないで言いたいことを言いなさい」と言ってくれたのよ。私はとても感激しましたね。北西靍太郎先生とか、河瀬嘉一先生とかですよ。みんな七十歳代のおじいちゃんだったけど、リベラルだったのね。私は、この大学はいい大学だなと思ってね。だからその後、他の大学から誘われたけど、「私はここが好きだから女子大にいます」って断って、ずっと女子大にいたんだけどね。個人差はあるんだけどね、かえって若い人の方がちょっと違うなというときがあるのね。総じて言えば女子大は、半分はリベラルな先生で、半分はちょっと保守的な先生でした。

――男性の中には女性に対して理解のある人もいらっしゃるのですね。それに対して、女性の方はどうなんでしょうか。女性が女性の足を引っ張るということもあるということですが、そのメカニズムはどのようになっているのでしょうか。

それは、やっぱり一つの嫉妬ですよ。女性が家の中だけにいると、嫉妬しやすくなりますね。おさんどんの仕事というのは繰り返しでしょ。その成果が積み上がっていくということは、特別に料理教室なんかやったら別だけど、基本的にはありませんね。洗濯だってそうでしょ。洗濯したらまた次に汚れてまた洗濯で、繰り返しじゃない。それは私も気の毒だと思う。家庭内の女性の中にだって才能のある人はたくさんいるんだけど、そういう人が結局、ルーチンの仕事ばっかりさせられてね。それから、今の時代では、女性が家事だけをするんだったら、暇がいっぱいあるでしょ。だから、いろんな本を読んだり、いろんなテレビを見たり、いろんなことをやれるし、いろんな情報が入ってくるじゃない。そうすると、社会でばりばり活躍している女性を見ると嫉妬心が湧く。だから引きずりおろしたい。

　男性の場合は社会でいろいろ仕事をしていたり、学歴が高かったり、能力があったりすれば尊敬されるけど、女性の場合は能力があって仕事ができたら、引きずりおろされるのね。

　私も当てつけみたいなことを言われたことがありますよ。たとえば、私が講演なんかを頼まれて出かけて行ったりするでしょ。そうすると、「能ある鷹は爪を隠すと言うけどね」なんて嫌みを言われる。「あなたはしょっちゅう外に出ていく」って。私は知らん顔をしているんだけどね。下手に敵をつくるのは嫌だから、あんまり敵はつくらないようにしているんです。

――秋枝先生はいつもすごく気を遣っていらっしゃいますからね。活躍している女性の足を嫉妬心から引っ張るというのはよくわかりましたが、引っ張った後、その人はどうしたいのでしょうか。足を引っ張って、それで満足なのでしょうか。かわりに自分がのし上がろうという気はないのでしょうか。

　多少は満足しているんじゃないの。でもそこまでの気概はないの。私はたしかに勇ましいことを言っているけど、実は私自身が何か役職を頼まれると、私も逃げたくなるのよ。というのも、私は両親の世話をしていたからね。これ以上仕事が増えたらたまらないと思うのよ。正直に言うと、福岡女子大でも私はいろんな役職を頼まれたんです。たとえば、学生部長をやらないかとか。それから、最後の頃は学長選挙に私を担ぎ出すとか。そんなことをしたのは、男の先生たちですよ。私は「やめてくれ」って言った。私の父はそのとき九十歳の半ばを過ぎていて、両眼とも失明していました。今のような介護制度はなかったでしょ。私は完全にへとへとになっていましたからね。

　大学教授としては、講義をして教授会や委員会に出て、きちんと仕事をしていれば文句は言われないけど、学長や学部長の役職に就いたらそうはいかない。私のそのときの状況では、殺されちゃうから断らせてもらうしか選択肢はなかったんです。私には、兄と弟がいて、兄嫁も弟嫁も専業主婦だったのよ。弟嫁は学歴もあったけど、専業主婦だった。両親の世話が必要だったときは、彼女たちは子どもの育ち盛りで子育てで大変だったのね。それで、私が両親を引きとったんですよ。

　母が元気なうちは、うちのことをしてもらったから私も助かった。父は私の議論相手で、いろいろと私にアドバイスしてくれていた。父は新聞記者だったから、社会のことについては幅広い知識を持っていた。そしてリベラルな考えの持ち主だったから、それでみんなが喜んでいた。だから、うちの場合は別に不平も不満もなかったのよ。父と母が長生きしたのは、実の娘のところでのびのびと余生を過ごしたからだと私は思いますね。

——秋枝先生は、もしそのときご両親を引きとっていらっしゃらなかったら、学部長や学長の役職を引き受けていらっしゃったでしょうか。

　それはわからない。そもそも、私はあんまり勤勉じゃないのよ。怠け性だから、あんまり負担になることは引き受けなかったかもしれない。ちょうど私が福岡女子大を定年退職したときは、失明した九十九歳の父を抱えていたので、五つぐらいの大学とか短大から話があったけど全部断ったのよ。そしたら、福岡ＹＷＣＡの理事長が半年前に亡くなった後、理事長を引き受ける人がいないという話が来たのね。財団法人は四月に、一年間の経営報告とか、事業報告とかを理事長名で市と県に出さなくちゃならない。ところが、新しい理事長が決まらず困っていたのね。

三月末になって、私が他の仕事をみんな断ったということを聞いて、ＹＷＣＡの理事の人たちと総幹事が私のところへがやってきて、「名前だけでいいから引き受けてくれないか」と言うんですよ。「実際の仕事は総幹事がやるから」って。それで、そのときの彼らの言い分では、主婦だと市や県が信用してくれないから、私に頼みたいということだったのよ。私は名誉教授にも決まっていたから、「そういう肩書きがあれば信用してもらえますから、名前だけでいいです」って説得されたんです。引き受けられそうな人が本当にいなさそうだったから、しようがないやと思って、名前だけでいいならということで引き受けたのよ。私の浅はかでした。

――それから十一年間の苦労が始まったのですね。

そう。その年の会計の決済で三百万円以上の赤字が出たのよ。そしたら、「最終責任者は理事長ですよ」と言われた。私は「そんな約束じゃない」と言ったけど、赤字は理事長の責任ということになった。たまたまＹＷＣＡに貯金があったので、それから出すことにして、私が出すことは免れたんだけどね。

そしたら間もなく、今度は四十周年の行事をするって。キリスト教では、五十周年より四十周年を重視するんです。「荒野の四十年」とか言いますね。その行事の委員長は理事長がするんですって。それから、今までの沿革史の本を出すことにもなった。「私たち主婦は書けませんけど、先生は慣れているでしょうから」と言われて、私が本を書く委員長にさせられた。しょうがないから、引き受けざるをえないと思って引き受けたのよ。

任期は二年だっていうから、私は二年我慢したのよ。それで二年たったとき、「じゃあ、他の人にお願いします。私はやめさせてもらいます」と言ったのね。そしたら、「後任の理事長が決まらないときは、現理事長が引き続き理事長に就任すると、会則にそう書かれています」って言われたのよ。そのとき初めて、私に会則を持ってきた。それで、その会則を見たら、何と理事長は「理事の中から互選する」って書いてある。私は理事になったこともないのよ。だから、会則を私に隠していたんです。

理事の中には仕事を持っていてやむをえない人もいるし、ご主人が「絶対に引き受けるな」と言う人もいらした。奥さんたちというのは、いざとなると、ご主人を盾にして断わるのよ。「そんなことしたら離婚すると主人が言っていますから」って。能力のある奥さんでも、そう言うのよ。それから、ある奥さんは、「年寄りを抱えてますから私はできません」って。私も九十歳過ぎの年寄りを抱えて大変さがわかっていたから、よっぽど寝たきりの年寄りかと思っていたのよ。ところが後で聞いたら、何と七十歳代の年寄りで、元気で毎日のように出歩いていると言うのね。こっちは、失明して九十九歳で足腰も立たない寝たきりの年寄りを抱えている。その私に役を押しつけるんだから。それでも後を決めてくれない。いくらたっても決めてくれない。「私たちはできません」と言ってね。「手伝いますから、やってください」の一点張りなのよ。バザーとかそういうときはとてもよく手伝ってくれるけど、大事なことになると逃げる。

その頃は、ＹＷＣＡで保育園も運営していたのね。とても良心的な保育園だったんだけど、ドーナツ化現象で都市の中心部の子どもの数が減っただけじゃなくて、全体的な子どもの数が減った。初めは定員六十名でやっていたのに、わんさと来てキャンセル待ちだったのよ。とにかく良心的だったからとても評判はよかったんだけど、子どもの数がどんどん減って、ついに二十人を割っちゃった。だけど、保育士をやめさせるわけにはいかないでしょ。少しは減らしたけど、累積赤字が一千万円になって、ＹＷＣＡのお金は全部なくなったのよ。それで理事会で保育園の廃止を決定したら、「保育士に引導を渡すのは理事長の役目です」と言われた。しようがないから、私は引導を渡す役をやったのよ。保育士の人たちも赤字が多いことは薄々わかっていたから、私が「せっかく一生懸命働いてもらったけど、やむをえませんね」と言ったら、気持ちよくやめてくれたのね。その次は、お母さんたちに引導を渡すのね。お母さんたちが反対して、「こんなに良心的な保育所は他にないから、継続してください。私たちがデモをしたり、署名運動をしたりするから」って言うのよ。私は「署名運動をしたって赤字が増えるだけで、存続はできない」と言って、とうとうお母さんたちにも引導を渡したのね。そういう役目は、みんな私のとこへ来るのよ。

——保育園は廃止になったのでしょうか。

そうです。その後、今度はちょっと奇特な人がＹＷＣＡを支えてくださって、保育園の代わりにホステルをつくろうというようなことになったのね。とにかく保育園の経営ができなくなったので、良心的なホステルのための建物が寄附されることになったんです。寄附者は辻長次郎さんという男性で、YWCAを支持してくれていた建築家なんですよ。辻さんは若い頃に、カナダのYWCAの幹事長みたいな人に見込まれて、学費も何もかも全部出してもらって、アメリカの建築学校で勉強させてもらったのよ。それで、辻さんがYWCAに感謝して、自分が今日あるのはYWCAのおかげだというので、カナダのYWCAにお返しできないし、またその方も亡くなっているので、福岡のYWCAに恩返しとして建物を寄附してくださったのね。

辻さんも亡くなってね。YWCAのもとの古い建物がシロアリに食われてぼろぼろになって建て直すときも、女たちの募金も寄附もしれているから、一番上のホールの部分は全部、辻さんが出してくれた。工事は辻さんの建設会社がとても安くやってくれたのよ。だから、私たちには辻さんという人は大変な恩人なんです。辻さんが亡くなった後も、息子さんたちがずっと援助してくれていたのよ。だけど、それでも限度があるのよね。お孫さんの代になったら、そこまではできませんからね。

とうとう今度は、ホステルもやめることになったのよ。お客さんが少なくて赤字だったから。私は、場所がいいから夜の宿泊だけじゃなくて、昼は一階の食堂でレストランをやったらいいと思ったのよ。だけど、「私たちだけじゃできません」ってみんなが言うから、プロの人を雇ったらまた赤字なのよ。でも、そのレストランはとても良心的だったので、YWCAの近くのサラリーマンとか弁護士さんたちが来て、とても喜んでくれた。「こんなにおいしくて安くしてくれるところはない」って言ってくれたけど、やればやるほど赤字なのよ。

昔は「武士の商法」なんてよく言ったけど、YWCAの商法というのはそれよりもっとひどいのね。自分たちはいい顔だけして赤字をどんどん出しておきながら、赤字の処理をするのは理事会の仕事だってすましているのよ。もともとYWCAは奉仕団体だから、いろんな奉仕の仕事をしているんです。みんな無給でしているんです。もちろん私の理事長職も無給の奉仕です。しかし、ますます赤字が増していくのよ。そこで、とうとう私が「今度から会計と経営は理事会がやります」って言ったのね。そしたら、私は攻撃された。若い人たちから、私が「ワンマンで、YWCAを乗っ取る気だ」って言われた。私はやめるって何度も辞表を出したのに、受理されなかったのに。

そういう事情を知らない若い人たちが、あるとき私のところに電話をかけてきて、「先生は理事長という肩書きにしがみついています。理事長をやめたくないからいつまでもやっているんでしょ」と言ったから、私はさすがに怒った。「前からやめたくて何度も辞表を出しているのに、受理されないのよ。そんなことを言うなら、あなたがやりなさい」と私が言ったら黙っちゃった。私がしがみついたなんてことは、ありえません。「私がYWCA理事長の名刺を使うときは、教会関係とか、クリスチャンとか、YWCA関係の人が来たときだけで、それ以外で使ったことはありません。正直に言って、YWCA理事長の名刺よりも福岡女子大学名誉教授の名刺の方が通用するんです」と私は言ったのね。だけど、そんなふうに誤解されましたね。

――秋枝先生のお話を聞かせてもらっていますと、結局、女性のリーダーが多く出てこないかぎり、やっぱり女性の新しい生き方は開けてこないような気がします。

だから、後に続く女性が必要だと私は思って、福岡女子大で一生懸命それを育てようとしたのね。私が勤め初めた頃は、卒業生の百%近くが就職していました。そのうちの七割ぐらいは教師になっていたのね。だから、女子大の卒業生は社会還元をしていたのよ。その頃は、女子にとって教師になるというのはまだいい職業だったんです。会社なんかに行ったら、雑用係をさせられたでしょ。そのうちに、ＩＴだとか英語だとかができる人を欲しがる会社が出てきて、就職口がかなり広がったのね。女子大の卒業生たちは就職先でみんながいい仕事をするから、たとえば長崎の三菱造船なんかでは、女子大の理科系の卒業生は全員自分のとこに来てほしいというぐらい、とても評判がよかったんですよ。

あるとき、全国の女子大の卒業生の就職率が六十%を割ったというので、労働省の担当課長が全国の女子大を回って調べにきたことがあるのよ。福岡女子大に来たときには、私が応対したんだけど、「ここは希望者全員百%就職です」と言ったのね。「上級学校に行く人とか、少数だけど家庭に入る人がいるけど、就職を望んだ人は百%です」と私が言ったら、その課長がびっくりして、「こんな女子大は全国他にありません」と言うのよ。それで、「ここの女子大は問題ありませんね」と言って帰っていったんです。当時の女子大はそれぐらいよかった。

だけど、そのうちにだんだんと女子自身の中に、働くときついと考える人たちが出てきた。そして、まだまだ一般職の場合は、女子は使い走りみたいな仕事しかさせてもらえなかったから、それだったら結婚した方がましだと考える人たちが出てきた。その頃には、いろんな電気製品も普及してきたし、暇がいっぱいできたでしょ。だから、家庭の専業主婦になって、趣味の仕事をやったり、いろんなことをしたりする方がいいと考える人たちが女子大の中に増えてきたんです。それで、私は学生たちを叱ったことがあるのよ。学生たちに「何で専業主婦になりたいか」と私が尋ねたら、「楽だから」と言ったので、「あなたたち、県民の税金で支えられている女子大を卒業させてもらおうとしながら、楽だから専業主婦になるという考え方は何事ですか。社会貢献の活動をする時間が欲しいからなりたいと言うなら別だけど、楽だからとは何事ですか。できることなら私はあなたたちを杖でひっぱたいてやりたい」って言ったんです。そのぐらい情けなくなってきた。

——いろいろな考え方があって、価値観が違うと言えばそれまでですが、楽だから専業主婦になりたいというのも一つの価値観ではないかという話になってくると、それこそ女性リーダーがますます出てこなくなるんじゃないかと思われます。秋枝先生は、これについてはどうお考えでしょうか。

やっぱりね、過渡期はクオータ制をとらないと駄目ですよ。会社などの採用試験では、今は男女を区別するといけないから、女にも試験は受けさせるのね。だけど、初めから女は落とすつもりの所もあるのよ。あるとき、私が親しくしていたある新聞記者が「先生に喜んでもらうことがある」って言って、私に教えてくれたことがあるんです。その年、女子大の卒業生がその新聞の編集部に入ったのね。そのときは十五人を採用する予定で、編集の首脳部では全員男性を採ることにして、女性は一人も採らないことに決めてあったんだって。だけど、初めから男性だけ採ると言ったら、男女差別をしているって攻撃されるから、平等に門戸は開いたのよ。だけど、男子だけを採る予定だったから、男子だけに合格通知を出して、女性は全部不合格にした。

そのときに、トップの成績を取ったのがうちの卒業生だったのよ。だけど、彼女にも不合格の通知を出したんだって。そしたらその後、編集部員たちの雑談の中で、「今年はとにかく女子は採らない方針だったけど、それにしてもトップの成績の女性を採らないのは惜しかったね」という話が出たんだって。そして話し合って、「やっぱり惜しいね。あれをやっぱり採ろうじゃないか」ということになったそうです。もし、そのときに二番以下だったら、そのまま不合格になっていただろうってよ。だから、「新聞社でも男女平等だとか、人権だとか紙面には書くけど、実態はこうなんですよ。私たちもとても悔しい思いをさせられてきました」と言っていましたね。

――それは、いつ頃の話でしょうか。

かなり前の話です。ところが、その卒業生は福岡から東京に転勤になって、結婚して子どもができたら、せっかくの仕事をやめちゃったのよ。私は悔しくてね。頑張ってもらいたかった。そうでないと、女はやっぱりだめだということになるでしょ。何というか、やっぱり楽志向が根本にあると私は思います。この頃は、男にも女にも楽志向の傾向があるでしょ。それと、親が甘やかしています。だから、もっと厳しくしないといけないと私は思います。男の子も女の子も、将来は家庭の責任と社会の責任を平等に持つということを、子ども時代から教えなくちゃいけない。

――まさにそのとおりです。それに関する具体的なエピソードはありませんでしょうか。

世界的な組織で、専門職や自営業の女性が加入するＢＰＷという会があるのね。その国際会議が四十年ぐらい前にアルゼンチンで開催されたときに、私は日本代表として行ったことがあるのよ。そのときは五十ぐらいの議案がありました。その中の一つに、学校教育から男女平等の教育をしたんじゃ遅いという議案もあった。子どもが生まれたら家庭で、将来は社会の責任と家庭の責任を男女平等に担うんだということを教えなければいけないという議案が出て、満場一致で議決された。帰ってきてから、私は朝日新聞や西日本新聞にその報告をしたのだけど、あまり取り上げられなかった。

実を言うと、会場に着くまで、私は自分が代表だとは知らなかったのね。名古屋のお医者さんが団長で、六人の日本代表がいた。あとの五人の代表は、大阪の中学の英語の先生、三重県の県会議員、家庭の主婦、女学院の院長先生、それと私です。院長先生と私は、会議にも出席するけど、一ヵ月近くかけて南米をずっと回る旅行団にも興味があって、そのつもりで申し込みをしていたんです。ところが、開催国のアルゼンチンに着いたら、院長先生と私が六人の代表のうちの二人だと言われたのよ。それで、私たちは代表という役職で来たんじゃないと言ったら、英語のできる人がこの二人だけだと言うのね。他の人たちは英語もできないのに代表になっている。他の人たちは開会式にだけ出て、あとは旅行ばっかりしている。観光三昧なのよ。

お医者さんの団長というのは、ドイツ語しかやっていなくて、英語は駄目。私の横について、「今、何を話しているか」って聞くから、私はうるさくて、「そんなに説明していたら私が聞けないから、尋ねないで」と言わないといけなかったのよ。中学の英語の先生は国際会議に何回も出たことのあるベテランで、その人は会議に出席していました。それで結局、責任上、団長と私と院長先生と英語の先生の四人が会議に出席したんです。しようがないから毎日夜、食事の後、三十人ぐらいの団員たちに、その日の主な議題について説明したのよ。それから、そのときのアルゼンチンの大統領はイサベル・ペロンという女性で、とても格調の高い演説をなさったのね。それも全部訳してみんなに説明してあげた。

日本の新聞社の女性記者も来ていたけど、彼女たちも開会式と主なときしか出ないで、私が訳して説明した私の報告で記事を書いているのよ。そんな調子で、他の人たちはみんな遊び回っていた。日本に帰ってきてから報告会があって、その報告会についての記事が出たんだけど、日本代表は遊び回って観光ばっかりしていたというような記事を出されたのよ。私なんか、それこそ代表じゃなかったのに代表にさせられて、そしてみんなに報告を毎晩して、それから通訳もしてあげているのに、まるで私までが遊び回っていたような記事を出されて心外でした。記者たちは、後で詫びたけどね。

——アルゼンチンに行った代表団というのは、ほとんどが女性だったのでしょうか。また、その会議に行かれたのは、何年くらい前だったのでしょうか。

みんな女性よ。女性の会議だからね。行ったのは四十年ぐらい前。ＢＰＷの会議は三年ごとに開催されて、私は他の会議にも行ったことがあります。アルゼンチンのときは、今まで何回も国際会議に出たことがあるという英語の先生をあてにしたけど、この人がまたとんでもない人だった。議案が全体で五十ぐらい出て、議決のときに異議がたくさん出るのよ。各国のＢＰＷの代表は、我先にと異論とか反論とか意見を出すのよ。マイクのところにずらっと並んで次々に出していく。そうすると、その異論を採用するかしないかで決をとるわけね。あらかじめ出されている議案は資料を読んでおくことができるから、賛成するかしないかは事前に考えておけるけど、即席の意見に対してはその場で考えないといけないのよ。

その場で考えて、賛成なら赤い札、反対なら青札を出す。だけど、なまりのある英語があったりすると、さっぱりわからないときがあるのね。でも、賛成か反対かの札は出さないといけないでしょ。だから、もう何回も来ているっていうその英語の先生に、「私、今のよくわからなかったけど、どういうことだったの」って聞いたら、彼女はすました顔して、「先生にわからないことが私にわかるはずないでしょ」と言うのよ。「だって、賛成か反対か札を出さなくちゃならないじゃないの」と言ったら、「私は困らない」って。「見回して多いほうの札を出すことに決めているから全然迷わない。赤い札が多いときは赤い札。青い札が多いときは青い札」。そんな無責任な代表なのよ。

苦労と言えば、私は福岡市と福岡県の社会教育委員を二十年ぐらいずつしたんです。筑紫女学園大学の石橋恵美子先生と私の二人がいつも委員会で男性を相手に議論をするから、「あの二人は怖かった」ってよく言われていたそうです。市の公民館ってあるでしょ。公民館は初めは校区に一つずつあったけど、どんどん校区が増えて、これ以上増えたら困るから、公民館を自治公民館にして、区にセンターをつくるという案が出たのよ。それで、私は「それはだめ」と言った。地域に、それこそエプロンがけでも行けるようなところに公民館があるのが重要であって、外出着で出かけるような広域センターも必要だけど、それは地域の公民館を潰す理由にはならないから私は反対したんです。だけど、そのときに市はそれを通そうとした。そのときは十二月だったかな。委員会の冒頭で、「今日は、この後忘年会をしますから、五時までには終えるように」と言うのね。おかしいと私は思って、ざっとその資料を見たら、案の定、一番最後の方に、今までの公民館を自治公民館にするという議案があったのよ。

当時も公民館長は専任じゃなくて非常勤だったんだけど、全員を非常勤にするとなっていたのよ。やっぱりそうか、市側の作戦だったのかと思って、私は手を挙げて、「一番最後のところを見てください。センターをつくるということはいいけど、そのために現在のものを自治公民館にするというのには絶対反対です」と言ったんです。男の人たちはみんな、そんな議案が一番最後に置かれていたことにすら気がつかなかった。私が発言しなかったら、イエスにみんなが行くところだった。だけど、私の話にまず公民館長の代表が賛成してくれた。そしたら、他の人たちもみんなそれに賛成してくれた。だから、議案を潰しちゃって決議させなかった。結局、自治公民館じゃなくて今までの公民館。

世の中、油断もすきもないんですよ。「後に宴会が待っていますから、トータルで通してください」って、巧妙な形で持ってくるのよ。そのときは石橋さんも私に賛成してくれました。後で公民館長が言ったんだけど、「秋枝先生と石橋先生は、いつも男の委員たちからマークされていますよ」だって。だけど、そういう人がいないと駄目なのよ。本人だっていい気持ちじゃないのよ。みんなから攻撃されるからね。反対に、男の人を上手に立てる女性は男性から喜ばれるのよ。

——まだいろいろとお話があると思いますけれども、次は九州国際大学にお勤めになったことについて、お話をお願いします。

実は、九州国際大学からは前から話があったのよ。だけど当時は父の世話があったので、断っていたんです。その後、私が定年退職した翌年に、父が百歳を超えて死にました。そしたら、九州国際大学から学長と学部長が私のところに来られたんですよ。やっぱり最初は断っていたんだけど、学長が東北大学の先輩だとわかった。向こうは「知っていた」と言うけど、私は知らなかった。学長は社会学の人でね。それから学部長が、「うちの家内は先生の教え子です。福岡女子大の卒業生です」と言われて、とうとう断り切れなくなって、「じゃあ、後の人を探す間のつなぎですよ」と言って引き受けたんです。九州国際大学のほとんどは男子学生で法経なんです。共学とは名だけで、女子学生が一人もいないようなクラスもありました。

初めは普通に教育学の授業をやっていました。もともと一年ぐらいでやめるつもりだったけど、結局六年勤めました。「やめてもらっちゃ困る」と言われてね。それで終わりの頃は、学期の最後の二、三回は女性学の授業をやったのよ。男の学生たちに、「あなたたち、これから女性とつき合うかもしれないけど、女性のことをわかってないと駄目ですよ。理解してないと駄目だから参考に聞いときなさい」と言って、女性学を教えました。後で感想を書かせたら、学生たちが「とても役に立ちました」って。「女の子とつき合うときの参考になりました」とか何とか書かれていましたよ。おかしかったのは、「あなたにとって大学教育とは何か」という問題を試験に出したときのことです。マル・バツの方が採点は早いけど、私は必ず論述問題を出したんです。そしたら、ほとんどの学生が、「自由な時間が持てる」「高校からすぐに就職せずにすむ」「友だちをつくれる」「趣味をいろいろできる」というようなことを書いていました。でも、やっぱり気がとがめるのか、最後の一、二行で「しかし、大学ですから勉強もしないといけないと思いました」って書かれていた。私はおかしくて、おかしくて。

――この頃は、婚活という言葉があります。就活と婚活。婚学という授業科目もあるそうです。九大では、学部一年生を対象にして、結婚について学ぶ婚学という少人数セミナーが実施されているようです。

ありますね。就活と婚活。だけど、もともとは一九八六年に酒井嘉子さんたちが九大に「女性学と男性学」という総合科目を創設したんですよ。日本史の先生や酒井先生が担当していたけど、実際の下準備をやったのは酒井さんなのよ。酒井さんは、福岡女子大を出て九大の物理学の助手をして、最後は教授にまでなった人です。私がやっていた女性学の研究会では、今でも有力なメンバーなんだけど、彼女は「九大に女性学講座を置きたい」と言って、熱心に運動していましたね。日本史の先生を仲間に引き入れて、その先生に責任者になってもらいました。

第一回の授業のときに、私は頼まれて行ったんですよ。場所は階段教室か何かだったけど、百人も来ないだろうと予想していたら二百五十人ぐらいが押しかけた。それで、学生たちは廊下にまで立って授業を受けたんですよ。それから後は、階段教室の二百五十人ぐらい入れるようなところでやったんだそうです。男の学生たちもこれから女性とつき合うには、やっぱりそういうことを知っていなくちゃいけませんからね。それで、授業の感想を書かせたら、八割ぐらいの学生が「とてもためになった」と書いていたそうです。

それから私は一度、市の職員だったか、県の職員だったか、男性職員に女性の問題を話してくれって頼まれたことがあります。それで行ったら、四十歳代ぐらいの男の人が苦虫をかみつぶしたような渋い顔をしていた。課長級の人が四十人くらい、「何で俺たちが今さら女性学の勉強をしなくちゃならないんだ」というような顔をしていた。だけど、いろいろと話していたら、だんだんと目つきが変わってきたのよ。非常に熱心に聞くようになってってね。そして終わってから、担当の人が感想を書かせたら、「とてもためになりました」って。八十%ぐらいの人から、そういう感想が来たって。とにかく食わず嫌いで、何にも知らないのね。だけど、聞くとやっぱり関心を持ってくれる。それはそれでいいと私は思うんですよ。日本は社会全体が遅れているのと、昔の女は本当に大変だったけど、今は楽になったものだから、専業主婦の方がいいという女が増えているのが問題ですね。

――その問題になると、そもそも教育を何のためにしているのかという問題に戻るのではないでしょうか。福岡女子大学の学生は県のお金を使って勉強しているわけだから、卒業後は社会還元をすべきだという考え方は当然ですが、それは何も特別なことではないかもしれません。なぜならば、国民全体が国のお金を使って勉強しているわけですから。そうなると、それぞれの人が最終の学校を出た後で、何か楽な方法はないかと考えるとすれば、それでは教育の成果が社会の中で生かされなくなります。この頃では、キャリア教育という言葉が出てきていますが、キャリア教育とわざわざ言わなくても、教育はそもそも卒業した後のキャリアのためになされているのではないでしょうか。

そういう意味だったら、私は、教育のレベルが上がってきたら社会還元の意識もよくなると昔は思っていたけど、必ずしもそうじゃないようですね。女子だけでなく、男子だってそうですよ。受けた教育の成果を社会に還元しようとする意識が必ずしも高まっていませんね。それからもう一つは、これからの男女には、社会と家庭の両方に責任があるということを教えなければなりません。広い意味の社会学ですね。狭い意味の婚学ではなくて、これからの社会を男女で築くための教育を十分にしなければなりませんね。

まず、自立できる男女に育てておかなくちゃね。どちらかが相手におぶさっているんじゃ駄目ね。お互いに得手不得手はあるけど、それにしても自立できるということ。そのときに、経済的自立と精神的自立と生活的自立、この三つが必要なんですよ。この三つをしっかりと子どものときから教えておくべきですね。小学生は小学生、中学生は中学生、高校生は高校生、大学生は大学生なりのそれぞれの責任がありますから、各段階の教育のレベルでそういう教育をするべきだと私は思います。

——それでは、秋枝先生、最後になりましたが、俳句のお話を聞かせていただけませんでしょうか。

私が俳句をやろうと思ったのは、父の影響です。父は若い頃から俳句をつくっていました。特定の流派じゃないけどね。福岡で私と一緒に住むようになってからは、近所のお年寄りたちのために公民館で俳句の教室をやっていたんですね。だけど、そのうち自分では動けなくなって、もう公民館に行けなくなったのよ。ちょうど母が死んだ頃なんだけど、それからはうちで俳句会をやっていました。集ってくるお年寄りの平均年齢は八十何歳とかで、みんながお年寄りなんだけど、私がいろんなお世話をしていたのね。そしたら、父から「そういう世話だけじゃなくて、おまえも俳句をやってみないか」

と言われたのよ。それで、おもしろ半分でやってみたのね。俳句というのは、つくった人の名前を伏せて、それを回して点を入れていくのよ。私が初めてつくった俳句に割と高い点が出て、それで少し気をよくして、私も仲間に入れてもらうことにしたんです。

それとともに、私が最終的に俳句をやろうと思ったのは、父がとても長生きをしているのに割に手がかからなかったのは、俳句のおかげとしか考えられなかったからです。父は晩年、目が見えなくなって手がかかるはずなんだけど、私は仕事と世話の両立ができたのよ。父は俳句のために頭がぼけなかったのね。俳句はぼけ防止にいい。俳句の本当のプロになるには、若いときからしないと駄目ね。感性の鋭いときからね。だけど、ぼけ防止のためには、年とってからでもいいのよ。本当に、これはとてもいい。それともう一つは、父の様子を見ても、俳句は寝たきりになってもできる。

――なるほど。俳句はお年寄りにうってつけですね。

年をとっても、目が見えなくなっても、耳が聞こえなくなっても、それでも俳句はできるのよ。だから父はぼけないですんだ。それで、私は「これはいい趣味だ。お金もかからない。体力も要らない」と思ったのよ。お金がかかって、道具も要って、体力も要るんだったら困るけど、俳句はそうじゃない。寝たきりでも俳句はできる。父なんかは、新聞に入ってきた広告の裏の白い紙に俳句を自分で書いていましたよ。父が自分では書けなくなってからは、私が聞き取って書き残していったんだけどね。とにかく、お金はかからないでしょ。それで、ぼけないですんでいるでしょ。だから、こんないい趣味はないと思って、私もやることにしたのよ。

初めは、父が私の先生だったのね。父が言うには、「俳句に入るのは易しい。だけど奥が深いぞ」って。私は、季語を一つ入れて、あとは残りに適当に言葉を入れたらいいんだと簡単に考えていたんだけど、後でだんだんと、短いだけにかえって難しいということがわかってきました。そのうちに、プロフェッショナルの女性の会で一緒だった人なのだけど、テレビ局の報道関係の仕事をしていた人と会って一緒に食事をする機会があったのよ。そしたら、その人が俳句の先生だったのね。私はテレビ局の女性記者だとばかり思っていたんだけど、「私のところで俳句会をしているから来ませんか」と言われたのよ。聞いたら、水原秋櫻子さんのお弟子さんの中でも一、二に嘱望されていた人で、山崎冨美子さんという私と同じ年齢の人だったんです。それで、「早良区の公民館でやっているから来ませんか」と誘われて、「私はプロの俳人になる気はないのだけど、ぼけ防止でいいですか」と言ったら、「それでもいいでしょう」と言うから、行くことにしたのね。

月に一回だからね。またいろんな人にも会えたからね。ここにも、女子大の卒業生が二人来ていました。それはそれでおもしろかったのですけど、だんだん私も動けなくなって、そろそろやめようかと思っていたら、先生も同じ年齢なので、やっぱり転んで動けなくなって車椅子を押すようになったのよ。それで、先生もやめるというので、二年ほど前から私はやめました。それとは別に、その先生のお弟子さんたちがやっている俳句会があるんですよ。いろんな人たちがいて、福岡の人もいれば、長崎の人もいれば、宮崎の人もいるし、大分の人もいるし、東京の人もいます。かなりプロに近い人たちが十人くらいいるのね。私はその仲間にも入れてもらったんですよ。その俳句会では集まることはないけど、季刊ということで、春夏秋冬、年に四回、「燁《よう》」という小さな同人誌を出すのね。こっちの方は今もずっと続けています。私は本名で出していて、俳号はありません。角川書店が数年前に『俳句大歳時記』を出したときに、私の句も二つとっていただいたのです。本当にたまたまなんですけど。

私は本当に厚かましいんだけど、俳句の本とか、過去の有名な俳人の句なんかもほとんど読まないで、勝手につくっていたのよ。父が「水原秋櫻子さんの俳句入門ぐらい読んどけ」と言ったのですけど、それもあまり読んでないのよ。しかし、山﨑冨美子さんの俳句会には毎回行っていました。歩けなくなるまではね。私はとにかく過去の有名な俳句さえも読んでいないので、自分じゃいいつもりで出すと、「それは過去に類句があります」って、先生からしょっちゅう言われてね。私は偶然に有名な人の句と似た句をつくったんだななんて思っていました。

——俳句には、よい句と悪い句とがあるのでしょうが、どこが違うのでしょうか。

それはわからないね。私もいまだによくわからない。

——俳句というのは、物の見方や考え方と関係しているように思われますが。

たしかに、それもあるけどね。だけど、私としてはむしろ和歌の方がよかったんじゃないかと思っているんです。というのは、俳句では感情をあまりむき出しに出しちゃいけないし、時局的なものもあまり喜ばれないからね。時局的なものは、そのときが終わったら残らないというのよ。だけど、何年たっても残る、よっぽど大きな時局は別ですよ。たとえば終戦とかね。今度の大きな地震も別でしょうね。

――東日本大震災ですね。

そう。その問題で私が十句のシリーズで俳句をつくったら、「こういう句はせいぜい三句までにしてください」と言われたのよ。そういう時局的なものは、時代とともに廃れることが多いからって。先生の好みでもあるんでしょうけどね。だけど、例のホトトギス系の花鳥風月だけでもいけないって。ホトトギスがある程度改革されて、水原秋櫻子さんが出たんですからね。水原秋櫻子さんという人はやっぱり鋭い。お医者さんだけど。きれいな句が好きで、汚い句は嫌い。

もちろん、非常に俗っぽい句とか、場面の汚い句をつくる人もいるのよ。というのは、俳句はもともと俳諧だから諧謔もつくるでしょ。諧謔の中にはちょっと露骨なものもあるのだけど、そういうのは水原先生は好まないのね。だけど、私は花鳥風月だけでは物足りなくて、やっぱり時局的なものをつくりたいのよ。そうすると、そういうのは先生があんまりとってくれないのね。それを承知で、いくつかはそういうのを私はつくるのです。それは好みだから、何とも言えないですね。だけど、やっぱり感性が鋭いのは若い人の方です。同じような場面をつくっても、やっぱりはっと思わせるような句をつくるわね、若い人は。

――秋枝先生の感性も鋭いのではないでしょうか。

そんなことはないと思うけど、私には変な癖があるんです。吟行というのがあるのよ。私も二、三年に一回、吟行であっちこっちに行って、その場で景色やいろんなものを見て、後でご飯を一緒にしながら俳句をつくったりしていました。そして私はね、吟行のときは割にいい点をもらえるのよ。私は即席に強いのね。

私がこれまでに長年やってきた学問、殊に歴史というのは雑学でしょ。そういうことに取り組みながら私がいろんなことを考えてきたから、「俳句の底辺がある」って、先生はおっしゃってくださるんです。そういうことが役に立っているかもしれないのね。

——秋枝先生が生きてこられた姿そのものが、俳句ににじみ出ているのではないかと感じられます。

そうね。私にもいろんな体験があるからね。先生もそうおっしゃってくださる。やっぱり、背景が重要なんでしょうね。そういうことがやっぱり、知らず知らずのうちにあるのかもしれない。

——秋枝先生は、幼い頃から自然に対する畏敬の念を持っておられたんでしょうね。

父の俳号は原児と言うのよ。大自然の子どもという意味で、原児とつけたのね。父は自然が大好きだったのよ。私は子どものときからいつも周りに自然があって、二十五歳ぐらいまでは、東京の武蔵野の林や森や田んぼのようなところで育ちました。その後、東北の仙台に足かけ十年いたけど、そこでも広瀬川のほとりで周りに自然があるところにずっといました。福岡に来てからも、周りに自然が残っている香住ヶ丘というところに住んでいました。そういうこともあって、私は自然の変化に対しては敏感なのよ。私が物の名前を割に知っていると言われるのは、そういうところから来ているのかもしれませんね。

——それに加えて、秋枝先生には、今までずっと歩んでこられた人生の中で、「これは言いたい」というようなことがいっぱいおありになったのではないでしょうか。俳句に託して、言いたいことを表現するということもおありでしょうか。

そうね。それもあるでしょうね。本当はもっとそういうことをしたいと思ったことはあります。

——時局的なことでしょうか。

そういうことを句にするのは、やっぱりちょっと難しいんです。母がずっと和歌をやっていたけど、苦吟するのよね。だけど、太宰府の他流試合なんかで、よく母は賞をいただいていました。母はもちろん若いときからやっていたんだけど、それでもいつも苦吟をしていました。母が生きているうちに私は母の歌集を出したいと思っていたけど、母は「こんな下手なのは出せない」と言って、とうとう最後まで出さなかった。母が死んでから、父と二人で、母の思い出の歌集をつくったんです。だけど、それを見ていたら、やっぱり難しいのよ。和歌もつくる人口が多いしね。俳句も多いけどね。和歌はちょっと難しそうだから、俳句の方が簡単そうだと思って、私は俳句の方にしたのだけど、それが浅はかだったのよ。俳句も難しかった。

——俳句をすることによって、日常での物の見方や考え方は変わりますか。今、蝉が鳴いていますけれども、蝉の声が岩にしみ入るとか、そのような感じ方ができるようになるのでしょうか。

自然に対して敏感になるね。季節感ね。それは確かね。

——しかし、外国人には、蝉の声などは雑音にしか聞こえないらしいのですが。

だけどやっぱり、そこの裏山で夕方あたりに蝉が鳴くと、はっと思うし、しみじみとするし、癒されたりもする。いろいろな感じ方があると思いますよ。

――外国人だけじゃないですよ。私は日本人ですけど自然に対する感性がないから、蝉の声は雑音にしか聞こえません。

やっぱり、蝉の声はいろいろですよ。今頃、朝早く鳴くのはクマゼミとかアブラゼミ。大きな声ですよ。ところが、カナカナはもっとしみ通るような声。山で鳴くカナカナなんていうのは、すごくしんみりとしたいい声。やっぱり、違いますよ。私がここのケア付きマンションを選んだのも、やっぱり自然の多いところに立地しているからなのね。周りに自然が多くて、しかも都会にも近い。これはいいところだと私は思ったのね。やっぱり、自然が周りになかったら、私はここをついの住みかにする気はありませんでしたよ。

（平成二十五年八月八日取材）

第五章　人生の始末のつけ方

――秋枝先生がアビタシオン博多にお住まいになるようになったきっかけについて、お話しいただけませんでしょうか。

私はね、身内が福岡に誰もいないでしょ。それで、おいたちが心配して、前々から「おばさんが定年退職して年取って一人でいたら、病気しても僕らは来られないから、東京に早く引き揚げて来ないか」って言っていたんですよ。だから、そうしなきゃいけないのかなあとちょっとは思っていたのよ。そしたら、もう今から二十二、三年ぐらい前、大学婦人協会の新年会があったときに、福岡女子大の前身の女専の古い卒業生で、同窓会の仕事をしていた浜美代さんという方に会ったんです。私よりもちょうど十歳年上の方です。私はめったに行かないんだけど、たまたまそのとき新年会に行ったら、浜さんと隣り合わせで座ることになったのよ。私に浜さんが、「私はアビタシオンというケア付きのマンションに住んでいるけど、遊びがてらに来ませんか」と言われたのね。だけど、そのときは何となく聞き流していたんですよ。

そしたら三月の末に、女子大の卒業生が私のところに来てね。私が将来どうするかって話になったときに、私は「どうせもう一人ではいられなくなるときが来るし、おいたちが引き揚げて来いと言うから、東京に引き揚げざるをえないかもしれない」と言ったんですよ。そしたら、その卒業生が「先生、福岡にいてください」と言うのよ。「福岡には卒業生もたくさんいるから、いてください」とね。それで、その浜さんの話を思い出して、「こういう話を聞いたんだけど」と私が言ったら、彼女が「善は急げだからすぐ見に行きましょう」と急き立てたのよ。

今でも覚えていますが、四月三日の桜がちょうど満開のとき、彼女の車で桜見物がてら見に行ったのよ。そしたら、このアビタシオンには、私が今いる一号館しかなかったんだけど、周りに自然の緑の山とか池とかいろいろあったでしょ。私は子どものときからそういう自然の中で育ったから、都会のどんな立派なホテル式でも、コンクリートだらけのところは嫌だと思っていたのよ。そしたら、アビタシオンの周りには田んぼとか林とか森とか、自然がいっぱいあったからね。ああ、こういうところなら住んでもいいなと思ったのよ。

その後、六月に父や母の法事で東京へ行ったときに、兄やおいたちにそういう話をしたら、みんなが「そんないいところだったら、住んだらいいじゃないの。現に住んでいる人がいいというのが一番確かだ」って。いくら広告でいいこと書いていても、中に入ったらそうじゃないってこともあるでしょ。「空港から車で二十分くらいだったら、かえって関東の有料老人ホームで辺鄙なところよりも、いざというときもずっと行きやすいから」って言ったんです。

それで、帰ってきて申し込んだら満室だったのね。だけど、「十二月頃に一つあく予定の部屋があります」と言うのよ。そして、「あいたら知らせます」って。ところが、十二月二十日になっても知らせが来ないから、あかなかったのかなと思って、こっちからちょっと電話をかけてみたら、「約束どおりその部屋はあいたけど、中を改装してきれいにしてからお目にかけようと思っていました」って。ところが、「年の暮れで職人が忙しくて、ふすまの張り替えとか畳の替えとか、そういうことをしてくれる職人がなかなかいない」と言うのね。だから、私は「急がないから、年が明けてからでいいですよ」と言ったのよ。

そしたら二月になって、「部屋がきれいになりましたから、いつでも見に来てください」と言うから、見に行った。その部屋は、私が今住んでいるところだけど、背振山系がずっと見えて、その頃は二号館もなくて、ここら辺はもう林だったのよ。だから、向こうの福岡ドームの方までみんな見えたのよ。博多湾までね。これはいいと思って、私はすぐその場で申し込みをしたんです。

――素敵なお部屋に出会われたのですね。

自然がいっぱいあってね。ウグイスが鳴いているし、いろんな鳥は来るし、これはいいと思った。私は寒がりでね。冬はいつも寒がっているのだけれど、その日はお天気がよくて、二月なのに暖房を入れなくても部屋中がぽかぽかしていたのね。これもいいと思った。そのときは、その部屋が西向きだとか夏のことは考えなかったのよ。そして、もうその場で即決して契約した。

私が福岡女子大を定年退職したときは、九十九歳の両眼とも見えない父の世話をしていたから、退職後の仕事が五つくらい来たんだけど、私はそれを全部断ったのよ。次の年に、百歳を過ぎて父が亡くなった。本当に自然な死でした。そしたら、もういいだろうって、九州国際大学の学長と学部長が私を口説きに来たのよ。だけど、私は断ったんですよ。「遠くまで行くのは嫌だ」って言ってね。私が「宵っ張りの朝寝坊ですから、朝早く起きて北九州まで行くのは困る」って言ったら、「一時間目は、授業を入れません」って言うのね。また、私が「今までマイクなんか使わないでも声が後ろまで通るようなところで授業をやっていましたから、大きな教室でマイク使うようなのは嫌だ」と言ったらね、

「先生のクラスは五十人以下にします」って言うのよ。さあ、今度は困ってね。また断る種を探したらね、あそこの専任になったら夜学の担当があるのね。夜学の授業を一つ持たなくちゃならないのよ。だから、「私は夜出るの嫌です」と言った。そしたらね、「先生は夜学持たなくていい」って言われた。

さあ、今度はどうやって断ろうかって思っていたら、とどめを刺されたのよ。そのときの学長が、「実は」って言い出してね。「自分は東北大の社会学の出身で、先生のことを知っていました」と言うのよ。当時の東北大文学部には同期に女子学生は三人しかいなかった。私の方は知らなかったけど、向こうは知っていたそうなのよ。困ったなと思ったら、今度は学部長が、「私の家内は女子大の卒業生で先生の教え子です」と言うのね。もうこれじゃ断れなくなって、「じゃあ、つなぎですよ。後の人を探す間のつなぎですよ」って言ったら、結局、六年間勤めることになったんです。

そのとき、私は六十七歳でした。私立大学は七十歳が定年だから、最長でも三年間勤めればいいなと思っていたのです。そしたら七十歳になったときに、また学長たちが来て、「この後、どこか他に行く予定があるんですか」って。「どこもありませんよ」って言ったら、「やめてもらっちゃ困る」と。ちょうど新しい学部ができて、文部省に出す教員陣の中に私が入れられていたのです。

——完成年度まではやめられなくなったのですね。

新学部の一年生が卒業するまでは教員を変えちゃいけないという規則があるから、いてくださいって。まあ、しようがないからいたんだけどね。後で聞いたら、その七十歳のときに私は一応、定年でやめたことになっていたのよ。後は非常勤のような扱いだったらしいのね。年金のときにそれがわかった。そんなこと、向こうは言わなかった。「今までどおり」って言った。だけど、年金がいやに少ないのよね。それでね、おかしいなと思った。私学年金が、六年もいたのにね、一月にしたら二万円しかならないのよ。同じような条件で私立大学に勤めていた他の先生に聞くとね、「もっと多くもらってる」って言うのよ。だから、おかしいと思って私学共済の事務所に聞きに行ったらね、「あなたは七十歳でやめたことになっています」って。「その後は非常勤です」と言われた。だけど、そんなこと向こうは言わなかったのよ。私も聞きもしなかったんだけど、変だなと思って証書を見たら、ちゃんと七十歳になっている。私が証書を見てなくて、間が抜けていた。だから、三年しか勤めていないことになっているのよ。そんなことは、今、問題じゃないけどね。

九州国際大学には七十三歳の三月まで勤めて、四月にアビタシオンに入ったのね。その年の二月に契約して、三月に定年になったのだけど、九州国際大学では、私の定年退職ということで記念の論文集も出してくれたのよ。そこではちゃんと私の履歴に、「七十三歳で定年退職」ってなっているのね。なのに、実際の手続のほうは七十歳でやめたことになっている。そもそも、抜けている私の方が悪いんだけど、そういうこともありました。

でも、無事にアビタシオンに来たら、ウグイスがね、ホーホケキョときれいに鳴くし、カエルも鳴く。トンボも出る。自然に囲まれて、私はすごく気に入ってね。それで、とうとういつの間にか二十年過ぎて、今年は二十一年目なのよ。そしたら、二ヵ月くらい前に、私が部屋を移らないといけなくなるという話が来たんです。私が今いる部屋は、同じ一号館の中でも広い部屋なのね。その棟はみな広い部屋なので、その棟の人はみんな部屋を空けてほしいと言われた。別の棟の空いた部屋に行けって。今までの棟は全部を介護棟にするからと。

部屋が多少広いから、それを二つに切ってね。そうするとほら、病院の個室のようになるんですよ。要介護の四とか五の人たちというのは、もう寝たきりでしょ。だから、ベッドとね、それから洗面所とトイレと、それから小さな物入れのクローゼットがあればいいんだって。そうすると、私たちがいる部屋は四十何平米かあるんだけど、そこを二つに切るとね、一人用だったところに二人ずつ入れられる。私の棟は五階建てで、一階に七部屋ずつあるのだけど、そうすると全部で三十五部屋でしょ。それを全部使うかどうかわからないけど、それにしても六十人くらいは入れられるのよ。

――浜さんという方との出会いが、結局はすべての始まりということだったのでしょうか。

浜さんは女子大の同窓会の仕事で時々大学に来ていらっしゃったので、私も知っていたのよ。それともう一つは、二人とも大学婦人協会のメンバーだったから、その集まりのときに会っていました。二人ともめったに行かないんだけど、新年会だから久しぶりに行ったら、浜さんもそうで、たまたま隣り合わせて座ったのが縁だった。

――浜さんはそのときすでに、アビタシオンに入っていらっしゃったんですね。

浜さんが入居なさってから、ちょうどね、一年くらいたっていましたね。

――浜さんは、お仕事をなさっていたのでしょうか。

あの方のご主人は九大を出た日立の技師だったんだけど、お亡くなりになった。その後、お子さんたちを四人ほど育てながら仕事をしていらっしゃいました。今はなくなっちゃったけど、呉服町にあった日立のホール。

――ファミリーホールでしょうか。

そう。その経営を任されていたのよ。

――そうですか。昔は、映画の試写会やピアノ発表会など、何かと言えば日立ファミリーホールでしたね。

浜さんはとても優秀な人でね。女専を首席で卒業したそうですよ。卒業後すぐは、女専の校長の秘書を一年くらいしていた。それから一年ぐらい学校の先生をして、それで結婚されて日立にいたこともあるのね。そしてご主人が亡くなられたときは宮崎だったかな。だけど、それからお子さんたちがだんだん大きくなるからこちらに出てきた。お子さんは、坊ちゃん二人とお嬢さん二人なんだけど、坊ちゃんは二人とも東大で、とにかくとても優秀な人だったし、とてもいい方だった。

――アビタシオンでもおつき合いは続いていたのでしょうか。

そうです。浜さんが一年以上住んだ上で「いい」って言うから、私は安心だと思った。それで、来てみたら周りに私の好きな自然がたくさん残っていた。しかもほら、空港からも近い。都心の天神へでも三十分もあれば行ける。こんないいところないと思って、ここに決めたのよ。

――「東京に来るように」と言われていたお兄さんやおいごさんたちも、アビタシオンならいいんじゃないかということになったわけですね。

すでに住んでいて信頼できる人が「いい」って言うのは、それが一番確かだからって。それと、空港が近いというのは、いざというときにすぐ飛んでいけるからいいって。だけど、やっぱり心配だったんでしょうよ、少しはね。四月の末に私が入居したら、五月の連休の後ね、兄夫婦だの、そのときはまだ弟嫁も生きていてね、彼女もやって来たのよ。ここへ泊まっていって、「ここならいいね」ということになった。

——ここには、泊まるところもあるのですか。

そう。ゲスト・ルームがあるんです。だからね、時々私のおいたちが来て泊まっていったりしますよ。でも、早く予約していないとね。一号館に一つ、二号館に一つ。二つのゲスト・ルームがあって、安く泊まれる。私の部屋にがらくたがないときはね、私の部屋に泊めていたのよ。そのためのお客用のお布団も用意していたんだけど、もう今は押し入れの奥に突っ込んであって、使い道がないみたいで、もったいないですね。

——秋枝先生は浜さんを信用して、アビタシオンへの入居を決心なさったのですね。

そうですよ。浜さんを信用したことと、実際にこの場所を見たことね。そして、浜さんが「この程度の食事が出るから経験してらっしゃい」って、お昼を一緒にしたのよ。そんなに上等なお昼じゃなくてサラメシみたいなものだったけど、まあこの程度ならいいわよねって。そのときは、サバの煮つけか何か出たような気がするんだけど。

——浜さんという方はとてもすてきな方だったのでしょうけれども、当時の女専の卒業生の皆さんというのは、やっぱり浜さんのような方が多かったという印象でしょうか。

私は女子大になってから着任したから、女専時代は知らないんだけど、西日本きっての女子の高等教育機関と言えば福岡県立の女専でしょ。だから、才媛たちが女専に集まったって言われるわね。それで、当時の大学は原則として男しか入れなかったから、優秀な女性は女専に来た。私は女子大になってから来たんだけど、本当にみんな優秀でしたよ。もちろん、私がやめるまで女子大の学生たちは優秀でしたよ。

――学生さんが優秀だとか、あんまり優秀でないとかいうのは、いろんな見方があるのでしょうが、一つはやっぱり習ったことをちゃんと理解して、試験で立派な答案を書けるための勉強ができるかできないかだと思われます。しかし、それ以外にも、学生さんの優秀さというものをはかる基準があるようにも思われますが。

それはありますよ。だから、私は学校の成績だけでその人物を評価してはいけないと考えているんです。それで、そのいい例だけど、あるとき私のところに小さな小包が来たのよ。名前に見覚えはあるけど、どんな人か全然思いもつかないのね。男の名前なのよ。割に軽くて、小さめの小包だった。私の住所も名前も正確に書いてあるからあけてみたのね。

それで、中に何が入っていたかというと、絹のスカーフなんだけど、とてもしゃれていて、黒地に白でツタか何かをずっと縁に染めてあった。手紙を読んだら、その人はある時期私が非常勤講師をしていた大学の芸術科の学生だった。「僕のために先生が三回か四回再試験をしてくれたおかげで卒業できました」と書いてある。「僕は教師にはならなかったけど、工芸の職場に就職しました。これは、自分が展覧会で賞を取った作品です。お礼に先生に使ってもらいたくて送りました」。私はもったいなくて使えなくて、まだ取ってあるのよ。だけど、そのときつくづく思った。人間って学校の成績だけじゃいけない。とかく教師は成績で考えがちでしょ。だけど、そうじゃないって、そのときつくづく思った。

私は、女子大の学生に、教育実習のときは必ず言っていたのよ。「成績のいい子だけがいい子じゃないよ。誰もがいろんな個性を持っているんだから、一人ひとりの個性を尊重しなくちゃいけないよ」って。必ずそう言って送り出していました。私は、女子大で約三十年間教えたけど、再試験をしたことは多分ないと思うのよ。ただ、私は、ぜひ教師になりたいって人には再履修をさせたんです。当時は、成績はA、B、C、Dでつけたでしょ。Aが優、Bが良で、Cが可よね。Dが不可よね。不可はもう落第点だけど。Cの人を私は呼んだのよ。それで、「あなたがぜひ教師になりたいなら、就職試験のとき、可だと不利になるかもしれない。もう一度チャンスを与えてほしいって言うなら、この成績は教務に出さないでおくから選びなさい」って言った。もう一度チャンスをくださいって言う人は、次の年も受けさせたのよ。

——優しい配慮ですね。

不可の人と可の人は必ず呼んだ。不可はなぜ不可か、その理由を全部説明して、次の年に受け直させた。そうすると次の年に、中にはAを取る学生もいるんです。適当にやっていたらできは悪くなるけど、がんばればよくできる。まあ、学生たちは、もともとの素質はいいのよ。

だから、教員の方も楽ですよ。教えるのが本当に楽しかったですしね。私は、本当に恵まれた教員生活を送ったとつくづく思っています。だけど、先生たちから「本当に駄目な生徒」と思われていても、すばらしい人はいるのよ。女子大の学生がある公立中学校に教育実習に行ったら、担任の先生が「この生徒は箸にも棒にもかからない生徒だからお客様扱いしているので、もうほっといてくれ」と言われたんだって。

――中学校で教師が生徒をお客様扱いしているんですか。

その生徒は、髪をぼさぼさにして、ちっとも授業を聞いてないんだって。女子大の実習生がちょうど廊下で会ったから、その生徒の頭に手を当てて、「君、髪が伸びているから、ちょっと刈っといで」って言ったら、翌日ちゃんと刈って来た。担任の先生がいくら言っても聞かなかった生徒なのによ。そして、その生徒が実習生の次の授業のときに、「僕、勉強してきたからね、当てて」って言ったんだって。だから当ててやったら、一生懸命たどたどしい口調で文章を読んだって。だから実習生が褒めてやったら、その生徒はとっても嬉しそうだったって。

担任の先生は慣れっこになって、その生徒をお客様扱いしていたけど、女子大の実習生は生徒に上手に接して生徒を変化させたのね。女子大の学生たちは教育実習先でもそういうふうにして、生徒たちから慕われていたような人が多かったですよ。やっぱり誰でも、それぞれにいいところを持っているのよね。

――工芸家になられた学生さんのお話は、とてもすばらしいですね。秋枝先生が何回も再試験をなさったときに、その学生さんは何かを感じ取ったんじゃないでしょうか。

手紙に書いてあったように、「僕のために三度か四度再試験をしていただいたおかげで卒業できました。教師にはならなかったけど、自分の技を生かす仕事に就きました」っていうことで、展覧会で賞を取った作品を私に送ってくれたのね。私は感激しましたよ。私は、女子大生からそんなものをもらったことは一度もないのにね。本当に感激しましたよ。本当に忘れられない。やっぱり、そういうのを見ると、教師冥利に尽きると思いますね。そして、とても素直なのよ、そういう子は。もう一人ね、油絵を描く子がいて、上手な絵だった。私に描いてくれるって言っていたんだけどね、忘れたらしくて、ついにもらえなかったけど。みんな純情なのね。

九州国際大学の一年目は、本当に朝の一時間目は私の授業を組んでいなかったけど、私だけが特別扱いされるのは申し訳ないと思って、次の年は黙っていたら一時間目に組まれたのよ。そのときは早起きして北九州まで行かなくちゃならない。枝光の駅からタクシーを飛ばして行くんです。普段のときは大学までバスが出るのよ。だけど、雪が積もると動かないのね。ある雪の日に枝光の駅まで行ったけど、タクシーも動かないしバスもない。困って大学に電話をかけたのよ。ちょうどその日は、教授会がある日だったのね。電話をかけたら学部長が出て、「僕も、もう何度も、五、六回は転びながら、やっとたどり着きました。先生が途中で転んで骨折でもしたら大変だから、そこからお帰りください」って。だからその日は、枝光までは行ったんだけど、そこから帰った。そんな経験もありました。

九州国際大学では、試験のとき、マル・バツ式の試験でなく、文章を書かせる試験を必ずするんですよ。あるとき、「あなたにとって大学生活とは何か」という題で書かせたのね。そしたら、みんな素直に書いてくれたのよ。たとえば、高校を出てすぐに社会に出たくなかったからとか、少しゆとりを持ちたかったからとか、それから、友だちをつくりたかったからとか、自分の趣味をしたかったからとか、割に素直に書いてあった。だけど、最後に、そう書かないと悪いと思ったんでしょうね。一行だけ、「でも勉強もしなきゃいけないと思います」って書いてあるのよ。みんなの答案にね。もう、こっちはおかしくって。採点しながら吹き出しそうになった。みんな素直でしたよ。

それで、最後の三学期くらい、私は女性学の講義をしたのよ。教育学の授業のときに、「これくらいのことを知ってないと、あなたたちはガールフレンドとつき合えないよ。だから、ちゃんと聞いときなさい」って。それで、後で感想を書かせたら、「とってもためになりました。女の子の気持ちがわかるようになりました」とか、素直な感想を書いているのね。そんなおもしろい体験もありました。

――もし学生さんたちが、こういう勉強をしたら後でそれがこんな形で生かされるということを実感できたら、勉強する可能性は高まりますよね。これを知っていたらガールフレンドとつき合うときに役に立つかもしれないと思ったら、ちょっとは関心を持つかもしれません。しかし、そういう形で関心を持ちにくい分野については、なかなか勉強しようという気にはなれません。けれども、学生さんたちにはどうしても勉強してもらわないといけないことも客観的にはありますので、その場合にどういうふうに動機づけしていくかが教師にとっては問題だと思いますが。

やっぱり、学生たちは若いから、何かきっかけがあると、ちょっとは聞いてくれるのね。できる子が必ずしも後で伸びるとは限らないし、できない子でも後でぐっと伸びるかもしれないしね。それから時代背景もあるわね。女専から女子大になって間もなくの頃は、女子で高等教育を受けている人は同世代の一％くらいだったのよ。だから、そういうときはね、今のように五十％近くが大学に行くようなときとは違うのよ。意気込みが違う。親の反対を押し切って来たというような人たちもたくさんいたしね。

――きっと福岡女子大での勉強がおもしろかったからでしょうね。楽しく自由に勉強させてもらっていたのでしょうね。

そして、やっぱり学生の素質がよかった。私は、教育学の授業では、学生にテーマを自由に探させて、司会もさせて、ディスカッションをさせたのよ。それがとってもおもしろかったらしい。それは私にも、とてもためになったのね。学生たちが何を考えているかがわかるし、どんなことに関心を持っているかがわかるから、一番得をしたのは私だろうと思うけどね。最後の二十分は私がもらってコメントするのよ。普通の試験をしてもおもしろくないから、「グループごとに自分たちで好きなテーマを選んで、大学の教室の中と実際の社会とはいろいろ違うはずだから、実際の社会を調査して結論を出せ。グループ単位でいいから出せ」って言ってね。

そしたら、びっくりするほどいいレポートが提出されたのよ。私は本当に感心させられましたよ。学生たちがいろんな施設なんかに行って、向こうの人に当たって調査してくるのね。調査に行った先の企業や重症身障者の施設に、卒業後に就職した人たちもいるのよ。もう、いろんな調査をして来ましたね。たとえば、主婦の意識調査だとか驚くような調査をやったのよ。男性の意識調査もありましたね。結構やるのよ、福岡女子大の学生たちは。だから、それが私も楽しみでした。

私が福岡女子大に着任したときはまだ定年制がなくて、七十歳代の先生方もいらしたのね。だけど、そういう先生方がとってもリベラルで、私はそのとき三十四歳だったのだけど、廊下で会ったら呼びとめて、「あなたは若いけど遠慮することないですよ。好きなだけのことを言いなさい」って言ってくれた。「この大学は、あなたに言いたいことを言わせるだけの自由さがあるから、安心してしゃべりなさい」って言われた。だから、私も平気で教授会で生意気なことをいろいろと言っていたんだけど、そういう雰囲気があったのよ。それから、その頃の学生は貧しい学生が割に多くて、アルバイトをしなくてはいけなかったけど、勉強の方のやる気もあった。そしたら、そのうちに学生運動が激しくなっていきましたね。

――学生運動では、女子大の学生は九大の学生と一緒に行動していたようですね。

そりゃそうよ。九大の学生と仲がよかったからね。あのときは、私は学生部の委員でしたからね、私もいつも学生たちと一緒に行動していましたよ。だから、学生たちが県庁なんかに押しかけるときは、私もついて行って、県庁と学生の間を行ったり来たりした。そのときは、県警がびっしりと県庁を守っていて、下手をして衝突したら流血の惨事が出かねないほどだったから、細心の注意を払って両方の側を押さえていましたね。

そのときに、私が感激したことがあるんです。九大の学生たちの後に女子大の学生たちがついて行ったのよ。そしたら、九大の学生たちが「先生、心配しないでください。僕らは女子大の学生を守りますから、安心していてください」って言ってくれたんです。そのときは、私はとても感激しましたね。結局、何にも騒動は起きなくてすんで、本当によかったです。

——当時、親たちからは、「そんなことをさせるために娘を女子大に入れたんじゃない」っていうような言葉も寄せられたそうですね。それから、学生たちは貧しかったから、サークル活動で遠征するとなると、遠征費を稼ぐためにアルバイトもせざるをえなかったそうですね。

ある学生なんかは、アルバイトをしていたんだけれども、親が引揚者で、しかも病気で、本人が長女で小さい弟妹がいて、だからもう奨学金は家庭の生活費に回っちゃって、授業料も払えないというような状態があったりしていましたね。

——それはとても厳しい状態ですね。

そういうことの相談を私はたくさん受けましたよ。それでね、あるときは、被服科のある学生がもう行き詰まってね。ほら、被服の学生は教材をそろえなきゃいけないでしょ。「その教材を私は買えない」って言うんです。それで、「やめようかと思って相談に来ました」と言うから、「私に少し任せなさい」と言って、私は被服の平松園江先生に相談したんです。そしたら、平松先生が教材をそろえて彼女に与えて、実習をさせてくれた。そのときは、彼女はもうほとんどやめるのを覚悟して私に相談に来ていたんだけど、私は彼女に「やっぱり、どっかに抜け穴はあるのよ。一人だけで考えなくていいのよ」って言いましたね。

それから、あるときも、学生が私のところへ来て雑談をしていたのよ。それは文学部の学生だったけどね。そしたら途中で、「実を言うと、今日は退学願を書いて持って来ました」と。「だから、それを出す前に先生にお別れに来ました」と。「だけど、話しているうちに、退学するのをやめました」って。「先生の目の前で破きます」って。そう言って、退学願を破いた。そういう学生たちもいたんです。

——福岡女子大では相談に来た学生に対して、先生たちがまず聞くという雰囲気がとても強かったようですね。

私の経験では、研究室に学生たちがいろんな相談に来るでしょ。中には不作法な学生もいるのよ。ノックもしないで入ってきたりね。私たちの研究室の隅に手洗い用のちょっとした洗面所があるけど、学生が来て話が長くなりそうだと私はお茶を出すのね。そしたら、自分のお茶碗なんかも放り出して帰っちゃうような学生もいたのよ。最初は私は黙っていて何も言わないけど、二回目、三回目になって、気を許すようになったら、そのときに私は注意するんです。「入ってくるときは、ノックするものよ」とか、「自分の飲んだお茶碗ぐらい、そこに洗面所があるから洗って帰りなさい」って。そしたら、学生はびっくりして、「先生、私が気がつかなくて申し訳ありませんでした。今度お気づきになったことがありましたら、またおっしゃってください」って。そんなふうに、学生はとっても素直になるのよ。だけど、最初のときに注意したら、もう寄りつかない。だから、やっぱりコツがありますね。

——秋枝先生のお話を聞いていますと、学生への対応の仕方がやっぱり大事ですね。

ちょっと自分で情けないっていうか、悲しい思いをしたこともありますよ。よく私のところにいろんなことを話しに来る学生がいたのよ。だけど、試験は公平にしなくちゃいけない。彼女には可しか出せなくて、可をつけた。そしたら、その後はピタっと来なくなった。私は可をつけたからってその学生を駄目だとは思ってないし、今までどおりしょっちゅう話しに来てほしかったんだけど、学生の方はそのようには思ってくれなかった。私はAの人もBの人もCの人も、別に学生として区別しているわけじゃない。もちろん、しょっちゅう来ている学生だからといって、いい点をつけるわけにはいかない。点は公平につけるのよ。だから、そういうことを学生にも知ってもらいたいと思いましたね。

——秋枝先生が定年退職されたのは一九八五年三月ですね。福岡女子大で三十一年間教えてこられて、学生たちの変化はありましたでしょうか。

学生の質が少し変わってきたのは確かですね。私は最後までディスカッションクラスを持っていたのだけど、初めの頃の学生たちは生き生きとしていろんな意見を出していましたね。ところが、何も言わない学生たちがだんだんと出てきたのよ。それで時々私は怒った。「せっかくディスカッションクラスをしているのに、黙っているとは何事だ」とか言ってね。「私は、あなたたちをできることならひっぱたいてやりたいぐらいだ」と言ったこともあるんですよ。そのくらい黙っている学生がいたのよ。卒業して何がしたいかと私が尋ねれば、以前の学生たちは、教師とか何とか、それぞれに自分の夢を話したんだけど、私がやめる間際の学生たちは「専業主婦になりたい」って言うのが割にたくさん出たのよ。

以前だと、こんなことはおよそ考えられなかった。「どうして」って尋ねたらね、「楽だから」って答えた。それで、私はまた怒ったんですよ。「専業主婦として子育てをするとか、何か一つの夢のためならいいけど、あるいは、自分がしたい趣味とか何かやりたいことのために専業主婦というならいいけど、楽だからとは何事だ」と言って怒った。ただ、私は後悔していることもあるのよ。いつも真面目に授業に出てくるけど、一言も意見を出さない学生がいたのね。その学生が卒業して二、三年たってから、電話がかかってきた。

「実際に就職したら、先生がディスカッションクラスで言われたことがいちいち思い当たります」って。その人が学生のうちに、私はもっと何とかしてあげられなかったのかと今になって思っています。その人は、「今になって先生と話したい」って言ってきたのよ。彼女があのとき黙っていたのは、授業をつまらないと思っていたわけじゃないんだなと私も気づきました。学生は学生なりに考えていたんだなということが私もわかりました。だから、教師は早々に学生を見限っちゃいけないんですね。

――勉強の意義や、勉強の成果を卒業後にどう生かすかについては、学生時代にはなかなかイメージしにくいということでしょうか。

結婚して教師になった人がいたけれど、その人の亭主が転勤で東京に行くことになったのね。そのときに、その人は「自分はやめたくない」って。北九州の人だったんだけど、「普通の奥さんだったら迷うことなく、夫が出世して行くんだから自分は夫について行くでしょう。だけど、自分は教師になったからやめたくなくて、夫について行くべきか、夫に単身赴任をしてもらって自分はずっと教師を続けるか、もう迷いに迷っています」って私のところに相談に来たのよ。だから、私は「あなたが本当に一番したいことは何か。そのことについて、ご亭主とゆっくりと話したか」って尋ねたのよ。そしたら、「夫婦で話し合います」って。その結果、「夫が単身赴任でいいって。それほど仕事に興味を持っているなら、自分が単身赴任するからって言ってくれました。それで、やめないですみました」って報告に来たのよ。やっぱり、それも一つの教育だと思うのね。だから、教育の結果というのは長い目で見ないとわからないですね。

——大学で学べることのありがたみというものが、時代とともに変化してきているようにも思われますが。

今度、福岡女子大は国際化を大いに進めたけど、アメリカに私は一年間いたでしょ。アメリカは、転職がどんどんできる社会なのね。大学教員でも一つのところにずっと生え抜きでいれば、むしろ無能だと思われる。有能な教師ほどどんどん転職して、他の大学に移っていく。ところが、日本では年功序列で、エスカレーターにずっと乗っている方がよいと思われているところがあるでしょ。社会が違うのだけど、日本はもう少し転職が自由な社会になったらいいと私は思うのよ。

そのかわり、向こうの人は、ある意味では厚かましいのね。自分はこれだけの業績があるからとか、これだけの本とか論文を書いたからと言って、sell yourself で自分を売り込む。ところが、日本では sell yourself をすると、厚かましいとか、慎みが足りないと非難される。特に女の場合は、寄ってたかってたたかれる。アメリカのような社会が日本に一足飛びにはやって来ないとは思うけど、やっぱり国際社会になったら、日本人ももう少し自己主張をしていいと私は思いますね。女子大の教育では、それができる学生を育てなくちゃいけないと思います。

——自分を売り込むのも大事ですが、そもそも売り込める自分をつくるのがもっと大事ではないでしょうか。売り込める自分ができていれば、売り込んでもおかしくないですよね。たたかれたりするのは、売り込めるほどの能がないのに売り込んでいるからなのでしょうか。

そこは指摘しなくちゃいけない。まだ、こういう点が足りないというようなことを指摘しなくちゃいけない。女性の場合は、本当に実力がないと、たたかれる。「出る杭は打たれる」と言うけど、本当にたたかれる。私が住んでいる老人ホームには、高等教育を受けた女性もたくさんいるんです。そのような女性は皆さんとってもつつましやかで、能力はあるけどそれを出さない。「能ある鷹は爪を隠すでしょ」って。私なんかは割に発言する方だから、そういうふうに皮肉を言われたことがある。だけど、「言わなきゃわからないこともあるのよ。みんな陰でぶすぶす言っているけど、言わなきゃだめなのよ」って、私は右代表でよく言っているんです。そのため、私は出しゃばりだと思われているようです。

――秋枝先生は、皮肉を言われたときに、どのように対応なさったのでしょうか。

それは悔しかったけど、言わなきゃわからないこともあると思って私は言い続けましたよ。だけど、なかなか難しいね、そういうところは。

――人の口には戸は立てられませんから、なかなか難しいでしょうが、そういう状況で何が一番大事になってくるかといえば、やっぱり話さなきゃわからないので、どう話すかということでしょうか。

そうね、話し方でしょうね。だから、話し方の上手な人はいいのね。割にユーモアがあったりすると、うまくいく。私なんか、ぱんと直截に言うから反感を買ってしまう。だけど、性格というのはあんまり直らない。私は子どものときから、割にそういうふうにぽんぽん言う方だったからね。

――けれども、秋枝先生はいつもものすごく気を遣っていらっしゃるし、やわらかな対応をなさっています。とてもソフトです。

そうかな。ここでそうならされたかな。だけど、ここの人たちは、みんなすごく気を遣う人たちなのよ。

――再び浜さんの話に戻らせてもらって申し訳ありませんが、必要なことをきちんと言いつつも、人間関係を良好に保つだけの気配りができることが大切だという点では、たとえば浜さんはそれができる人だったのではないかと思われます。そういう方がここに住んでおられたということで、秋枝先生も安心してここにやってこられたんですよね。

浜さんは非常に聡明な人でした。でも、浜さんも九十歳の年に転んで大腿骨を骨折して人工骨を片一方の脚に、それから次の年にまた転んで反対側を骨折して人工骨をその方にも、結局、両方の脚に人工骨を入れるようになったのよ。その頃から老化が進まれてね。

――そうだったのですか。年を取ってからの骨折は致命的だと言われていますが。

それで、九十三歳でお亡くなりになった。ちょうど今の私の年齢のときだったんだけど、もうその頃は、「物がなくなった」とか「盗られる」とか言い出されて、あれだけ聡明な人がぼけちゃってね。だから、年を取って骨折して、もう車椅子の生活になったら、どんどんぼけますね。だから、私は一生懸命ぼけないように歩き回ったり、体操したりしていますよ。だけど、去年から今年にかけて、私は四、五回転倒しているでしょ。幸いにいつも骨折を免れて、ここの施設長をはじめみんなから「転び方がうまいね」って言われているんだけど、もうはらはらしていたらしいのよ。だから、「早く介護の申請をしなさい」って言われたけど、私は「人に甘えたくないから、自分でできるかぎりは自立でやりたい」って言って頑張っていたのね。

だけど、あんまり転ぶからね。この間、三月の末に、私の身元引受人であった兄が亡くなって、兄の長男が引受人になったんだけど、五月の半ばにおいとめいが来たのよ。だから、そのときに、私が死んだときの遺言を執行するために頼んでいる弁護士さんも呼んで、四人で一緒に食事しながら相談したんです。そしたら、みんなから「やっぱりそんなに転んだりすると、年でもあるし、支援の申請をしなさい」って言われてね。それで、すぐ「じゃあ今度、支援の申請をすることにします」って施設長に言ったら、施設長が安心したような顔をして、さっそく翌日に申込書を持ってきたのよ。

――去年転倒されたときは、頭部に血がたまって大変でしたね。

そのときは、三回の検査を受けたのよ。最初は自力で車椅子でこの向かい側の病院に行ってCT検査を受けた。それから二週間たってまた撮った。それから三週間たってまた撮った。その間に変化がなかったから、「多分大丈夫でしょう」ってことになったんだけどね。だけど、あんパンぐらいの大きさの内出血をして、私は自分では見えなかったから幸いだったけど、その腫れたところは「赤黒くぞっとするようなあざ」だったって。それを見た友人たちがそう言っていました。内出血はだんだん吸収されてね。お医者さんからは、「一ヵ月や二ヵ月たってから異常が出ることがある。そういう異常が起きたら、今度は救急車で専門の病院に行きなさい」って言われているのだけど、幸いに何も異常なことは起きなかったんです。

その後、一月に転んでまた三月に転んでさらに五月にも転んだの。それは三回とも尻餅だったのだけど。五月のときは尻餅をついたと同時に、前に打った頭の同じところをまた打ったのよ。これは危険だと思って、すぐに向かい側の病院へ行ってCT検査を受けた。以前のフィルムと比較して、「変化がないから多分大丈夫でしょう」ということになったのだけれども、ただ歩行があまりうまくいかなくなったのよ。以前は膝から下がぐらぐらだったけど、今は腰から下がぐらぐらになっちゃってね。

——でも、お見かけするかぎりでは、秋枝先生は力強く歩いておられるように見えます。お会いするたびごとに、ますますしっかりなさっている気がします。

それは、しばらく歩いていたからかな。立ち上がるときと、歩き始めるときが、よろよろする。だけど、お医者さんは「歩きなさい。歩かないとますます歩けなくなる」って言うのでね。

——トレーニングの効果があったのでしょうね。

今朝だってちゃんと体操に行ったんですよ。体操と言っても、まあ椅子に座ってやるのだけどね。その後で四十分くらい歩いたし、それから食堂に行くにしても私の部屋からはやっぱり片道十分以上かかるでしょ。だから、一日に私は少なくとも一時間は歩き回っていますよ。「歩いてればいいけど、歩かなかったら車椅子になる」とお医者さんから言われているからね。

——秋枝先生は、歩くことを中心にして健康を維持していらっしゃいますが、ご病気の方はいかがなお具合でしょうか。

悪性リンパ腫ね。十二年前、私が八十一歳のときに突然下血したんですよ。びっくりしてね。そのときは、香住ヶ丘の家とアビタシオンを行ったり来たりしていたんです。香住ヶ丘のホームドクターが、福岡女子大の校医さんの酒見先生だったのよ。それで、酒見先生に電話して「下血があった」と言ったら、「すぐ来なさい」って言われたのね。翌日に行ったら、「潜血反応がある。ここじゃわからないから、専門のところに行きなさい」って。ちょうど、酒見先生のお友だちが貝塚病院の血管外科の先生で、九大の第二外科を出ている方で、すぐ連絡を取ってくださったので、行って内視鏡検査を受けたのよ。

私は血栓症で静脈瘤があちこち、足なんかに出ていたから、血液が固まらない薬を飲んでいたのね。だから、出血の可能性を伴うような検査はストップしていたのよ。それで、私が病気になっていることがなかなかわからなかったのね。小さなポリープはわかっていたのだけど、とうとう一番最後に盲腸の真上にこんな大きな腫瘍が見つかった。それがもうただれて、そこからの出血だったのよ。腸閉塞を起こす寸前だったので、すぐに入院するように言われました。

それがちょうど五月のゴールデンウイークの真ん中だったから、ゴールデンウイークが終わったらすぐ入院するようにと言われたんだけど、そんなこと言われたって、こっちもいろいろ始末したりすることがあるからね。とにかく、うまくいくかいかないかは半々だという診断だったから、それで、そのときに貴重な本は女子大から五、六回にわたって取りに来てもらったり、一般的な本は香住ヶ丘の公民館にあげたり、親しくしていた卒業生を呼んでファッションショーをしながらいろんなものをあげたりなんかして、そのために一週間延ばしてもらって、五月の半ばに入院したんですよ。

そしたら、いろんな薬を全部ストップしなくちゃいけないからって、薬を半月ストップして、五月の末に手術したんです。もうそのときには、私はほら、さっき言ったように血栓がしょっちゅうできるから、血が固まらない薬を飲んでいたでしょ。その薬も半月ストップしたから、お医者さんが「手術になったら、どうなるかちょっとわからない」って言うのよ。それで、血栓ができてもそれが手術する方まで行かないようにする手術を事前に受けたんです。本手術の三日前にその仮の手術をして、そのときにお医者さんに「何を埋め込む手術ですか」って聞いたら、「風車みたいなもんだ」って言うんですよ。後でレントゲンで見せてもらったら、から傘の骨だけのようなもので、五センチぐらいの長さだった。それをものつけ根から入れて、ちょうど血管が交差している右と左の足の動脈のところに埋め込んだのよ。だから、血栓ができても、それが回って砕いてくれる。そういう手術を事前にして、三日後に本番の手術をしたんです。

だけど、私に適した血液がなかなか見つからなかったらしいのよ。それであらかじめ、血液を確保するための手術をするなど、何やかんやあってね。そして、後はもう全身麻酔だからわからないけど、私はそのときに、お医者さんに「まないたの上の鯉だから、もう好きなように料理してくれていいですよ」って言ったのよ。そしたら、お医者さんが「じゃあ、鯉は鯉でも錦鯉にしとく」って言うから、私は「そんな立派な鯉じゃなくて、老いぼれ鯉ですよ」なんて、冗談を言いながら手術台に上ったんです。そしたら、麻酔がすぐに効いたのよ。だけど、その麻酔も、あらかじめ六種類の検査をしたら三つはだめだった。合わなかった。アレルギー体質だからね。そのときもなかなか検査の針が入らなくて、慣れた看護師さんがやったのだけど、三回やっても入らない。ベテランの看護師長さんが来て、やっと入った。まあそのお蔭で、どの麻酔がだめかということがわかったからいいんだけどね。後は全身麻酔がすぐ効いて、三時間の手術を受けた。目が覚めたときは鈍痛が背中にあるだけ。それで結局、麻酔薬の弱いのをずっと少しずつ流した。その晩は鈍痛があって寝られなかったんだけど、二日目の晩だったかな、ガーゼの取りかえをしているときに、足が棒のように硬直しちゃったんですよ。それで足が動かなくなった。そのときは特別室にいたんだけど、その前がナースセンターで。そのセンターからすぐに看護師長さんが飛んできて、何かを注射した。そしたら、だんだんと足が動くようになった。初め、足が棒のようになって、このままになったら私はどうして生きていくのだろうかと思って、そのときが一番怖かった。予定では、五週間入院して退院するはずだったのね。そろそろ二、三日後に退院していいという頃になって、またおなかがすごく痛くなったのよ。それで、お医者さんに「おなかが痛いのだけど、どうかなっているんですか」って尋ねたら、お医者さんが「ああ」とか言って、それから「せっかく傷口も塞がったから、その傷口をあけたくないから」と言って、太い注射針を入れて、中にあるのを吸い出したのよ。そしたら、中にうみがたまっていたのね。そうやって、たくさん吸い出した。だけど、それはとても痛かったですよ。局部麻酔も何もしないで吸い出したからね。

翌日になったら、反対側のおなかが同じように痛くなったので、「先生、反対側も痛いですよ」って言ったのよ。そしたら、「じゃあ、もうしようがないから、せっかく閉じた傷口をもう一回をあけて根本的に治療しよう」と言われたのね。結局、うみがたまっていた。それで、そのために三週間、退院が延期になった。だけど、その間にリハビリをやってくれたから、病院からアビタシオンに戻ってきて、ヘルパーさんたちが「夕食どうしますか」って尋ねたときに、私が「食堂に行くわよ」って答えたら、「ああ、そうですか」と言ったので私はさっさと食堂に行ったのよ。そしたら、後で聞いたら、「二ヵ月も入院して大きな手術を受けた人で、退院したその日から食堂にさっさと行った人は秋枝先生だけだ」って言われた。だけど、それがかえってよかったのね。

ただ、退院する前の日、主治医が「実は」と言って、「あなたの場合は大腸がんの末期だって言っていたんだけど、それよりもっとたちの悪い、悪性リンパ腫瘍でした」って。切り取ったものを病理で調べたら、血液のがんと同じ性格のもので非常に転移しやすい。血液と同じようにリンパ腺は体中を回っているからどこに転移するかわからない。それは医者でもわからないって。

私は八十歳を過ぎていたから、抗がん剤を使わないことになったのね。抗がん剤を使うと、若い人でも、もうとても耐えられないほど苦しいみたいね。だけど、「あなたの場合は副作用がひどくて抗がん剤を使えない。一切薬をあげません。近く転移するでしょうが、転移した段階で次の処置を考えましょう」って言われたから、「ああ、もうそれで結構です」と私は言ったのよ。実は、内心しめたと思ったのね。というのも、弟が大腸がんから肝臓にがんが転移して、抗がん剤の治療を受けて、「こんなに苦しい治療だったら、もう受けないで死んだ方がましだ」って言っていたからね。私には抗がん剤とかお薬は一切あげないって言われたから、私はしめたと思った。

それで、「念のために何に気をつけたらいいですか」って聞いたら、「人間が持っている自然の免疫力を保つようにしてください」って。それは、バランスの取れた食事、適当な運動、ストレスをためないこと、その三つだって。私は、それならできると思った。食べ物の好き嫌いはあんまりないから、その点はいい。入院する前から自彊《じきょう》体操を毎日やっていたし、そういうことをやったり、適当に歩き回ったりしていたらいいなと思った。ストレスは人生につきものだけど、「明日は明日の太陽が昇る」と思ってくよくよしないことだと思った。

そしたら、どんどんよくなった。そして、五年たった。お医者さんは「一、二年で転移する」って言ったんだけど、五年たっても転移しなかった。お医者さんは「もう大丈夫でしょうね」って。十年たっても転移しなかった。今年は十二年目。だから、私はみんなに言っているのよ。「がんだって言われたら、みんな頭が真っ白になったとか何とか言うけど、人間には自然の免疫力というのがあるから、それを守ってやったら、がんはそんなに怖いものではないよ」ってね。

あるとき、胃がんでくよくよしている人がいた。私の後輩のご主人なんだけど、「もう主人がとってもくよくよしているから、ちょっと先生が話をしてあげてください」って言って、その人を連れてきた。私が話をしたら、少し元気になった。もうくよくよしたって、くよくよすればするほど免疫力が低下するんだから、あっけらかんとしてたらいい。人間はいずれは死ぬんだから、遅かれ早かれ死ぬんだったら、今を楽しく生きた方がいい。だけど、それは本当ですよ。アビタシオンでも私と同じ時期に胃がんの手術をした人がいたのね。がんの手術をした人で、くよくよしている人はみんな死んでいるのよ。私は、けろっとして生きているわけ。くよくよしたってしようがないでしょ。だから、私はみんなでワーワー言いながら過ごしている。このことは、みなさんのご参考になるだろうと思っています。

――あまりにも素朴な質問ですが、くよくよしないコツとは、どういうところにあるのでしょうか。

くよくよしないためには、やっぱりそれぞれの人が自分のくよくよしない方法を覚えないといけませんね。私は昔から、「明日は明日の太陽が昇る」と思っている。くよくよするっていうのは、たいてい夜じゃない。夜にいろんなことを考えてくよくよする。だけど、朝になったら、なんで夕べあんなにくよくよしたのだろうかって思うことが私にはよくあるのよ。だから、そういうときはさっさと寝る。私の東北大のときの友だちは、女子学生なんだけど、失恋すると、あり金みんな持って行って、日頃食べられないごちそうを食べまくるんだって。そうやって発散する人もいる。おいしいものを食べるのでもいいかもしれない。その人その人の方法があるのよ。私はさっさと寝てしまう。

それと、やっぱり人生ではね、何か失敗したときの心構えのようなものをちゃんと持っておかないといけませんね。それは、諺みたいなものでも金言みたいなものでもいいのだけどね。私は東京女子大のときは英文科だったんだけど、ブラウニングの長詩の一部に、「人生は成功したと思う瞬間に失敗し、失敗したと思う瞬間に成功する」っていう一節があったのよ。題は忘れちゃったんだけど、ブラウニングの長詩の一節。それが不思議に私には当てはまる。何かが調子よく進んでいるでしょ。そうすると必ずどかんと落ちるのよ。失敗するのよ。そしてまた嫌なことが続いてくると、ぱあっと開けてくる。不思議にそうなのよ。だから、嫌なことがあったら「ああ、そのうちにまたよくなるさ」って思うし、調子よく行っていたら「危ないぞ。用心しろ」と思う。本当にどかんと失敗する。だから、失敗したって「ああ、これだったんだ」と思うと、そう驚かないですむのね。たとえばそのように、諺とか人生の金言を持っておくといいですよ。

――「捨てる神あれば拾う神あり」とか、「他人に優しく自分に厳しく」とかいうのはいかがでしょうか。

それもいいわね。そうそう、私の父は、私が子どものときから「私憤はできるだけ少なく持て。だけど公憤はできるだけ大きく持て」って言っていました。そのせいかもしれないけど、私は少し出しゃばりだと思われても、みんなのためになると思うようなことは言うようにしている。アビタシオンでも、いろんな嫌なことがあると、私はばんばん言うのよ。だけど、個人的なことは恨まないことにしている。誰だってその立場になったら恨みたいことはあると思いますよ。だけど、そういう私憤は持たないことにしている。持つのは公憤ね。だから、それぞれの人が「捨てる神あれば拾う神あり」とか、そういう諺や金言を持っておくといいのよ。

――そのためには、やっぱり勉強が必要ですね。それも、単に勉強しただけじゃだめですよね。なるほどと腑に落ちないといけないのではないでしょうか。たとえば、秋枝先生がブラウニングの長詩を勉強なさったときに、それが単なる勉強だったら、それは人生の金言にはなりにくいのではないでしょうか。

人生には、いろんな落とし穴がいっぱいあります。失敗だっていっぱいあります。人生ではそれが当たり前でそれの繰り返しだから、失敗しても、そのうちによくなるさと思い、うまくいったら、そのうちに落ちるよって思っておく。私は東北大を卒業して大学院が終わるときに、フルブライトの試験に通っていたのよ。それで、五月頃にいよいよ出発するから出てこいって言われて、仙台から東京に出て行った。そのときは、三十人ほどが大学院に入るプログラムにいたんだけど、私にだけ待ったがかかった。それで、私はアメリカ大使館が用意してくれたホテルで三週間待たされた。

それはどういうことかっていったら、その頃日本からフルブライト法でアメリカに行った学生たちで、環境が変わったために、結核の経験があった学生の結核が再発するケースが続出していたのよ。私は正直に、二十二、三歳のときに結核をやったってことを履歴に書いていたのね。それでひっかかっちゃったのよ。それでね、そういう人が続出していたから、保険会社が引き受けなくちゃいけないのに、私を引き受ける保険会社がどうしても見つからなかった。それで、三週間ホテル住まいして待っていたんだけど、結局だめだということになった。そのときはね、大学院が終わったときで、仙台の私立の女子大で非常勤講師をしていたんだけど、どうせアメリカに行くからって他の人に譲っていたのね。それで困ったけど、またそこで非常勤しながら一年間仙台にいて、その間に学部長が東北の国立大学三つに私を順位一位として推薦してくださったのよ。

だけど、それは全部だめだった。その理由は、女を採用した過去の経験がないということだった。私より成績の悪い男の人たちが三つともに行ったんです。そのときの学部長は私に「申し訳ない」って言ったけど、もうしようがないでしょ。戦後まだ十年もたってなかった頃だったから、きっと頭のかたいお年寄りの先生方がそう言ったんだと私は思っていたのね。そしたら、逆だったのよ。年寄りの学部長とか教授たちは私を採るって言ってくれたけど、私と比較されるような助教授とか講師級の人が反対した。その理由は、女と比較されちゃたまらないっていうことだった。私の方がよかったら自分たちのメンツにかかわるし、もし自分たちよりか私が劣っていたらそんな劣った女を採る必要はない。優れた女でも劣った女でも、どちらが来ても困る。比較されたら困るからね。やっぱり、まだまだそういう時代だったわけ。だけど、いろいろな巡り合わせから、私の運が開けていったんです。

私が東京女子大のときに、東大の教育哲学の村上俊亮先生が非常勤講師で教育学を教えに来ていらしたのよ。おもしろかったものだから、私はよく質問していたのね。そしたら、先生が私を覚えてくださった。私が東北大に入ったときに報告したら、すごく喜んでくださって、私の就職は「自分が責任を持って世話する」って言ってくださった。だから、村上先生に相談したのよ。そのときは、村上先生は東大を定年退職されて、東京にある国立教育研究所の所長だったのね。村上先生は九大の平塚益徳先生と親しかったのね。平塚先生は村上先生の後輩で、村上先生が私のことを平塚先生に話したのよ。しかも、私がちょうどやっていたことが日本とアメリカの女子教育史で、九大に比較教育研究所ができる予定だったから、それで平塚先生に「そこに来い」と言われて、私も自分の研究が続けられるから「行きます」と言ったんです。

実は、私の父は福岡の出身で、若いときから東京へ出て五十年間帰っていなかったんだけど、福岡にはおばがいたのね。おばといとこたちもいたから、福岡は私にとってはある程度親しみのある県だった。それで、私は「じゃあ行きます」って言ったのよ。そしたら、土壇場になって、その研究所が文部省の予算の関係でできなくなった。後に別の名前でできたんですけどね。

――比較教育文化研究施設という名前になりました。

そうでしたね。施設って形で後にできたんだけど、そのときはできなくなったのよ。そのために私の行き場がなくなったので、平塚先生が福岡女子大の教育学のポストがあくことになったから、そこにとにかく行っていろということになった。それでね、やれやれと思って私は福岡に来ることになったのよ。私の人事案件は、一月に女子大の教授会を通っていたのね。だけどそのときに、県は他の男性、地元の男性を予定していた。だから、県は私に「辞令を出さない」って言い出したのよ。地元に適任者がいて県が予定しているのに、何も仙台あたりからはるばると女なんかを呼ぶ必要ないっていうことなのね。

一月の教授会は通っていたけど、二月にも決まらない。三月になっても決まらない。それでもね、女子大の先生方も頑張ってくれたのよ。女子大の先生方は、地元にいる男性、私は名前も聞いていないから知らないけど、その教授級の男性でなく、あくまでも私を採るって言ってくれた。そして、三月頃になったら、九大の平塚先生や原先生たちが、「福岡女子大の教授会を通っているのに県の方が勝手に人を入れるような無法なことをするなら、九大も黙っていない」ということを県に申し入れてくれたらしい。それで、結局五月の末になってやっと県の方が折れてね、私に辞令が交付されたのよ。私はもうだめだと思って、あきらめかけていたのよ。だけど、平塚先生や女子大の教授会が一丸となって私を守ってくれた。それから、九大の先生たちまでね。ちょうどそのときなのよ。私にいい縁談があったんです。私への支持がなかったら、私は縁談の方にイエスと言ったかもしれない。だけど、私は先生方の好意を無にしてはいけないと思ったから、もう迷うことなく縁談の方は断った。

――今でも秋枝先生は、いい縁談を断ってまで福岡女子大学に来て、それが最良の選択だったと思われますか。

よかったと思いますよ。前にも話したと思いますが、私が東北大の大学院のときに、「かみそり」ってあだ名の心理学の先生がいらしたのね。続有恒先生という方なんだけど、女嫌いだというのよ。研究室の男の大学院の学生とか助手たちにはとっても親切で、よくその学生たちを引き連れては飲みに行ったりするんだけど、研究室に来られても私には一度も口をきいてくれなかった。たまたまあるとき、私が一人しかいなかったときに、用事があって続先生が研究室に入ってきたのね。

私一人だということがわかったら、初めて口をきいてくれた。「女がいつまでもこんな研究室にいるのは目障りだ。さっさと嫁に行ってしまえ」と言われたのよ。最初の言葉がそれよ。それで、私は、あんな頭のいい「かみそり」とあだ名のある優秀な先生が、何でこんな不当な考えを持つんだろうか、何か理由があるんじゃないかと疑問に思って、「先生がそういう考えを持つには、何か理由があるんですか」って聞いたら、「ある」と言うのね。

続先生が東大にいたとき、自分の部下に女性を採った。優秀な女子学生だった。それで、彼女を五年間鍛えて一人前の研究者に仕立てた。そしたら、突然、彼女から「結婚するからやめさせていただきます」って言われたと。結婚するって言われたから口では「おめでとう」って言ったけど、はらわたが煮えくり返ったって。自分が五年間をかけて一人前の研究者に育てたのに、その五年間が本当に水の泡になったって。自分が五年間をなくしたようなものだって。だからそれ以来、女の研究者は絶対に信用しないって。そういうことなら、私だって「なるほど」と思います。それも一理あるでしょう。それで、私はそのときに覚悟を決めたのよ。自分の行動によって後に続く女性のための門戸を閉ざすようなことはするまいと思った。「だから女はもう採用しない」って言わせるようなことだけはするまいと思った。

だから、福岡のがたがたがあったときは、ちょっと嫌気は差していたけど、このときに私が「結婚するからやめます」なんて言ったら、「それ見たことか」って県が言うに決まっているし、女子大の教授会は面目丸つぶれだし、それを支持してくださった九大の平塚先生たちもみんな面目丸つぶれになるわけでしょ。だから、どんな玉の輿でも、どんないい条件でも、私は結婚の方は初めから「ノー」って決めていた。

私はみんなに言われたのよ。「こんないい条件の人をなんで断るか」って。「よっぽどあなたはお高くとまっている」って。私はお高くとまって「ノー」って言ったんじゃない。私がそんなことをしたら、後に続く女性の門戸を閉ざすこととなる。「だからもう女は採用しない」ってことになりかねないでしょ。そのことだけは私はもう一生肝に銘じているんです。だから、私は女子大に在職中のときも、他の大学とか国立教育研究所なんかからも誘われたことがあったけど、全部「ノー」と言って断ったんです。

――かみそり先生の一言が、秋枝先生のその後の人生に大きな影響を与えたようですね。

何て言うのかしら、裏返した形でね。だけどその後、かみそり先生は私を信用してくれたのよ。後では、「男よりも君の方が信用できる」って言われた。ある事件があったのね。それは言うと長くなるから言わないけど、その男の言ったことと私が言うことが違っていた。かみそり先生がその男を呼んで聞いたら、私が嘘をついたって、その男は男泣きに泣いて、私がその男を讒訴《ざんそ》したって言ったんだって。男が涙を流して「讒訴」って言った以上、私が悪いに決まっているってかみそり先生は思った。もともと女嫌いでしょ。そしたら、男の言う方が間違っていて、私の言う方が正しいってことが他の方からどんでん返しでわかった。それから以後は、「君の方が信用できる」って。それで、私は自由に言いたいことは言わせてもらった。私の場合、よくどんでん返しになって、かえってそれまでよりもずっといい立場になるのよ。その都度ね。

――秋枝先生は、仕事も結婚も両方手に入れたいとは思われなかったのでしょうか。それができる時代じゃなかったのでしょうか。

両方できれば、それにこしたことはない。当時は、両立させるのは難しかった。しかも、私はそもそも、何をするにしてもスローモーなのよ。私は大学の頃は、ずっと自炊していたんです。帰ってから七厘を庭に出して、枯れ枝や新聞紙を集めて、その上に炭を置いてパタパタと火を起こしたのよ。そして、お鍋をかけてご飯を炊いたりおかずをつくったり。そういう生活ですよ。今のような家電製品なんてありませんからね。洗濯だって、たらいでね。洗濯板でゴシゴシやって、もうそれをすると自分の一人分だけでもくたびれ果てるのよ。もうすべてがそんな調子でしょ。今はでき合いもあるし冷蔵庫もある。当時は何もなかった。だから、何もかも自分でやらなくちゃならないときに、私のようにぶきっちょなスローモーな人間が両方できるはずがないと思った。

――結婚したら、やっぱり専業でお世話しないといけないと思われたのでしょうか。

それはそう。仕事はできないと思った。それと、私は小さいときから子ども好きで、人に懐かないって子も私には懐くのよ。そしたら、あるとき、ある大学の先生のお嬢さんたちが私にすごく懐いて、いつも「秋枝お姉ちゃん遊ぼう」って言って、毎日私のところに来ていたのね。だから、私はよくその子どもたちを連れてお散歩や何かした。だけど、「そういうふうに子どもが好きな人は、子どもを持たない運命になるって言うわよ」って、その先生の奥さんから言われていた。私がもし家庭に入ったら、とてもぶきっちょだから家事にも子育てにも人一倍時間がかかる。だから、仕事と結婚の両立はもう絶対無理だと思った。だから、どっちかを選ばなくちゃならないと思った。私はもう女学校のときからそう思っていた。あの頃は、男女の差別がひどかったでしょ。

私の父は男女平等で育ててくれた。「女もライフワークを持て」と育ててくれた。だからこそ、社会のそういう矛盾をなくす女性解放の仕事をしたいと私は思ったのよ。そのために、先進国の女性たちの歴史を調べたいと思ったのよ。それで、東京女子大の英文科に行ったんです。でも、私が東京女子大を卒業するときは戦争になっちゃって、もう外人の先生たちはみんな引き揚げちゃったし、留学どころじゃなかったのよ。それで、担任の先生が、東北大は女性を入れてくれるって教えてくれたのね。だけど、その頃は、うちの経済は貧しかったし、兄や弟たちはまだ学校に行っていたから、私は五年間働いた。私は東京女子大も奨学金と家庭教師で、親から一銭も出してもらわないで出たから、奨学金も、そのときの五年間で全部返したんです。そしたら、戦争の末期になった。

兄は早稲田の理工学部だったんだけど、卒業後は今の新日鐵の研究室に入った。弟は東大だったけど、学徒出陣になった。弟の場合は満州で終戦になってシベリアに連れて行かれて、もう行方がわからなかったんだけど、二年半ほどシベリアの伐採の仕事をさせられて、幸いに命あって帰ってきた。兄の方も兵隊に向かない人間だったけど上官がとってもいい人で、「おまえは兵隊には向かないが俺の副官にしてやる」とか言ってくれて、世界情勢などを上官に知らせることをずっと終戦までしていた。だから、兄も幸いとても運がよかった。二人とも無事に帰って来た。

だけど、そういうことがあったから、東京女子大を出てから東北大に入るまで五年間、私は働いたのよ。それから東北大に入った。そのときは、父や母は疎開していなくて、私は東京女子大の裏に一人で下宿していた。東北大には、もう無断で入っちゃって、入ってから事後報告したら親たちがびっくりして、「行くのはいいけど学費はどうするんだ」って言うのよ。その頃は地方で下宿するには一月に百円あればよかった。そのとき、私には四百円の貯金があったのね。往復の交通費とか引っ越しとかに百円、半年分の授業料や何かに百円、それで二百円でしょ。あと、二百円残るでしょ。

その頃は、大学で勉強していても動員になったのよ。軍需工場なんかにね。そうすると、宿泊費が要らなくなるわけでしょ。そして、ちょっとしたお小遣いぐらいはくれるそうだったから、四百円あったら何とかなると私は思ったのよ。その頃は戦争の末期だからね、軍需工場はもう、ねらい打ちされているわけよ。空襲でね。だから私は多分そこで死ぬだろうと思っていた。だけどそのとき私は、昔聞いた論語を思い出したのよ。「朝に道を聞かば夕べに死すとも可なり」って論語があるでしょ。それを私は逆にして、夕べに死ぬことがわかっているから、もう朝に勉強しとこうと思った。それで、東北大に入ったのね。

そしたら、その年は農村動員になった。仙台の米どころには、五十歳以下の男性と言えば、もう精神障害者と薄弱者しかいないのよ。みんな戦地に行っていたからね。それで、学生は農村に田植えに行ってこいってことになった。初めは「女子学生の三人だけ置いていく」って言われたけど、私はお金がなくなっているでしょ。置いていかれたら困るから、そのとき動員本部の家族法の有名な中川善之助先生のところに交渉に行って、「私たちも正規の学生と同じに入ったんだから連れて行ってください」って頼んだのよ。そしたら、その先生が太っ腹な先生で、「よし、じゃあ動員本部付きとして連れて行ってやる」って言ってくれて、私たち女子学生三人を連れて行ってくれたのね。

動員先に鎮守の森があって、そこに公民館があって、そこが動員本部になって、そこに三人の女子学生は入った。東北大から一週間に二人ずつ教員が来るんです。その五人で自炊生活を始めた。だけど、五人なんて要らないのよ。農村でね、動員本部と言ったってね、何もすることがないでしょ。だから、一人だけ留守番を置いて、「あとの者は田んぼに行こうや」って言って、私ともう一人の女子学生が田んぼに出た。最初は部落会長さんのお宅の田植えだったのね。私ね、もんぺもなかったから、運動部のブルマーを履いて行ったのよ。押しかけて行ったんだけど、行ったら割にみんなが受け入れてくれた。一つ一つ教えてもらいながら田植えをやったんだけど、すごく楽しくやった。みんなの半分もできなかったけどね。

そのとき一緒に行った女子学生が、田植えをしながら高らかに歌を歌ったのよ。いい声だったのよ、彼女。国文科の学生で、仙台の人なんだけどね。もうその日のうちに、そのことが村中の評判になった。男の学生は二、三人ずつが臨時の息子がわりとして行ってたんだけど、はじめは女子学生は引き受けてもらえなかったのよ。そしたら今度は、「翌日から来てくれ、来てくれ」って、村のいろんな農家からお呼びがかかった。私たちが行くと帰りに、「あなたたちは自炊しているそうだから」って、大根だとかいろんなお野菜を持たせてくれたり、中にはもうできたお野菜のお煮しめなんかをお重に入れて持たせてくれたりしてね。それで、私たちは意気揚々と帰ったんですよ。そんな状態だったのね。

それで、その後の八月が終戦になったんだけど、私たちは「刈り入れまでする」っていう約束をしていたんです。だけど、農閑期は各自は一時的にうちに帰ることになったのよ。そのとき両親が岐阜の山奥の郡上八幡というところに疎開していたから、そこに私は帰った。そしたら終戦になった。だけど、約束だから私は九月に、刈り入れのときにその農村に帰ったのね。もう一人津田出身で北海道の人も帰ってきたのよ。でも、一番勇ましくて高らかに歌を歌っていた仙台の人は帰ってこないのよ。

その彼女は、田植えをしながら、農村の上でも敵機が飛ぶと機銃掃射されるんだけど、その飛行機に向かって、「鬼畜米英」だとかわめき散らしていたんです。だから、私があるとき、「あなたそう言うけど、アメリカ人だって日本人だって同じ人間よ。いい人も悪い人もいるのよ」って言ったら、今度は「敵を弁護するとは何事だ」って、私にかみついてきたの。「今に神風が吹いて殲滅するんだ」って言うから、「あなた、神風って言ったって要するに台風じゃない」って私が言ったら、また怒って。それで、私はかみつかれてばっかりいたのね。そしたら、その女子学生、一番勇ましいのが帰ってこない。後で聞いたら、自殺を図ったって。絶望して。神風は吹かなかった。もし、ほんのあと二、三分発見が遅れたら助からなかったって。致死量を飲んでいたからね。

だけど、彼女は助かったのよ。彼女はちょっとおもしろい人で、能力のある人だった。私は西洋史で彼女は国文だったから、たまにしか会わない。終戦から一年くらいたったときにキャンパスで会ったので、「どうしてるの」って尋ねたら、「今、教会に行っている」って言うのよ。「どうして」って聞いたら、「戦争中にあなたに言われたことが頭にひっかかっていて、教会に行って、宗教の力で国を再生しようと思っている」と言うのね。「ああ、そう」って私は言ったけど、それから一年くらいたってまた彼女に会ったので、「どうしてるの」って尋ねたら、彼女はある政党の党員になったって言ったのよ。

その頃、実を言うと西洋史に一人優秀な学生がいて、その人がその政党の党員になったのよ。その人が党員になったときには、学内細胞は三人しかいなかった。そしたら、彼が一人の力で一年間で党員を百人以上に増やした。彼女は、「彼に誘われて自分もなった」と言うのよ。だけど、ちょっと危なっかしいなと私は思っていたのよ。彼女はすぐもう、ぱっと感情で動く人だからね。そしたら、彼女は大学院に行かないで卒業して、こともあろうにミッションの女学校に就職したのよ。でね、そのときは教会に行っていたかどうかはわからないけど、授業でその政党の宣伝ばっかりしたから、三ヵ月で首になっちゃった。それから後の行方はわからなくなっていたんです。

それから随分たって、彼女と親しかった美術評論家の針生一郎さんに私は会ったのよ。針生さんは東北大から東大の大学院の美術を出て、美術評論家になって有名になったけど、針生さんと彼女は東北大の国文学科で割に親しかったのよ。針生さんが福岡に講演に来たときに私は会って、彼女は「いっこちゃん」というんだけど、「いっこちゃんの消息を知っているの」って私が聞いたら、「かわいそうなんだ。あの子はどこへ行ってもすぐ首になって。純粋なだけに政党の宣伝ばっかりするからね。行った先々ですぐ首になって、今は山奥の飯場の飯炊きばあさんをやっている」って言うの。そのときは、そんな話だった。それが最後の消息なんだけど、それから後のことはわからない。

——秋枝先生は針生一郎さんと同じ学年なのですか。

そう。針生一郎さんと私は同学年です。だけど、私のほうは五年間働いた後で東北大に入ったから、年は私の方が五歳上よ。とにかく私はおもしろい時代に学生生活もしたし、いろんなこともしたけど、不思議にひっくり返っては立ち上がり、立ち上がってはひっくり返るというようなことをしているのよ。だから、失敗したり、駄目になったりしても、とことんあきらめないのよ、私は。「そのうちによくなるさ」って思うのよ。そしたら、本当によくなるのよ。

――話は変わりますが、秋枝先生は、出版記念会兼生前葬をなさったそうですね。

私には今はもう親兄弟がいないので、いざというときに困るでしょ。だから、私は死んだときにどうしようかということが、いつも気になっていたのよ。他のことはどうでもいいと思っていたんですけどね。私には、おいが四人とめいが一人いるんです。めいは奥さんなんだけどね。この間、兄が死んだから、兄に代わって兄の長男が私の身元引受人になってくれたのよ。そういったおいたちというのは、五十歳代の後半から六十歳代の初めぐらいの人が多くて、みんなが責任ある仕事をしているんです。おばが死んだときは、忌引が一日しか取れない。親の場合は、一週間取れる。一週間取れたら、関東から福岡に来て、葬式やいろいろな手配もできるけど、一日では無理ですね。みんな関東の方にいるからそんなことができるはずはないでしょ。だから、どうしようかと思っていたのよ。それで、私は生前葬をしようと前から思っていたのね。

それとね、私は、がんになっていてしかも非常に転移しやすいと言われているがんだから、もし私が「生前葬をする」と言ったら、「さては転移したな」と周りが気を回すだろうと思ったのよ。そういった気を回さないですむような形で生前葬ができないものかと私は思っていたんですよ。そしたら、私が今までに書いた論文をまとめてはどうかという話になったのね。そのことは前から言われていたんだけど、まとめようとしたら、母ががんで入退院を繰り返した。母が死んだ後は、目も見えないし、歩けもしない、ほとんど寝たきりに近い父を残された。今のような介護制度もないときだったので、私は今までのものをまとめようと思っていたんだけど、まとめる暇がなかったのよ。だから、もうあきらめていたのね。そしたら、教え子の一人の松浦勲さんが協力してくれたんです。松浦さんは福岡女子大を卒業してから、一年間私の研究生になって、そして論文を書いて、それで九大の大学院に入ったのよ。松浦さんは、その頃は四国の高知大学の先生をしていたんだけど、高知大学の先生仲間にたまたま東北大の私の後輩がいて、よく私の話が話題になったんだって。私は「本にまとめる暇がないから放ってある」と言っていたから、私の後輩と松浦さんが話しているうちに、「惜しいから、一つにまとめよう」ということになったんだって。そして、その人たちから話があって、「自分たちが手伝うので、一つにまとめて本にして出さないか」と言われたのよ。それで、私はもうあきらめていたけど、ばらばらになったままじゃよくないから、「じゃあ、一つにまとめておくか。あなたたちが手伝ってくれるのならね」と返答したのよ。そしたら、実際にまとめる段になったら松浦さんが奇病にかかって、一時、体が動かなくなっちゃった。いろんな整形外科にかかっても「治らない」と言われて、動けなくなった。それから、もう一人の人は、私の後輩の千葉昌弘さんなんだけどね。千葉さんは、高知大学から岩手大学に移っちゃった。だから、実際の段になったら二人とも、自分たちがまとめてやると言っていた人たちが全然動けなくなったのよ。それで、結果的には私がまとめざるをえなくなっちゃったのね。それから、「虹の会」と言って、専門職を持っている女性の会のメンバーに、梓書院という出版社の社長兼編集長がいたのね、女性で。田村明美さん。田村さんには以前にも私の父や母の歌集やＹＷＣＡの四十周年の記念誌なんかをつくってもらったりして、何回かお世話になっていたのよ。彼女が請け負ってくれると言うからそこに頼んだんだけど、結局は田村さんと私の二人で全部の校正や何かをみんなすることになっちゃったのね。本ができたのは、私の八十四歳の十一月だったんです。その頃、初めはみんなが出版祝いをすると言ってくれたけど、本当はもっと早くまとめなくちゃならないのができなかっただけだから、私は断っていたのよ。そのうちにふっと思いついて、出版祝いと生前葬をぶつけたら、私のがんが再発したと勘違いしないでみんなが来てくれるんじゃないかと思ったのよ。もともと、私は楽しい生前葬をしたいと思っていたから、出版祝いとぶつけて一緒にしたのね。

会場は、日航ホテルが引き受けてくれたんです。大きな部屋でも百人ぐらいが普通で、十人ずつのテーブルを十台入れるんだって。だから、参加者は百人どまりと思っていたのよ。私がかかわっている会がたくさんあったから、一つの会から十人ずつで、テーブルが十台でちょうどだと思っていたのよ。そしたら、福岡女子大の卒業生たちで「私も行きたい、私も行きたい」と言う人たちが続出したのと、それから、虹の会関係の人がやっぱり「行く、行く」と言い出して、それで少しずつ増やして、結局、テーブルの台数が十五までになったのよ。「もうこれ以上は入りません」とホテルの方から言われたのね。それでも、まだ遠い人たちなんかが「来る、来る」と言うから、みんな断っていたのよ、遠い人たちにはね。「福岡市内と、ごく周辺の人たちだけだ」って言って、参加者の人数を制限していたんです。

それでも、あんまり「来る、来る」と言うから、ちょっと考えたのよ。フランス料理の予定だったから、ナイフとフォークだけど、それをお箸にしたら肘を張らないで済むでしょ。そしたら一テーブル十人のところへ十一人、「一人ぐらい入るんじゃないの」と言ったら、ホテルの人は「それなら一人ぐらいなら入ります」と。結局、十一人ずつのテーブルを十五にして一六五人分、それが最終的な限度になったんです。出版祝いと生前葬を兼ねたでしょ。そしたら、日航ホテルの社長が「こんなこと初めてだから自分も参考にしたい」と言って、最初の企画から加わってくださったんですよ。みんなが来られる日というので日曜日にしたら、ちょうどその日が偶然に、友引の日曜日だったんです。十一月は結婚ラッシュなんです。

それで、日航ホテルが「生前葬なんて大きな看板をかけたら縁起が悪いと言う人たちがいるから、看板は外に出さないで内に入れてください」と言うので、その通りにしましたよ。何も看板をでかでかとかける必要はないからね。ただ、来た人が部屋を間違えないようにはしましたよ。電話が時々かかってきて、「生前葬には喪服を着ていくんですか」とか、「どういう服装で行けばいいんですか」とか尋ねられたので、「私だって喪服を着ないのよ。平服よ。だから、みんな平服でいらっしゃい」と言って、参加する服装は平服にしたんです。

当日は楽しいプログラムにしたかったので、最初に生前葬の方は簡単にすませたんです。それで、私は変な形のクリスチャンなのよ。というのは、女学生の頃に洗礼を受けたんだけど、教会が性に合わなくて、すぐにやめちゃったからね。だけど、私の知り合いに女性の牧師さんがいるのよ。その人がかねてから、私が死んだときは自分がお葬式をすると言ってくれていたから、彼女に電話をかけて、「いよいよお葬式をすることになったから、その司会はあなたがしてね」と言ったら、まじめな人なもんだから、「牧師というのは生前の人間から魂が分かれて天国に行くのを送るのが役目で、まだ生きている人にはそういうことはできない」と言うのよ。「あなたが死んだときなら必ず司会をするけど、生きているうちはできない」と言うのよ。私は「死んだときにでは困るから、生きているうちにするんじゃないの」と言ったけど、最後まで彼女は「できない」と言うのよ、牧師としてはね。それで、司会は結局、私の東京女子大の一年後輩の人に頼んだんです。

第一幕は、私の好きな聖句を唱えて、讃美歌を歌ったのね。それから食事をして、その後、私の子どものときからの様子をスライドで紹介して、私の生涯を振り返ったのよ。最後に、くじ引きをしたのね。私は旅行が好きで、外国旅行にもよく行っていたから、そういったときに私は自分の記念として小さなお人形とか、土地の印のついたスプーンとか、そういうものを買い集めていたのよ。それが百余りあったから、それでくじ引きをやったんです。いいものもあったし、大したものではないものもあったけど、それでくじ引きをやったら、みんなが「当たった」の「外れた」のと大騒ぎになって、すごく愉快な生前葬になっちゃったのよ。

――秋枝先生が望まれたように、楽しい生前葬になったようですね。

そうね。楽しかったですよ。だけど、もともと私は生前葬を内輪でやるつもりだったのね。そしたら、朝日新聞の記者が来ちゃったのよ。そして、朝日新聞の記者が「生前葬なんていうのは初めてだから、ちょっと取材させてください」って。私は知らなかったんです。「ほんの四、五分だけ見させていただきます」と言ったその記者が、おもしろがって最後までいたんです。それで、翌日の朝刊に大きく載っちゃったのよ。とても愉快な生前葬があったっていうのでね。そのために有名になっちゃって、あっちこっちからいろんな便りがあって、「何で私に知らせてくれなかったのか」という恨み節がたくさん来たのよ。後で、その言い訳をするのが大変でした。

でも、私は生前葬をしてよかったと思っているんです。私の親戚は福岡にはもういないでしょ。関東にいるおいたちは忙しいから、生前葬だと、飛行機でその日に来てその日のうちに帰れば一日ですむしね。また私が突然死んで、おいたちが葬式に来たって、私の交友関係や教え子関係はおいたちには何にもわからないでしょ。だから、私は自分が生きているときに、日頃親しくしている人たちに自分自身でお礼を言ってから別れたいと思っていて、そういう意味もあって生前葬をしたのよ。それをしてよかったと、私は自分で今でも思っています。

――秋枝先生の生前葬には、ホテル日航の社長さんも関心を示されたそうですが、実際に参加されたのでしょうか。

そうよ。ホテル日航には、私の兄たちなど、かなりの人たちが前の晩に泊まったのよ。私も前の晩に泊まったのね。生前葬が終わってからは、社長さんが送ってくれたりしたのね。というのは、その社長の奥さんが私の東京女子大の後輩なのよ。そういういろんな因縁があって、みんながよくやってくれたし、興味を持ってくれたんです。

――生前葬が終わった後、秋枝先生には心境の変化がおありでしたか。

それは肩の重荷がおりましたよ。内田百閒が還暦祝をしたんですよ。したんですけど、その後も彼はなかなか死ななかったので、弟子たちが「まあだかい」と言って、後で「摩阿陀会」というのを何回かしたという話があるんです。私の生前葬の一番最後で私が挨拶したときに、私はその話をしたのね。「私もこれでいつ死ぬかわかりませんけど、まあだかいということになって、まだ生きているかということになるかもしれません」と言ったのよ。そしたら、「摩阿陀会、まだですか」って。

――そのときに、参加者たちは「内田百閒と同じように、秋枝先生も絶対長生きをなさる」って言っていました。生前葬は、長生きのためのお祝いですね。

そうかもしれませんね。あれから、もう九年たちましたからね。

――秋枝先生がこれまでに出会われた方々に、生前葬で先生ご自身が直接にお礼をおっしゃったというお話をお聞きして、生前葬に対する印象が変わりました。

だって、私はおいたちと普段は生活を共にしていないから、私がどんなつき合いをしてるか、おいたちは何も知らないでしょ。福岡女子大の卒業生だって、誰も知らないでしょ。だから、おいたちが来たって、本当に形式的にただ焼き場へ行って、私を焼いて、私の骨を持って帰るだけになるでしょ。それじゃ、ちょっと私は物足りなかったから、私と関係のあったみんなに私自身が一言お礼を言っておきたいと思っただけなのよ。それができたので、本当に肩の荷がおりたという感じです。

私の生活は、心理的には肩の重荷がおりたけど、普通の生活はちっとも変わらないですよ。時々「まあだかい」と言われるけど、「まあだだよ」と言っています。私の両親も兄弟も、全部死んでもういないんです。おいとめいがいるだけ。そのおいやめいたちが生前葬に来てくれたから、それでいいのよ。私の場合は、お墓はもう早くからできているんです。東京の方なんだけどね。父と母がもう福岡には戻らないだろうからというので、東京の公園墓地みたいなところにお墓を立てていたんです。それは秋枝家の墓になっているから、私が入るスペースは十分あるのよ。

私が死んだときに、私をアビタシオンに置いておくわけにはいかないでしょ。アビタシオンからすぐ下におりていったところに、四恩という葬儀場があるのね。そこに頼んで、私をそこに一晩ぐらい置いてもらう。そして、東京の方から、おいたちが来るでしょ。それで、おいたちに私を焼いてもらって、お骨にして持って帰ってもらう。そういうことを私は考えています。

――話は変わりますが、秋枝先生は、何かの会をご自身で立ち上げられたことはおありでしょうか。

ありません。

――女性と職業研究会は高木葉子さんが立ち上げられましたね。

そう。高木さん。私は途中から入れてもらったのね。五十年前は、女性で専門職を持っている人は非常に少なかったでしょ。九州第一号の女性弁護士の湯川久子さんとか、九大の女性教授第一号の城野節子先生とかがいらっしゃいましたけどね。だけど、そういうような人たちには、周りに相談相手がいなかったから、当時の労働省の肝いりで各地に婦人少年室というのができたでしょ。福岡の婦人少年室長が、そういう女性たちが意見交換したり励まし合ったりするような会をつくってはどうかということでできたのが、「虹の会」なのよ。たまたまそれが二十二日という日に発会したから、それをもじったのね。もちろん、「将来に虹をかけて」というのにかけて、「虹の会」と言っているんですけど。だけど、本当は国際的な組織で、正式の名称は Business and Professional Women's Clubs と言うんです。略称BPW。Bはビジネス、自営業。女性で自営業をやっている人も少ないでしょ。それから、Pのプロフェッショナルの女性も少ないでしょ。それの Women's Clubs という世界的な組織があるのよ。国連に婦人の地位に関することを決める委員会があって、その委員会が世界の婦人のいろんなことを決めるときに、真っ先に諮問を受けるのがBPWで、国際的には非常に重要視されている組織なのね。

福岡にもBPWをつくってくれって言われたんだけど、初めは、私たちはそんな面倒くさいのは嫌だったんです。だけど、専門職の女性が一つの職場に一人とか二人しかいない状態だったから、親睦会を兼ねた情報交換の場にしようということで、会長とか副会長とかそんなものは何にもつくらないで、ただお当番だけを決めたのね。月に一回集まることにしたら、几帳面なお当番のときはちゃんとするんだけど、ルーズなお当番だと半年も一年も会を開かないのよ。そんな調子だったから、そのうちに消えかかっちゃったこともあったのね。

そしたら、やっぱりそういう組織でいろいろしなくちゃならないことが起きたのよ。佐藤内閣のときだったかな、婦人少年局が潰されそうになったのね。というのは、行政機関を縮小するために、どこかの一局を潰すということになったときに、男たちが女に局長のポストをやることはないからって、婦人少年局を潰せということになったのよ。それはもう、閣議決定までしていた。だけど、そういうことをさせたら駄目だということで、みんなで立ち上がった。そのときに、ちゃんとした全国組織がないと活動できないから、私たちも全国組織に参加したんですよ。

そうすると、ここの支部でも会長とか副会長とか、役員を決めなくちゃならない。私はそのとき城野先生を会長に推薦したんだけど、そのころ城野先生は日仏協会の役員で仕事が忙しくて、ほとんど出てこれなかったのね。そしたら、みんなが「ほとんど出てこれない城野さんじゃ困る」と言って、お鉢が私に回ってきちゃった。それで、私が初代の会長になった。仕方がなかったんです。それで、すぐに次々と規則を決めました。

だけど、その会ができたから、たとえば、県に女性の副知事を置くこととか、女性研修を実施することとか、そんなことを私たちの会が知事に要求できるようになったんです。それからね、当時は県庁の中に婦人の問題を扱う局がなかったんですね。だから、最初の会のときに、当時の福岡県知事にそれを要求することにしたのよ。

――亀井光知事ですね。

そう。亀井知事のときでしたね。そのときに国際婦人年ができて、それで福岡県でも国際婦人年への取り組みが始まったのよ。中央でもそうなんだけど、代表はみんな男。中央は大臣たちでしょ。福岡も知事をはじめとして部長たちはみんな男。それで、しようがないもんだから、女性を入れた懇話会というのをつくったのよ。最初の懇話会で、いくつかの部があるんだけど、私が「教育と社会参加」の部の部会長をさせられたのよね。それがきっかけで、それからだんだんと組織が整えられてきたんだけど、当時はそういう時代だったんですよ。

亀井知事の次は奥田知事だったんだけど、そのときは女性たちを活かそうとしてくれましたね。私は、奥田さんのときに、その会から女性の副知事を置いてくださいと最初から言っていたのよ。奥田さんもその気だった。それで私たちも裏で動いたんだけど、それがちょっとでも漏れたら、すぐに潰された。その頃、県議会の七割が保守系で、奥田さんは九大教授だったので、あんな素人が政治をしたってできるはずがないと言われていた。知事選挙では、婦人票が奥田さんに集まって、亀井さんが落ちて、奥田さんが当選したでしょ。

そういうことがあったから、奥田さんが女性のために何かをしようとすると、みんな潰された。「奥田さんにこれ以上女性票を稼がれたらたまらない」というわけです。何せ、県議会の七割が奥田さんの反対派でしたからね。それだから、女性の副知事のことだって、奥田さんはやる気だったんだけど、ちょっとでもそれが漏れると、みんな議会で潰されたんです。それでも、結局、奥田さんは知事を十二年ぐらい務められたかな。

——そうです。三期、務められました。

そう。三期でしたね。でも、その間はできなかったんですよ。次の麻生知事になって、女性の副知事は初めて実現しましたね。

そんなことがいろいろあったんですけど、私は偶然に何かそういうような羽目になるのよ。自分から求めて何かしたことはないのにね。ＹＷＣＡの理事長のときも、やむなく引き受けさせられたでしょ。「主婦だけだと県や市が信用してくれない」って言われて、ちょうど私が福岡女子大を定年退職したときで「名前だけでいいですから」と言われたので、そんなに困っているなら「名前だけでいいなら」と言ったのよ。

引き受けたら、最初の年に三百万円の赤字が出た。そしたら、「これは理事長の責任ですよ」と言われた。それから、その年に創立四十周年の記念行事があって、それも理事長の責任。面倒くさいことは全部、「理事長の責任ですよ」と言われた。四十年史を書くときも、「私たち主婦は書くことに慣れていないから、先生書いてください」と言われたの。そんなふうに、初めは嫌々ながら引き受けたんだけど、私はなぜか結局逃げられなくなっちゃうのよ。それはそれで自分の勉強にもなったけど、自分のことやうちのことを放っといてせざるをえないときもありました。

（平成二十五年八月二十一日取材）

第六章　後に続く女性たちへ

――この章では思う存分に、後に続く女性たちへのメッセージを語っていただけませんでしょうか。今まで秋枝先生たちの世代の女性先達者の皆さんが頑張ってこられたのは、ひとえに後に続く女性たちがより活躍できるようにするためでした。全体の状況としては格段に進歩しているとはいえ、未解決の問題も多いと思われます。そこで、たとえばどんな問題が残っているかというようなところからお話をお願いします。

第二次世界大戦後、今の新しい民主憲法ができてから、原則として男女平等が確立されました。それはベアテ・シロタさんの努力によって得られたんですけど、しかしそれはあくまで原則で、あとの各論はまだ不十分です。シロタさん自身は各論もすでに考えていて、草稿を書いていたそうです。日本に来たアメリカの進駐軍も教育問題を担当した人たちは割に進歩的な人たちで、アメリカ本国でも実行できなかった進歩的な教育を日本で実行しようとしました。だけど、そんな理想論者たちですらまだ細かいことまでは急にはできないと言ったので、シロタさんが原案をほとんど引っ込めて、原則だけの男女平等にとどまったんです。

日本の考え方はまだ古いですよ。それこそ、男尊女卑的な思想がずっと根強く残っています。九州は特にひどいのよね。男女平等は一足飛びにはなかなかゆかなかったけど、原則ができたということは非常によかった。私が福岡女子大に来たときは、主な大学はもうどこも男女共学になっていたのよね。ほとんどの大学はすでに女子にも開放されていたんだけどね、福岡女子大の学生たちに聞いてみると、やっぱり「親が許さなかったので女子大に来た」という人たちが割に多かった。「本当は九大に行きたかった」と言う学生が非常に多かった。親が反対するから、そもそも九大は受けられなかったんです。だから、「共学じゃなくて女子大だけど、それでも行きたいというので来た」という学生が多かった。万事そんな調子だったですね。

私は福岡女子大に着任したとき、この大学は女子の大学だから女性の問題を扱う必要があると考えたのね。当時は「女性学」という言葉はなかったから、「婦人問題」という講座を設けてほしいと教授会で言ったんです。だけど、何度言っても通らないのよ。ある先生なんかは、「秋枝先生がそういうことを考えるのは勝手だけど、そのとばっちりを僕らに及ぼさないでほしい」と言ったんです。

結局、私が来て間もなくの頃から私がそれをしょっちゅう言っていて、実現したのは私の定年退職の三年前。それぐらい時間がかかったんです。でも、やっぱり国際婦人年の後、だんだん世界的に考え方が変わってきたことが、大きな背景としてありますね。

とにかく努力しないと、何も変わりません。今までどおりの方が特に男の人にとっては楽だからね。福岡女子大はそういうふうになってしまっていたので、私は折にふれて発言しなくちゃいけないなと思って、そうしていたのよ。そのために、私はしょっちゅう女子大で、「秋枝先生は男女平等論者で生意気だ」と言われていたんです。ある親睦会のときにある男の先生が酔っぱらって私に、「一度あなたを泣かせてみたい」と言った。そして、「男がいかに強いかということを実感させてみたい」と言ったのよ。私が「まだそんなこと言う人を私は一番軽蔑する」と言ったら、その人はしゅんとなったけどね。翌日、その人が「夕べお酒の上で何か失礼なこと言ったそうですけど、覚えていません」と、お詫びに来たのよ。詫びるぐらいなら言わなきゃいい。だけど、本当はわかっているのよ。酒の勢いで言ったとしても、その頃はまだそういう時代だったのね。

だけど、状況は少しずつ変わったのよ。それで、私にはいろいろな体験があるのだけど、時々婦人会や父母会に頼まれて話をしたこともあるんです。昔は「父兄会」と言ったように、父兄会という言葉自体が昔の考え方を表していますね。今は「父母会」と言うでしょ。それはそれで進歩なんだけど、その父母会に行くと、来ているのはお母さんたちがほとんど。会長、副会長など、役員だけが男なのよ。

それで、私はあるとき、誰が言ったかは忘れたけど、外国の人の言葉で「家庭の知的レベルは、夫と妻のうちの低い方で定まる」というのを紹介したんです。「どんなに夫が偉くて能力があって高い地位を持っていても、奥さんのレベルが低かったら、その家庭全体のレベルは奥さんのレベルですよ」と言って、そういう話をしたんです。そしたら、聞いていたお母さんたちはみんな頷いていたんだけど、ひょいと横を見たら、会長、副会長とか、役員の男の人たちや、それからまた、女の人でも役員になっている場合があるんだけど、そんな人たちはみんな渋い顔をしていたのよ。私は当て付けで言ったわけじゃなくて、一般論として話したんだけど、当て付けととられたらしくて、会が終わってから本当に渋い顔をされちゃったんです。まだ、そういう感じだったですね。

――家庭のレベルが夫と妻の低い方で決まるというのは言い得て妙ですが、男の方が低いということもありえないでしょうか。

そういうこともありえるけど、普通は女の方が低いですよ。なぜかといったら、今は変わってきているけど、家庭の中ではまだまだワンマンの亭主が多かったでしょ。だから、奥さんの意見というのは最後になったら、ばんと亭主からたたかれたのよ。そうなったら、もう奥さんは何も言えない。それで、ちょっとおもしろい話があるのよ。このホームにいる女の人たちの中には、昔の女子大とか専門学校を出た人たちがいて、その人たちから聞いたのね。やっぱり、たいていの夫はうちへ帰れば亭主関白だって。だから、そのときは「夫に逆らわず、にっこり笑って従わず」。それで通してきたんだって。「うまいことするね」と私は言ったんだけどね。

――それをお聞きしますと、ますます女性の方が上のような気がします。

面と向かって逆らったら、亭主が逆上する場合があるでしょ。だから「はい、はい」と言っておいて、だけど実際は何もしないんです。「逆らわず、にっこり笑って従わず」って、うまいことしているなと私は思ったんです。残念ながら、そういったような現状ではあるのですよ。

――亭主関白にしろ、男尊女卑にしろ、女性問題にしろ、全部が同じ問題であるようにも考えられます。要するに、男女平等が実現されていないという問題です。男女が協力し合って生活していくような形ができていないことがそもそもの問題ではないでしょうか。

たしかに、そうですね。それと私はもう一つ、これは女だけの問題じゃなくて、むしろ男の方がかわいそうだと思うんですが、今の平和憲法、男女平等憲法ができてから十年もたたない頃の話です。昭和二十年に終戦になったわけでしょ。その翌年に憲法ができたけど、昭和二十五年に朝鮮戦争が起こったでしょ。それで、急に日本が軍需景気に沸いた。その頃、経団連の教育問題委員会から要望書が出されたんです。つまり、男たちが後顧の憂いなく職場で働けるように、家庭は女に守ってもらいたい。だから、男向けの教育内容と女向けの教育内容を別にしてほしい。女には家庭の主婦としてふさわしいような教育をしてほしい。そしたら、これを受けた中教審がやっぱりそれに沿って政策を進めたんです。

――それは性別役割分業の考え方ですね。

そうです。その考え方から、それまで家庭科が男女共修だったのが、女子は家庭科をとることが望ましく、男子はその間に職業課程にふさわしいこととか、あるいは体育とかを行うというふうに、どんどん分かれていったんです。一遍に分かれるとショックが大きいので、だんだんと三段跳びをして、最後は昭和四十八年に女子のみの必修になったのです。女子が家庭科を勉強している時間、裏番組で男子は大学受験のための数学とか理科とか、あるいは体育とか、そういうのを勉強した。だけど、それから五年たって、一九八〇年に高橋展子駐デンマーク大使が「女子に対するあらゆる形態の差別の撤廃に関する条約」に署名しました。だから、教育内容をはじめ、何もかも男女別にしてはいけないということになったんです。

それでも文部省は、それは差別じゃなくて区別だと言い張ったのです。だけど、「国際的には、そんなのは通らない」と言われたので、文部省の方も選択科目にしちゃったのよ。だから、とってもとらなくてもいい。それで、福岡女子大なんかを受ける人たちは、家庭科を全然学んでこなかったという人が多かったんです。だけど、私は家庭科というのは必要な科目だと思いますよ。男女ともに必要な科目で、単に手先の技術の問題じゃなくて、家庭とはどういうものかとか、家庭の中の人間関係とはどういうものかとか、そういう社会に対する家庭の責任の問題を教えるべきですね。そうなると、男女別にする必要はないのよ。

私が福岡女子大に勤めていたときに、少年院や少女苑に入っている人たちの調査をして、その結果を『教育と医学』という雑誌に載せたことがあるんです。少年院や少女苑だけじゃなくて、同年齢層の中学生と高校生を公立も私立も全部調査しました。そのときに、「家庭の中で、何か非常に嫌悪を感じる人がいますか。いたら誰ですか」という質問項目があったんです。そしたら、「ぞっとするほど嫌悪を感じる人がいる」という選択肢があって、その一位が父親と出たのよ。ただ、少女苑に入っている人だけ一位が母親で、僅差で二位に父親が出ましたけどね。他は全部、少年院でも普通の家庭でも、公立と私立の男子でも女子でも、ぞっとするほどの嫌悪の対象は父親になっているのよ。

やっぱり、父親との対話がほとんどないことが調査でわかったんです。それである日、PTAで話を頼まれたときに、その話をしたのね。もっと父親が子どもたちと話せる家庭に変えていく必要がある。それには、今の日本の労働時間は長過ぎるから時間短縮を図る。そういうことは、男の人にとってもプラスになるでしょ。せっかく妻子のために汗水垂らして、時には過労死寸前まで働いているのに、父親がうちの中で一番嫌いな存在だとされている。私はちょっと同情している。そんな話をしたのね。そのときに男の会長と副会長が横にずっといたけど、顔色を変えましたよ。そして、その会長から、「今度は父親を集めますから、また話をしてください」と言われましたね。

私はその頃、福岡県の青少年問題協議会などの委員もしていたから、そんなときにも同じような話をして、やっぱり父親がもっと家庭に入って、家族で子どもたちと話す時間を持てるようにしないと、これは将来、非常に危険なことになると言ったんです。そしたら、ある男性委員が手を挙げて、すっと立って、「それは母親が悪い」と言った。「子どもと一緒になって父親の悪口ばっかり言うから、子どもが父親を嫌悪するようになるんだ」と言った。それも一理あるかもしれないと、私は一応認めた。だけど、「あなたは父親として、夫婦の間で自分を正しく理解してもらえるように、ちゃんと意思疎通ができていますか」と私は聞いたのよ。その男性委員が返答をしなかったので、さらに「うちに帰って、『メシ、風呂、寝る』だけじゃあ、母親がどんな考えを持っているか、子どもたちがどんな考えを持っているか、話すチャンスがないじゃありませんか。それをみんな妻が悪いと言うのはおかしい」と私は言ったのね。そしたら、その男性委員は黙ってしまった。

だから、そういうふうに男の方もかわいそうなのよ。妻や子どもたちのために一生懸命働いて、その上嫌われてね。そしたら、父親たちだってやるせないと思いますよ。その頃だったと思うけど、前にも話したようにＢＰＷの国際会議がアルゼンチンのブエノスアイレスで開催され、私は日本代表となっていたのです。

――それは何年頃ですか。いわゆる高度経済成長の時期でしょうか。

一九七四年です。会議ではたくさんの決議が出たのですけど、その中の一つとして、子どもが生まれたら、小学校に入る前の幼稚園のときから、将来は家庭の責任と社会の責任の両方を担うものだということを男女ともに等しく教えることという決議案が、満場一致で通りました。だけど、その話を帰って報告しても、日本ではちっとも反応がなかったのね。だから、なかなか一朝一夕にそういう思想というのは変わらないけど、やっぱり繰り返し繰り返し、そういう話をする必要がありますよ。私はもともと理系の人間で物理をしたかったんだけど、それをしないで男女平等の社会を実現するための仕事、女性解放の仕事をしようと思ったのね。そのために先進国の女性たちの生活とか歴史を見てみようというので、最終的には戦前の東北大の西洋史に入ったんです。

東北大では、「女性史に興味のあるやつはいないから、勝手にやれ」と突っぱねられたので、とにかく一人でぼちぼちとやってきたのですけどね。とにかく日本の社会というのは、特に九州あたりでは、根強く男尊女卑の意識がある。それが、一見もっともなように使われるのよ。男は社会に出て働いて、家庭は女が守る。良妻賢母型というのが理想のようにされているでしょ。今だって、ちょっと保守系の人たちはみんなそうでしょ。

——革新系もじゃないでしょうか。男尊女卑の上下の差別、つまり新憲法ができるまでの差別は比較的よく理解されていますが、性別役割から生まれてくる差別については、なかなか理解されていません。

昨日、私はとてもおもしろいテレビ番組を見たんです。伊丹十三さんと宮本信子さんの夫婦の様子が紹介されていたのね。伊丹さんは宮本さんの才能を非常に買っていた。だけど、うちでは完璧な亭主関白。自分はあまり働かない。宮本さんの方は、朝早くから子どもの世話、夫の世話、もうくるくる回って忙しく働いている。子どもに対しても厳しいけど、おもしろい。それなりに個性があるからね。だから、普通の物差しで測れない人ではあるけどね。だけど、そういう状態の中でも伊丹さんは彼女に「仕事をしろ」と言った。宮本さんが「こんなに忙しいのに、そんなことはできない」と言ったら、伊丹さんは「適当にやって、子どもが多少は手が離れたぐらいからまた女優の仕事をやればいい」と言った。だから、伊丹さんは宮本さんの才能をちゃんと認めていたのね。

むしろ初めは、宮本さんの方がどんどん仕事をしていたのよ。伊丹さんの方は、五十一歳になって初めて監督をやった。それが「お葬式」という映画。奥さんのお父さんのお葬式をテーマにして、一挙にデビューして、たくさんの賞をとった。一種の天才肌よね。それはそうだけど、伊丹さんでも頭の中で理解はしていても亭主関白というのはなかなか抜けないのね。

——興味深いお話ですね。では、男はなぜ亭主関白になるのでしょうか。あるいは、男尊女卑はなぜ根深いのでしょうか。

それは、やっぱり男が経済力を持っているからですね。女は経済力を持ってないから、逃げ出したくたって逃げられない。私がまだ福岡女子大で勤め始めた頃に、家庭裁判所の調停員をなさった方々に会ってお話をお聞きしたことがあるのよ。それは大学の女の先生でしたけどね。そしたら、その人が言うには、「こんな亭主なんかとは別れてしまいなさい」という言葉が喉まで出かかるけど、別れたって女には生活力がない。資格もなければ何もない。結局は、路頭に迷うか、転落するだけ。だから、「もう一度我慢しなさい。もう一度できるだけ家庭をもとに戻すように努力しなさい」というような結論しか言えなくて、後味が悪くてしようがなかったそうです。

そしたら、二つだけ胸のすくケースがあった。そういうケースはだいたいお定まりで、男が女をつくって家庭を顧みないケースなのね。この二つのケースでも、やっぱり男が女をつくって離婚。女の方から離婚を申し出たわけなんだけど、その離婚は条件としては十分成り立つから、慰謝料の話になったんだって。そしたら、一つ目のケースなんだけど、男が何のかんのとけちって慰謝料を出すまいとしたんだって。そういうことでこじれかけたとき、奥さんの方がすっと立って、亭主のところへつかつかと行って、亭主の両頬をびんたした。往復びんたをして、「これが慰謝料の代わりです」と言った。その男は相当大きな男だったのですが、その男の体が揺れて倒れそうになるぐらい渾身の力を入れて、往復びんたをした。それが慰謝料の代わり。奥さんの方は美容院をやっていて、生活力を持っていた。だから別れることができたのよ。

もう一つのケースも、奥さんが仕事を持っていたケースだったのだけど、やっぱり男がぐじゃぐじゃ言った。そして、慰謝料の話になった。男の方が悪くて、女をつくって家庭を顧みなかった。だから、男の方が慰謝料を出すと調停員が決めた。だけど、男がまたぐずぐず言って、出すまい、出すまいとした。そしたら、女の方が小切手帳を出して、「こんな男には私の方から手切れ金を出してやります」と言って、小切手に金額を書いた。調停員がびっくりして、「あなたは被害者だから、もらう方ですよ。出す方じゃありません」と言ったけど、女は「こんな男は、手切れ金をこっちから出してでも追い出してやります」って。そして、その男はその手切れ金をもらったって。そんな最低の男だったんです。自分が悪いのに、さらに手切れ金までもらってね。だけど、女の方は「これで胸がすかっとしました。

こんな男は手切れ金を出してでも別れてやります」と言ったんだって。

その二回だけは胸がすいたそうです。両方とも、女に経済力があったから、それができた。女に経済力がないと、悔しくても我慢せざるをえない。だから、これからの女性は手に職を持つか、何かの能力を持っていないといけませんね。

――男尊女卑の問題で、特に九州はひどいという話がありました。ということは、やっぱり九州の女性が経済的に自立していないケースが多いということになりますか。

それはそうですね。それに昔から、明治の前までは国民の九十%以上は農村人口なんです。さらに、農村でも特に女は無学者でしょ。たとえば、松平定信という有名な老中がいたでしょ。あの人自身は学問もあったし、自分のところの藩の侍たちには学問を奨励した。ところが、藩の中の女性に対しては、「女はすべて文盲なるをよしとす」と、女向けの家訓書の如きものに書いてあるのよ。「女に才能あると害をなす。女は仮名ぐらい読めて自分の名前が書ければそれでたくさんで、学問なんかは決して要らぬ。ただ和順を心がけるべし」。そういう書を藩中の女性たちに出しているのよ。だから、自分自身は学問もあり、名君と言われた老中だった人でも、そんな程度の認識しかなかった。

福岡藩士だった貝原益軒が書いたとも言われる「女大学」には、「とにかく女は天に従うにあり」と書かれています。女は夫を天と思って従えというわけね。だけど、もっとおもしろいことがあるんです。女は誰よりも早く起きて家のご飯の支度などをして、そして誰よりも遅くまで仕事をしてから寝ろ。昼は昼寝もしちゃいけない。そして、励めというわけ。ひどい話ですが、ほら、さだまさしがたんですよ。

「亭主関白」ということで、これを少しもじって歌にしたでしょ。この歌が案外、福岡では支持され

――さだまさしは、長崎の人ですね。

そうそう。あの人自身はとても苦労した人だから、そうじゃないんだけどね。だけど、そういうのが受けるのよ。つまり、受ける背景があるのよ。男にとっては、こんな楽なことはないでしょ。男は外では苦しいだろうけど、うちでは何もかも全部奥さんに任せちゃった方がいい。たしかに「男は仕事、女は家庭」というのも、場合によってはある種の分業だから仕方がないかもしれないけど、昔のように何でも手でやるとなると、とても大変ですよ。

ところが、今はスイッチ一つで何でもできるでしょ。だから、今だったら私でも両立できますよ。ところが、今の人は両立できる環境があるのに、楽だからという理由で「専業主婦になりたい」と言う。

――秋枝先生ご自身は東京の様子や仙台の様子を体験なさっていますけれども、東京や東北と比べても九州の状況はやっぱりひどいのでしょうか。

東北もやっぱりひどいですよ。特に農家なんかは、とてもひどいですね。私が援農に行ったところは中堅ぐらいの農家だったけどね、奥さんが四人目とか五人目なんていうことがあったのよ。そこの亭主がよっぽどひどい亭主かというと、そうじゃないのね。結構優しい普通の男なのよ。なぜかと言ったら、やっぱり農家では、家事とか育児、全部奥さんがやった上で野良にも行って働かなくちゃだめ

だからね。午前中に働いて、一旦お昼頃に帰ってくるでしょ。そうすると、奥さんの方はお昼の支度なんかをしてとても忙しいんだけど、亭主の方はさんざん食べてひっくり返って昼寝をしているのよ。亭主が昼寝をしている間に奥さんの方は、おしめを替えたり、洗濯をしたり、いろんなことをしなくちゃいけなくて、まったく昼休みがない。そしてまた午後も、亭主と一緒に野良に行くのよ。夕方は奥さんの方はちょっと早目に帰るけど、それからまた夜の支度をして、子どもにお乳をやって、洗濯、おしめ替えとか、いろんなことをみんな奥さんがやるのね。だから、これはさだまさしの歌や「女大学」と同じですよ。

女は亭主がまだ寝ているうちから起きて働いて、そして亭主が昼寝しているときも働いて、そして夜は一番遅くまで繕い物をしたりして、何かしなきゃいけないでしょ。だから、体がもたなくて次々に死んじゃうんだって。ところが、外から小作人を雇うと給料を出さなきゃならないでしょ。だから、家内労働でやらなくちゃいけないから、一人死んだらまた次の、できるだけ体の丈夫そうな女をもらうんだって。そういう理由で、三人目とか四人目の奥さんというのはざらだったんです。

——とてもひどい仕打ちですね。女性はただ耐えるしかなかったのでしょうか。

そうね。だけど、前にも話したと思うけれど、私が東北から九州へ来るときに、東北の友人たちから言われたのよ。「九州の女は火の国の女といって、みんな気性が強いから、うっかりするとやり込められるから負けるなよ。覚悟して行け」ってね。でも来てみたら、実際はそうでもなかった。福岡女子大での最初の授業の後で、私が「今日の感想や質問があったらしてください」と言ったら、みんな黙ってしんとしている。それでこっちは気が抜けちゃって。何か質問なり不満なりが出ると思っていたからね。

でも、授業の後で五、六人の学生が私の研究室まで私を追いかけてきて、「私たちは人前で意見を述べる訓練をされていないから、言いたくても言えません」と言うのよ。今から思うと、みんなとても優秀な学生だったけどね。そのときに、学生たちから読書会か何かをして、意見を述べる訓練をするチャンスをつくってくれと言われたのがきっかけで、私はディスカッションクラスをするようになったんです。ディスカッションの訓練をすると、人前で意見を述べる能力は育つのよ。以前に、テレビ局が取材に来たときの話をしたでしょ。

——はい、お聞きしました。

取材に来たと言っても、それは突然ですよ。だから私も学生も、誰もそのことを知らなかった。何の前ぶれもなかった。だけど、学生たちは何ら臆することなくディスカッションをやったので、テレビ局の人たちがびっくりされた。「女子大なんて花嫁学校よりちょっとましなものぐらいだと思っていましたが、女子大観が変わりました」と言われたんですよ。

ディスカッションクラスでは、私は「あなたたちの生活の中で関心のあるものは何でもいいから取り上げなさい」と言っていました。それはそれでおもしろかった。おもしろい授業だったし、私にとってもおもしろかった。学生たちが今どんなことを考えているかがわかりますからね。

——秋枝先生は、ディスカッションクラスで学生たちにどんなことをおっしゃっていたのでしょうか。

それは、次の時代の女性たちに門戸が閉ざされるようなことをしてはいけないということです。私の大学時代の体験から、「だからもう女は採らない」と言わせないようにしなければいけません。後に続く女性に私たちの言動が影響を及ぼすということを、いつも考えるようにと言っていました。

それから、何かを自分がするためには、本人が自立してなかったら何もできないということです。自立とは、経済的自立と精神的自立と生活的自立。この三つが相まって初めて「自立している」と言えます。女の場合は、前の二つが弱い。だけど男は、最後の生活的自立が弱い。だから、どっちも欠陥人間。この三つを兼ね備えて初めて、人間は「自立している」と言えるんです。ただ、この話はいつでもどこでもしているんですけどね。

——秋枝先生がお考えになる女性の精神的自立とは、どんなことでしょうか。どんな精神を持った女性が自立していると言えるのでしょうか。自分で稼いで、自分で生活を整えるという部分はイメージしやすいのですが、精神的自立とは具体的にはどんなことでしょうか。

精神的自立というのは、結局は自分の意見を持つということですよ。何かあったときに、偉い人にご意見を伺うことはいいんだけど、日本の女性はほとんどが、結婚すれば夫に意見を聞く。娘時代は父親のいいなりになる。いつも人の意見を聞いているでしょ。だけど、やっぱり自分の意見を持つということが重要なのね。たとえ途中で間違って訂正することがあっても、自分の意見を持って自立できるだけの力が女性にも必要です。何でも「あなたどう思う」なんて聞くんじゃなくて、自分がちゃんと意見を持つことです。それと、生活的に一人で生きていけるということよ。衣食住ね。いつもしなくったっていいのだけど、いざとなったらそれができるだけの力は身につけておくべきです。この三つができていないと、「自立している」と本当は言えませんよ。

――車でどこかへドライブに行くという例で言うと、経済的自立というのは車を買ってガソリンを入れること。生活的自立というのは運転などのいろいろな技術のこと。問題は、じゃあ、どこへ行くのか、何をするのかということではないかと思います。それが精神的自立ではないでしょうか。

そんなふうに言えるかもしれませんね。

――私は今日は何を食べるか、何を着るかから始まって、どんな日本の国をつくっていくか、どんな世界を夢見るかまで、精神的自立はとても幅が広いと思います。身の回りのことだけなら精神的にも自立しているけれども、政治のことは語れない。そのような点が課題ではないでしょうか。

私は若い頃、何をするにしても不器用だったから、仕事と家庭を両立させることはできないと思ったんです。殊に、相手と私の考え方、思想の根本が違っていたら、どんなに素敵な人でも、私は結婚する気はなかった。精神的な部分が百％一致しなければとまでは言わないけど、一番基本の精神が同じ傾向じゃなかったら、一緒に生活するのは難しいんじゃないのかしら。

――普通だったら、「惜しい」と思うのではないでしょうか。一番大事なものは何かということを秋枝先生はいつも見ていらっしゃったのですね。

だけどそれはね、私が子どもの頃から、情に負けないように自分で自分を訓練していたからなのよ。

昔から私は「強情っ張りな女の子だ」と言われていたんだけど、私が情に負けないようにしようとしたのは、私が二歳か三歳のときに、二歳上の兄と同時に「はしか」にかかった頃からなのよ。はしかにかかって、二人で並んで寝ていたのね。兄は素直で優しいからお薬を、その頃の子どもの薬というのは甘い水薬みたいなものだったけどね、それを兄は素直に飲んだんだって。ところが、私は「こんなお薬を飲んでもよくならない」と言い張った。「絶対に飲まない」と言った。おどされても、すかされても、がんとして飲まなかった。前に一度飲んだときに効かなかったというのが理由だった。

　母が困っていたら、隣で寝ていた兄の方が泣き出して、私に「これを飲まなかったら死ぬよ。死んだら僕が悲しいよ」と言った。兄の方が泣き出したら、それまでがんとして飲まなかった私ががばっと起きて、枕許にあった水薬をがぶがぶと飲んじゃって、布団をかぶって寝ちゃった。それで母は、いかに兄が優しくて、いかに私が理屈っぽくって強情っ張りだったかという例に、この出来事をいつも出していたのよ。だけど、それを聞くたびに、私は違った意味でショックを受けていたのね。

　それはどういう意味かと言ったら、理屈とかおどしとかには私は絶対に負けないけど、情に訴えられたら負けるということです。将来、情で迫ってこられたときに折れたら後悔するだろうから、絶対に情に負けない人間になろうと思って私は自分で努力したのよ。そしたら、女学校の五年生のときの物理の先生が、「日本の女の人は意志が弱く、情にもろく、理性に乏しい」という話をよくされた。その先生が、「だけど、秋枝君は理性が強過ぎる」と言われたのね。このことは忘れられないけど、そのときは「人の気も知らないで。私は一生懸命自分で将来、情にほだされないように努力しているのに」と思ったけどね。ともかく、私は小さいときから、情に負けない人間になる努力をしていたんです。

——秋枝先生が実際に薬を飲まれたのは二歳か三歳かの頃ですよね。お母様からそのエピソードをお聞きになって、「自分は情に負ける人間になってはいけない」とはっきり意識なさったのは何歳くらいの頃でしょうか。

小学校の上級か、女学校の初めぐらいか。そこら辺の年齢ですね。そういうことがあったので、私はすごく理屈っぽい女で、かわいげのない女ということになっちゃったのよ。だけど、私は女子大でよく学生に言っていたんです。「本当に蓼食う虫も好き好きで、女らしくもない女でもプロポーズされることもあるんだから、何も心配することはないよ」ってね。私の経験では、何歳になっても適齢期というのはあるんです。

ただね、女もやっぱり自立していないといけないのよ。経済的自立と生活的自立ももちろん大切だけど、一番大切なのは精神的自立ですね。というのは、経済的自立は倹約して切り詰めれば何とかできるでしょ。生活的自立だってある程度なら手抜きもできるからね。だけど、精神的自立では、やっぱり自分が一番大切に思っていることで妥協をしちゃいけませんよ。

——精神的自立というのは突然できるものではないですよね。

それはそうです。小さいときから努力しないといけません。特に女は精神的自立が弱いですね。男の場合は、精神的自立と経済的自立は女性に比べるといいけど、男が駄目なのは生活的自立でしょ。だけど、こんなのはする気になったらすぐにできるようになる。

——そうですね。ある程度なら、突然できるようになりますよね。

そして今は、でき合いの食べ物があるし、スイッチ一つでできる便利なものもある。昔とはまったく違いますよ。だけど、私はこの生活的自立が下手なのね。食べるのは好きだから、お料理の方はいいんだけど、片づけが駄目なのよ。それで、今でも四苦八苦しているんです。もう二十年以上のがらくたがいっぱいあるのよ。その上、私は戦中派でしょ。何でも「もったいない、もったいない」ととっていますからね。

──今、秋枝先生は戦中派とおっしゃいましたが、そのことと男女平等には何か関係があるのでしょうか。

もちろん、それはありますよ。戦争で焼け野原になったり、毎晩のように防空壕に逃げたり、そんなことをしているときに、社会的な問題についてしゃべることなんて、とてもできません。生活だってできないし、経済だって無茶苦茶。軍需産業の人たちは儲けているけど、一般の人にはお米だって何ヵ月も配給にならない。配給になっても、コーリャン（モロコシ）か何かでしょ。だから、やっぱり人間らしい生活ができるには、平和でなければいけないんです。平和を脅かすものは戦争でしょ。私はそれを嫌というほど見てきましたよ。私の仲間たちでも、死んだ人がたくさんいます。第一ね、皆さんは知っているかな。昭和二十年、戦争末期のときの日本の男女の平均年齢が何歳か。男性は二十三・九歳で、女性は三十七・五歳ですよ。

──衝撃的な数字です。

ほとんどの人は知らないのね。その数字は、厚生省の公式発表の数字なんです。だけど、その発表は戦後間もなくの頃で、その後の政治的な動きとともに、ぴたっと発表されなくなったのよ。「あれは特殊な時代だから省きます」ということになったのね。それから、戦争中の日本は、国家予算のほとんどを軍事費に使っていたのよ。

――第二次世界大戦末期の日本の軍事費は、国家予算の八十五％強に達していたようです。

そうです。当時、私の父が経済新聞のデスクで、それを批判したら、その新聞は発禁になったのよ。だからというわけじゃないけど、私も絶対に戦争で国民の生活や文化を滅茶苦茶にしてはいけないと思うんです。もう何かもが破壊されたでしょ。結果は、焼け野原。後になって私がスウェーデンに行ったときに、スウェーデンの社会福祉が発達していることの理由を聞いたら、担当の人がこう言ったのよ。「スウェーデンは、最近二百年間、戦争に巻き込まれていない。他のスカンジナビアの国々は戦争をしたけど、スウェーデンだけはしていない。スウェーデンにも軍隊はある。軍隊はあるけど、第一次世界大戦にも第二次世界大戦にも参戦しなかった。だから、軍事費を社会福祉に回せた」ってね。

戦争なんていうのは、物だけじゃなくて人間も消耗するでしょ。戦争ほど消耗するものはない。戦争ほどロスなことはない。だから、絶対に反対。最悪の、最低の人間のやることが戦争。だけど、攻め込まれたときの自衛は仕方がない。でも、自分の方から攻めていくとか、そういうきっかけをつくるとかは、以ての外。戦後の日本国憲法は絶対に守らなくちゃいけません。私はずっと「九条を守る女性の会」のメンバーですよ。

――ノルウェーの政治学者のヨハン・ガルトゥングは、戦争のない状態である「消極的平和」だけでなく、貧困や抑圧や差別などの構造的暴力がない状態である「積極的平和」というものを唱えています。その意味では、今まで日本が平和であったことは一度もありません。絶えず人権が侵害されてきました。あらゆる差別がなくなったときに、平和が実現されたと言えるのではないでしょうか。

それはそうです。私も理想論としてはそうだと思います。だって、差別がある間は闘いがあるわけでしょ。だけど、あらゆるものが平等というのは、そう簡単にはいかないでしょうね。もしかしたら、そんな時代は永遠に来ないかもしれません。

――それにもかかわらず、そんな時代が来るように努力しなければならないのではないでしょうか。

それはそうです。だから、せめて国と国との戦争がないようにね。戦後約七十年の間に、戦争で日本人は一人も死ななかった。戦時中は三百万人くらい死んだと言われていますよ。今は厳密な意味では平和ではないのかもしれませんが、戦時中に比べれば平和ですよ。

――日本国憲法の前文の最後の文には、「日本国民は、国家の名誉にかけ、全力をあげてこの崇高な理想と目的を達成することを誓ふ」と書かれています。

それはもちろん理想論だけど、人間は理想に向かっていかなかったらいけませんよ。だから、人間はやっぱり将来に虹をかけるような生き方をしないといけません。そうじゃないとね、絶望しますよ。今の社会では、日本だけじゃなくて他の国でも、とてもひどい事件がいっぱい起きているじゃないの。この間だって、十五歳の女の子が学校から帰る途中で銃撃されましたね。

――パキスタンでの事件ですね。銃撃後約九ヵ月経った二〇一三年七月十二日に、傷が癒えたマララ・ユスフザイさんは国連本部で演説し、「一人の子ども、一人の教師、一冊の本、そして一本のペンで世界を変えられます。教育だけがただ一つの解決策です。エデュケーション・ファースト」と訴えました。

おそらく、そのとおりでしょうね。ひどい世界を何とかしなければなりません。

――たとえばポスターの標語などで、「平和を守る」と書かれていますが、「平和をつくる」という方が本当ではないでしょうか。

それはそうだけど、あんまり厳密に言ったら、「どうせそんなことできっこない」ってなりかねませんよ。

――しかし、秋枝先生のご活躍ぶりを拝見していますと、先生の考え方は積極的平和論に近いように思われますが。

私は、理想が大事だと思いますよ。たとえば「家庭内平和」という言葉があるでしょ。それだって厳密に言えば「平和」じゃないけど、本当の平和を求めていく努力をすることが大事なんです。よく言うじゃない。「理想は永遠に遁走する獲物である」ってね。それはそうなのよ。だからって、理想を追っても無駄ではない。理想は永遠に遁走するけど、やっぱり理想を追っていかなくちゃいけないと私は思っていますね。

――理想を追求するには、エネルギーが必要ですよね。そのエネルギーは、やはり戦争体験から来る平和の希求ではないでしょうか。最近の新聞でも報じられていましたが、戦争を語り継ぎながら平和運動をしている人たちがだんだん減ってきています。いずれ近いうちに、戦争を知らない人たちだけになってしまいます。しかも、つねられて痛いという痛さは、やはり経験しないとわからないのではないかという問題もあります。

経験を語り継いでいくことだけによって、本当の意味での平和をつくれるのでしょうか。修学旅行で広島や長崎の原爆資料館に行って涙を流した子どもたちが、帰ってきたら「いじめ」をしているという現実があります。

それは難しいわね。だけど、繰り返し繰り返し取り組まないといけないでしょうね。たしかに、実際に体験した人と伝え聞いた人では、温度差がありますね。だけど、それは仕方がない。それからまた逆に、実際に体験した人の中には、もう二度とその体験を思い出したくないという人もたくさんいますよ。たとえば、日中戦争のときの残虐な行為を思い出したくないというような人がいます。あれは一九七七年だったと思うんだけど、日本の大学の先生が十六人招かれて中国に行ったのよ。そのときに、女性の先生も一人はいないといけないというので、私が行くように言われたんです。その一行に、京都大学の歴史の先生がいたのね。向こうに行ったら、まだ混乱状態だったのよ。

――文化大革命の影響ですね。

そう。文化大革命がちょうど終わった頃で、四人組が捕まった直後だったのよ。だから、行った先々はたしかに混乱していたけど、どこに行ってもみんなが私たちを熱烈歓迎してくれたんです。私たち十六人がバスで着くと、通りすがりの人たちが私たちを見て、「ポンユー（朋友）だ。日本のポンユーだ」と言ったのよ。そしたら、その京大の先生が「信じられない。自分たちは戦争のときにひどいことをやった。だから、ポンユーというのは口先だけで、腹の中は煮えくり返っているんじゃないか」と言ったんです。

私たちはいろいろなところに行ったんだけど、幼稚園みたいなところにも行ったのよ。そうしたら、子どもたちが飛んできて、私たちの手にぶら下がって熱烈歓迎してくれたのね。そのとき、その京大の先生が「自分が恥ずかしくなった」と言った。「大人が自分の本心を隠してポンユーと言うのはありえる。そういうふうに言えと強いられているのかもしれない。だけど、子どもにまで強いているとは考えられない。子どもたちには、戦争は一部の軍などの人たちだけが起こしたもので、一般の日本人は友だちなんだということを戦後は徹底して教えていたんではないか。そのことを最後まで疑っていた自分の心の方が恥ずかしい」と彼は言った。

戦争中、彼は海軍に入っていたんだって。海軍でも陸戦隊で、上陸作戦で地上戦をするのが役目。最初の出動のときに、上官から「三光作戦」ということを言われたって。「三つの光」と書くのね。殺し尽くし、奪い尽くし、焼き尽くす。この三つが三光。陸戦隊というのは過酷な役目です。上陸作戦で最初に行くんだからね。だけど、行きさえしたら、殺しても奪っても焼いても構わなかった。実際にそういうことをやったと言うのね。だから、それを知っている京大の先生は、向こうの人たちにはそれを経験した人たちがまだいっぱい残っているんだから、日本人を見て「ポンユー」と言えるはずがないと言ったのよ。もしかしたら、それは無理に「ポンユー」と言ったのかもしれません。だけど子どもたちが飛んできて、手にぶら下がって熱烈歓迎してくれたのは無理にではなかったと私には思えるんです。

でも、やっぱり実際にそうした経験のある人は、かえってそのことを思い出したくないんだってよ。

私が知っている人でもそうですね。「聖人」と仲間から言われていた人が、向こうに行ったら「試し斬り」だと言って、何の罪もない人を軍刀で斬ったんだって。あんな聖人と言われていた人でも、残虐な行為をした。とにかく、異常な心理状態にならなかったら戦争なんてできない。まともな神経だったらできない。だから、その人を責めるわけにもいかないんだけど、その人自身も思い出したくないって。それで、何も言いたくなかった。今になってやっと、もう死ぬ前に話しておかなくちゃならないと思い始めたのよ。だって、「戦争のできる普通の国にしたい」なんて言う政治家たちがたくさん出てきているでしょ。それで、今になって口を開き始めた人たちが出てきているのよ。

戦争の体験者がみんな黙ったまま死んでしまったら、後の人たちは本当のことがますますわからなくなります。相当のインテリだってそうですよ。「日本がアメリカと戦争していたなんて信じられない」と言っている人がいるんだって。だから、やっぱり伝えておかないといけないことがいろいろとあるのよね。

――今日は、秋枝先生から「後に続く女性たちへ」ということで、メッセージを頂戴してきました。最初のテーマは「次代の女性たちのために門戸を閉ざすな」、二つ目は「まず自身の自主性の確立を」、三つ目は「男女平等文化創出の基盤は反戦・平和」でした。いよいよ最後のテーマになります。「人生は順調ではない。挫折・失敗のときの心構えを用意すること」というテーマですが、これは具体的にはどういうことでしょうか。

これはですね、自分が何か失敗したときのために、昔からの諺とか金言とか、あるいは本で読んだ言葉とか、そういうものをできるだけたくさんストックして置いておくということです。たとえば、「渡る世間に鬼はなし」でもいいし、「捨てる神あれば拾う神あり」でもいい。いろいろな言葉を知っているとね、とことんまで落ち込まないですむのよ。

――人生には挫折や失敗が必ず来るわけですが、それに備えてどんな諺や金言を用意しているかということで、その人の人となりが決まっていくように思われますが。

そういうことも、あるかもしれませんね。

――「人生は順調ではない」という命題についてですが、人生が順調なのか順調でないのかということは、他人が決めることじゃなくて、自分自身で決めるべきことなのではないでしょうか。

それは、二つありますよ。自分で選んで望んで、それで人生が変わるとき。それと、やっぱり、自分はそうじゃないけど、周りがそういうふうに決めるとき。だから、それは何とも言えませんね。

――人生は山あり谷ありで、多くの場合はその山とか谷とかに一喜一憂してしまいがちではないでしょうか。けれども、秋枝先生は、山とか谷とかを含めて人生を楽しんでいらっしゃるように見受けられるのですが。

楽しんでいるかどうかはわからないけど、私だって嫌なことは嫌ですよ。本当に、夜寝られないこともありますよ。ただ、「明日は明日の太陽が昇る」ということをいつも思っています。夜にいろいろと考え込むと、少し深刻に考え過ぎる場合がよくあります。翌朝になると、「こんなつまんないことで、何で悩んでいたんだろうか」と思うこともよくありますからね。

――秋枝先生は以前に、「成功したと思うときに失敗し、失敗したと思うときに成功する」とおっしゃっていましたが。

そうなのよ。でも、よく言うじゃない。「いいことばっかりもなければ、悪いことばっかりもない」ってね。だから、いいことが起こっても悪いことが起こっても、「いろいろとあったけど、そのうちに転換するさ」と思うのよ。そうすると、とことんまで落ち込まないのね。もちろん、やり方は人によってさまざまにありますよ。私の場合は、さっさと寝ます。すると、明日は明日の太陽が昇ります。だけどね、私は九十三歳になって怖いものがもうあんまりないのよ。いつ死んでもいいと思っているからね。

——秋枝先生の人生は、とてもいい人生だったのですね。

そうですね。十分過ぎるぐらい生きていますからね。小さな後悔はもう無数にあるけど、私は大筋において「我が生涯に悔いなし」と思っています。

欲を言えばきりがないけど、私の能力としては、これでいいと思っています。だから、それはそれでいいんです。

——やり残したというようなことは、何かおありでしょうか。

もちろん、それはありますよ。ちゃんとした男女平等は、まだ実現していませんからね。それから、もともと私は怠け者なんだけど、怠けなかったら本でももう少し書けたかもしれないと思いはしますが、もう今となってはね。だけど、私は自分ができなかったけども、教え子たちで私の考えを受け継いでくれている人たちがたくさんいるから、もうそれだけで感謝しています。

私個人に関して言えば、私は本当に感謝でいっぱいです。クリスチャン的に言えば、神の恩寵を受け過ぎるぐらいに受けて、運がよかったと思っています。

――その運は、秋枝先生ご自身が切り開かれたのではないでしょうか。

そうかもしれないけど、とにかく運がよかったと思っていますよ。お金がなかったけど、いつも奨学金をもらえましたしね。お金がなくても、不思議にうまく回転してね。お金がなくてもすむようなことが起きるんです。

――留学資金もフルブライトですからね。

そうです。運がいいとしか言いようがありません。ありがたいことです。

――しかし、そこまでくると、それは実力ではないでしょうか。

実力があるかどうかはわかりませんが、私は割に本番に強いんです。今まで、いろいろな試験を受けてきましたが、私はあんまり準備しなかったのよ。前の晩になって徹夜で勉強したりしたんだけど、不思議に本番に強かったのよ。

――一夜漬けで勉強するにも、センスが必要ではないでしょうか。どこに目を付けるかということでしょうか。

それは、やっぱり要領があるわね。どこに目を付けるかももちろん大事だけど、やっぱり地道に勉強しなければいけないのよ。前の日になってから一夜漬けをやると間に合わないのね。ノートだけでも、半分で夜が明けちゃったりする。でも、「ままよ」と思うのよ。ノートの最初から半分までは読んでいるでしょ。あとの半分は比較的新しく習ったことだから、何とか少しは記憶に残っている。だから、「ままよ」と思って、試験を受けるわけ。そうすると、何とかなるのよ。それと、空想力を働かせるのも大事ですね。私は一度、東京女子大のときに、「これは落第だ」と思ったことがあるのよ。非常に厳しいアメリカ人の先生で、その先生の試験では落第生が何人かは出るのよ。その学期は英詩についての授業だったんだけどね、試験問題を見たら、今まで見たことのない詩が書かれていて、それについてコメントせよというのよ。

そのことは、今でも忘れられません。セジ（sedge）って、スゲのことですね。そのとき、私はこの英単語を知りませんでした。その英詩は、そういう題だったのよ。そしたら、その先生自身が英語でその詩についてコメントしていて、一番上の方の端に、漢字で「スゲ」（菅）という字が書かれていたのね。そこだけ漢字で書かれていたんだけど、ほとんどの人はそれに気がつかなかったそうよ。私は気がついたのはいいんだけど、それを「くだ」（管）と読んじゃったわけ。草冠と竹冠を間違っちゃったのね。

何でも、スゲの塊があって、普通の人は気がつかないけど、それがあると自分の胸は高鳴るというのね。だけど、私は管の塊で胸が高まるなら、それは血管だろうと思ったのよ。それで、一生懸命に空想をたくましくしたのね。血管の塊、血管がぐるぐる体中を回っていることに普通の人は気がつかないけど、私の胸は躍って詩が生まれるというような解釈をしてコメントを書いたのよ。そしたら、後で、それがスゲだとわかった。私の解釈は全然違う解釈だったから、「これは落第だ」と思った。一週間ぐらいたった頃、キャンパスでその先生に会ったのね。そしたら、その先生がにこにこしながら、「あなたの解釈は、とってもおもしろかった。非常に個性的だった」と言ったのよ。そりゃ個性的なはずよ。全然違うことを想像したんだからね。だけど、結果は落第点じゃなくて、かえっていい点をもらったんです。そんなように、もう他にはどうしようもないときは、私はフルに想像力をたくましくするようにしています。それが案外成功するのね。

——やはり秋枝先生には、「最後は何とかなるさ」という自信がおありなんでしょうね。最後まで諦めないという姿勢が感じられます。

私は怠け者だけど、最後まで諦めないところはあるわね。そう言えば、あるとき大学の教授から、「君はいざとなったら胆力がある。しぶとい」と言われたのよ。それは、学生の自殺がはやった頃でしたね。「君は自殺なんかしない。いざとなったら最後はでんと座って何とかする」と言われた。たしかに、私にはそういうとこあるかもしれませんね。私は、いろいろと、ぎりぎりの生活を切り抜けてきたから、いざとなったらもうでんと腰を据えるのは得意なのかもね。だけど、この年齢になったら、もうでんと座るわけにもいきませんよ。でんと座ったら、今度は立てなくなるからね。

——秋枝先生のお父さんも、肝が据わっておられたのではないでしょうか。

そうそう、父もそうでしたね。「食べるものが何もなくなったら、乞食をすりゃいい」と言っていたのよ。実際は、一度も乞食をしたことはなかったけどね。だけど、そういうふうな考え方をする父でしたね。

——秋枝先生は、自分は運がいいとおっしゃっていますが、それはやはり相対的に人生でよかったことの方の側面を見つめていらっしゃるからではないでしょうか。

私はね、「人生は悪いことばっかりじゃない」といつも思うのよ。だから、本当にとことん腐ることはない。結果的には、それがよかったんでしょうね。ストレスもなくて。

——今日は、「後に続く女性たちへ」ということで、お話をしていただきました。秋枝先生たちの世代はすごく頑張ってこられて、そのときは、「後に続く女性たちの足を引っ張るようなことはしてはいけない」という思いをお持ちでした。それでは、秋枝先生たちの後に続く女性たちは、具体的にどうしたらよいのでしょうか。

それはやっぱりね、これからの女性はできるだけ自立することですよ。ただし、自分が望む自立をやりやすいポジションにつくときと、やりにくいポジションにつくときがありますから、何もいつでも同じことをしなくたっていいんです。自分のできる範囲で、できるだけ自立する。たとえば、家庭に入ると、子どもが小さいとか、親が病気とかのときは、共働きをすることが無理なときもあるでしょ。そのときは、それでいいのよ。だけど、そういうときでも、女性もできるだけ自立するという気持ちで過ごしていれば、その間にいろいろな勉強をしておくことができますよね。そうしておけば、子どもの手が離れたときに、あるいは親の介護をする必要がなくなったときに、きっと何かができると思いますよ。だから、置かれた場所でできることをすればいいと私は思うんです。みんなと同じことをしなくたっていいんです。

その心がけで自立するようになった私の教え子たちだって、たくさんいますよ。ずっと専業主婦をしていたけど、子どもの手が離れてからまた勉強し直して、学校の先生になった人もいます。それから、初めのうちはボランティアのような活動だったけど、後に正式の仕事として重症身障者の世話をするとか、留学生の世話をするとか、いろいろなことをしている人たちもいます。それは、それぞれにできる範囲でやればいいんです。みんながみんな共働きがいいというものでもないしね。それに、置かれた場所であまりにも無理をした働き方をすると、どうしたって長くは続かないから、できる範囲でやったらいいと私は思いますよ。

もちろん、ボランティア的な団体でいろいろな女性のための開発の活動をするのでもいいですよ。お金と暇があって、そういう活動ができるようだったらね。ボランティアの活動でも、それはそれでいいと私は思います。みんながみんなお金を取らなくたっていいですからね。だけど、活動をしていれば、きっと何かが見つかるはずですよ。才能のある人は、エッセイを書いてもいいし、小説を書いてもいい。そうやって活躍するようになった女性は、たくさんいますね。

この頃は、文学賞をとるのは女性の方が多いわね。才能の埋もれた人たちはたくさんいる。そういう人たちが諦めないで、あるいは楽志向ばっかりしないで、何かをする。何でもいいんです。近所の子どもたちに何かをする。あるいは、共働きの人を手伝ってあげる。福岡の大学で先生をしていて筑波大学に移った人がいるけど、その人の奥さんも子どもたちの手が離れてから筑波大学の先生をしているのよ。その奥さんが福岡にいたときには、私におでんをつくって届けてくれたり、「買い物は何かないですか」と言って、買い物をしてきてくれたり、私の母を病院に連れて行ってくれたりなんかもしてくれた。

そういうことをしてくれるだけでも、働いている私がどんなに助かったかわかりません。私がずっと仕事を続けられたのも、そういう人たちが周りにいたからできたんです。だから、できることをやればいいんです。何もしないで「退屈だ、退屈だ」と言っているのは、ばかげていると私は思います。それともう一つは、今の若い人たちは、自己本位というのかしらね。やっぱり、若い人にはもっと社会を見てほしいし、世界を見てほしいと思いますよ。自分さえよければいいと言うんじゃなくてね。

――その積極性がとても大事ですね。

人間が生きている軸には、「縦の線」と「横の線」と「斜めの線」があるでしょ。私は教育史を講義するときには、一番最初にその話をするのよ。「いくら歴史だといっても、縦の線だけじゃないよ」ってね。歴史上の一点は、縦の線上にあるだけではなく、必ず横の線や斜めの線とみんな交わっている。だから、そういうところに目を配らないと本当の意味はつかめない。ある時期は勉強だけをする時期であるかもしれないけど、それから後、余裕ができたらできる範囲でそれを社会に還元するとかね。だけど、その人が置かれた立場によっては余裕のない場合だってあるから、そのときは無理をしてはいけません。だから、物事は長期的な視点から考えないといけませんね。

私は本当に、いい星のもとに生まれたような気がします。運がいいというかね。やっぱり、ある程度は運がなくちゃね。世の中には、運の悪い人っているでしょ。だから、ある程度は運をばかにできないと思いますよ。同時に、運の悪いときにそれをどうやって乗り越えるか。それが大事ですね。人生は悪いことばっかりじゃないと私は思うからね。だから、それぞれの人がそれぞれの乗り越え方をその人なりに考えてみればいいと私は思っています。

――それでは、長時間にわたりましてお話をありがとうございました。秋枝先生、どうぞこれからもますますお元気でいらっしゃいますようにお願いします。秋枝先生の後に続く女性たちは秋枝先生のメッセージを受け止めて、それをそれぞれの自立に役立たせていくのではないかと期待しています。

そうなると、いいですね。こちらこそ、ありがとうございました。あなたたちも、お元気でね。

（平成二十五年八月二十六日取材）

巻末年表　第二次世界大戦後の男女共同参画に関する国内外の主な動き

年号（西暦）	世界	日本	福岡県・福岡市
昭和二十（一九四五）年	国際連合（国連）発足・国連憲章採択		
昭和二十一（一九四六）年	国連国際経済社会理事会の下に「女性の地位委員会」設置	日本初の婦人参政権行使 日本国憲法公布	
昭和二十三（一九四八）年	国連「世界人権宣言」採択		
昭和四十一（一九六六）年	国連「国際人権規約」採択		
昭和四十二（一九六七）年	国連「婦人に対する差別撤廃に関する宣言」採択		
昭和五十（一九七五）年	国際婦人年（一九七二年に国連総会で宣言）（目標：平等、発展、平和） 国際婦人年世界会議開催（メキシコシティ）「世界行動計画」採択 「国連婦人の十年」決定（一九七六～八五年）	総理府に「婦人問題企画推進本部」「婦人問題企画推進会議」「婦人問題担当室」設置	
昭和五十一（一九七六）年	ＩＬＯ（国際労働機関）事務局に「婦人労働問題担当室」設置	民法等改正（離婚後の婚氏続称制度新設）	福岡市立婦人会館開館
昭和五十二（一九七七）年		「国内行動計画」策定・「国内行動計画前期重点目標」決定	
昭和五十三（一九七八）年		婦人問題企画推進本部ニュース「えがりて」創刊	福岡県「婦人関係行政推進会議」「婦人問題懇話会」設置 福岡市「市民局青少年婦人対策課婦人対策係」設置

昭和五十四（一九七九）年	国連「女子差別撤廃条約」採択		福岡県「婦人対策室」設置 福岡県広報誌「ふくおかの婦人」創刊
昭和五十五（一九八〇）年	「国連婦人の十年」中間年世界女性会議開催（コペンハーゲン） 「国連婦人の十年後半期行動プログラム」採択	「女子差別撤廃条約」署名 民法等改正（配偶者の相続分改正、寄与分制度新設）	福岡県「婦人問題懇話会」提言 福岡県「行動計画」策定 福岡市「婦人対策協議会」「婦人問題懇話会」設置 区における女性の地位向上活動事業の開始
昭和五十六（一九八一）年	「女子差別撤廃条約」発効	「国内行動計画後期重点目標」決定	福岡市総合計画基本計画に「婦人」の章を新設
昭和五十九（一九八四）年		国籍法改正（父母両系主義採用）	福岡市「市民局婦人対策課」設置
昭和六十（一九八五）年	「国連婦人の十年」世界女性会議開催（ナイロビ）「婦人の地位向上のためのナイロビ将来戦略」採択	「男女雇用機会均等法」公布 「女子差別撤廃条約」批准 国民年金法改正（女性の年金権確立）	福岡県「婦人問題懇話会」提言
昭和六十一（一九八六）年		「男女雇用機会均等法」施行	福岡県「第二次行動計画」策定 福岡県「婦人対策室」から「婦人対策課」へ名称変更
昭和六十二（一九八七）年		「西暦二〇〇〇年に向けての新国内行動計画」策定	福岡県「婦人問題懇話会」提言
昭和六十三（一九八八）年		「改正労働基準法」施行	福岡市女性センター（アミカス）開館
平成元（一九八九）年		新学習指導要領告示（中学校・高等学校家庭科の男女必修化） 「新国内行動計画に関する報告書」公表	福岡市「女性プラン」策定 福岡市「婦人対策課」から「女性企画課」へ名称変更

年号（西暦）	世界	日本	福岡県・福岡市
平成二（一九九〇）年	国連経済社会理事会「婦人の地位向上のためのナイロビ将来戦略に関する第一回見直しと評価に伴う勧告及び結論」採択		
平成三（一九九一）年		「育児休業法」公布 「西暦二〇〇〇年に向けての新国内行動計画（第一次改訂）」策定	福岡県「婦人問題懇話会」提言 福岡県「婦人関係行政推進会議」から「女性行政推進会議」へ、「婦人問題懇話会」へ、「女性政策懇話会」へ、「婦人対策課」から「女性政策課」へ名称変更 福岡市「市民局女性部」設置
平成四（一九九二）年		「育児休業法」施行 初の「婦人問題担当大臣」設置	
平成五（一九九三）年	国連「女性に対する暴力の撤廃に関する宣言」採択	「パートタイム労働法」公布・施行	
平成六（一九九四）年		総理府に「男女共同参画室」「男女共同参画審議会」設置 内閣に「男女共同参画推進本部」設置	
平成七（一九九五）年	世界女性会議―平等、発展、平和のための行動―開催（北京） 「北京宣言及び行動綱領」採択	「男女労働者特に家族的責任を有する労働者の機会均等及び均等待遇に関する条約」（ＩＬＯ１５６号条約）批准 「育児休業法」改正（介護休業制度の法制化）	福岡県「女性政策懇話会」提言 福岡市「男女共同参画プラン」策定 福岡市「男女共同参画推進懇話会」から「男女共同参画推進協議会」へ名称変更

平成八（一九九六）年		「男女共同参画二〇〇〇年プラン（国内行動計画）」策定	福岡県「第三次行動計画」策定 福岡県女性総合センター（あすばる）開館
平成九（一九九七）年		「男女雇用機会均等法」改正（女性の労働時間規制撤廃、セクハラ防止義務） 「介護保険法」公布	福岡市「審議会等委員への女性の登用方針」決定
平成十一（一九九九）年		「改正男女雇用機会均等法」施行 「男女共同参画基本法」公布・施行	
平成十二（二〇〇〇）年	国連「女性二〇〇〇年会議—二十一世紀に向けての男女平等・発展・平和」開催（ニューヨーク）	「介護保険法」施行 「ストーカー規制法」公布・施行 「男女共同参画基本計画」策定	福岡県「男女共同参画社会づくり検討委員会」設置 福岡市「審議会等への女性登用促進に関する要綱」制定
平成十三（二〇〇一）年		省庁再編により内閣府に「男女共同参画局」及び「男女共同参画会議」設置 「配偶者暴力防止法」公布・一部施行	福岡県「女性政策課」から「男女共同参画推進課」へ組織改正 福岡県「女性行政推進会議」から「男女共同参画行政推進会議」へ名称変更 福岡県「男女共同参画社会づくり検討委員会」提言 福岡県「男女共同参画推進条例」施行 福岡市「男女共同参画プラン第二次実施計画」策定

年号（西暦）	世界	日本	福岡県・福岡市
平成十四（二〇〇二）年		「配偶者暴力防止法」全面施行 「育児・介護休業法」改正（仕事と家庭の両立支援策充実）	福岡県「男女共同参画審議会」設置 福岡県「男女共同参画計画」策定 福岡市「女性部女性企画課」から「男女共同参画部男女共同参画課」へ名称変更
平成十五（二〇〇三）年		「男女共同参画の視点からの公的広報の手引」作成 「少子化社会対策基本法」及び「次世代育成支援推進法」公布・施行	福岡県「女性総合センター」から「男女共同参画センター」へ名称変更
平成十六（二〇〇四）年		「配偶者暴力防止法」改正（定義の拡大） 「育児・介護休業法」改正（休業制度の拡充）	福岡市「男女共同参画を推進する条例」施行 福岡市「女性センター」から「男女共同参画推進センター」へ名称変更
平成十七（二〇〇五）年	国連婦人の地位委員会「北京＋一〇」閣僚級会合開催（ニューヨーク）	「男女共同参画基本計画（第二次）」策定 「女性の再チャレンジ支援プラン」策定	
平成十八（二〇〇六）年		「男女雇用機会均等法」改正（性別差別禁止の範囲拡大） 「女性の再チャレンジ支援プラン」改定	福岡県「第二次男女共同参画計画」策定 福岡県「配偶者からの暴力の防止及び被害者の保護に関する基本計画」策定 福岡市「男女共同参画基本計画」策定

平成十九（二〇〇七）年		「改正男女雇用機会均等法」施行 「配偶者暴力防止法」改正（保護命令の拡充） 「仕事と生活の調和（ワーク・ライフ・バランス）憲章」及び「仕事と生活の調和推進のための行動指針」策定	
平成二十（二〇〇八）年		「改正配偶者暴力防止法」施行 「女性の参画加速プログラム」決定	
平成二十一（二〇〇九）年	ＵＮＩＦＥＭ（国連女性開発基金、現UN Women）日本事務所開設	「育児・介護休業法」改正（短時間労働導入の義務付けなど） 女子差別撤廃委員会の最終見解公表	
平成二十二（二〇一〇）年	ＵＮＩＦＥＭ（現UN Women）と国連グローバル・コンパクト「女性のエンパワーメントのための指針」共同発表 国連婦人の地位委員会「北京＋一五」記念会合開催（ニューヨーク）	「改正育児・介護休業法」施行 「男女共同参画基本計画（第三次）」策定 「仕事と生活の調和（ワーク・ライフ・バランス）憲章」及び「仕事と生活の調和推進のための行動指針」改定	福岡市「配偶者暴力相談支援センター」開設
平成二十三（二〇一一）年	UN Women（ジェンダー平等と女性のエンパワーメントのための国連機関）発足		福岡県「第三次福岡県男女共同参画計画」策定 福岡県「第二次福岡県配偶者からの暴力の防止及び被害者の保護に関する基本計画」策定

年号（西暦）	世界	日本	福岡県・福岡市
平成二十三（二〇一一）年			福岡市「男女共同参画基本計画（第二次）」策定 福岡市「配偶者からの暴力の防止及び被害者の保護に関する基本計画」策定
平成二十四（二〇一二）年	国連婦人の地位委員会「自然災害におけるジェンダー平等と女性のエンパワーメント」決議案採択	「『女性の活躍推進による経済活性化』行動計画」策定	
平成二十五（二〇一三）年		「男女共同参画の視点からの防災・復興の取組指針」作成 「配偶者暴力防止法」改正（適用対象範囲の拡大）	
平成二十六（二〇一四）年	女子が教育を受ける権利を訴え続けるマララ・ユスフザイさん（パキスタン）史上最年少の十七歳でノーベル平和賞受賞	「改正配偶者暴力防止法」施行	

おわりに

今年はちょうど戦後七十年に当たります。これを機会にして、日本のこれまでの歩みを振り返り、これからの進むべき道を模索しようとするさまざまな試みがなされています。とはいえ、「戦後」という言葉を聞くと、昭和三十一（一九五六）年七月十七日に当時の経済企画庁（現在の内閣府）が発表した年次経済報告（経済白書）にある「もはや『戦後』ではない」というフレーズが連想されます。それは、白書の結語部分の記述に登場します。「貧乏な日本のこと故、世界の他の国々に比べれば、消費や投資の潜在需要はまだ高いかもしれないが、戦後の一時期に比べれば、その欲望の熾烈さは明らかに減少した。もはや『戦後』ではない。我々はいまや異なった事態に当面しようとしている。回復を通じての成長は終わった。今後の成長は近代化によって支えられる。そして近代化の進歩も速やかにしてかつ安定的な経済の成長によって初めて可能となるのである」。

では、この経済白書が出されてから今日までの約六十年間に、「近代化」というものは果たして達成されたのでしょうか。白書では、近代化と経済成長の相互作用が指摘されていますが、そもそも経済成長を支える近代化とは何なのでしょうか。また、近代化を可能にする経済成長とは何なのでしょうか。近代化と経済成長の間に密接な関係があるとしても、この二要因だけで社会の動きを捉えることは難しいのではないかと思われます。イギリスのサッチャー政権、メージャー政権の後を受けて一九九七年に政権を握ったブレア首相は、就任後初の記者会見で「優先すべき政策を三つ挙げてください」との質問に、「一にも、二にも、三にも、教育（教育、教育、教育）」と答えました。このところ世界的ベストセラーになっている『二十一世紀の資本』の著者であるパリ経済学校のトマ・ピケティ教授は、経済成長だけでは格差は縮まらず、格差を減らす最良の方法は教育への投資であると考えています。昨年（二〇一四年）、史上最年少の十七歳でノーベル平和賞を受賞したマララ・ユスフザイさんは、受賞スピーチの中で「なぜ教育が特に女子にとって大切なのか」について語っています。

言うまでもなく、歴史や社会はきわめて複雑なメカニズムによって成り立っていますので、単純な解釈で理解するのは難しいと思われます。とはいえ、たとえば本書で論点となったテーマをもとにして、日本のこれまでの歩みとこれからの方向を考えれば、少なくとも「女性」と「教育」は重要なキーワードになるのではないでしょうか。つまり、これからの日本は女性と教育にかかっているとさえ言えるでしょう。そのように言えば、「あまりにも単純すぎる」という非難を浴びるかもしれません。しかし、まさにそのような認識と気概がなければ、女子教育、とりわけ女子高等教育の意義を論じることはできないと考えます。

本書の主な舞台である福岡女子大学は、大正十二（一九二三）年に日本で初めての公立女子専門学校として設置された福岡県立女子専門学校に由来し、九十年余の伝統を受け継ぎながら、一貫して女子高等教育の充実化に邁進してきました。平成十九（二〇〇七）年度からの三年間は、文部科学省の「現代的教育ニーズ取組支援プログラム（現代ＧＰ）」の「実践的総合キャリア教育の推進」に選定され、「男女共同参画社会をめざすキャリア教育―学生のキャリア意識と人間力を高める二十一世紀高度教養教育への地方公立女子大学の挑戦」に取り組みました。平成二十五（二〇一三）年度からの三年間は、文部科学省の「女性研究者研究活動支援事業（一般型）」に採択され、教育・研究・大学運営を牽引する女性研究者の育成と裾野拡大に取り組んでいます。

無論、大学教育を充実させるためには、高等教育のあり方に関する研究が不可欠です。各大学には二十年くらい前から、「高等教育研究開発推進センター」や「教育学習支援センター」などの名称の機関が設けられ、各大学の実情に即したさまざまな工夫が凝らされています。このような流れの中、日本では二〇〇〇年代に入ってから、大学教育において「教育から学習への転換」を図る決め手として、「アクティブラーニング」（能動的学習、主体的学習）が注目されるようになりました。さらに、今日では、単にアクティブなだけではなく、ディープな学習も求められるようになってきています。前者の焦点は学習の形態にありますが、後者の焦点は学習の質や内容にあります。この両者を併せた「ディープ・アクティブラーニング（deep active-learning: DAL）」とは、「学生が他者と関わりながら、対象世界を深く学び、これまでの知識や経験と結びつけると同時にこれからの人生につなげていけるような学習」を意味します（松下佳代・京都大学高等教育研究開発推進センター編著『ディープ・アクティブラーニング―大学教育を深化させるために』勁草書房、二〇一五年参照）。

編者としては、読者の皆様に対象世界を深く学ぶためのきっかけを本書が提供できることを願っています。そして、その学習が皆様のこれまでの知識や経験と結びつき、さらにこれからの人生につながっていくことも大いに期待しています。最後になりましたが、本書の出版に際し、九州大学出版会の野本敦さんと奥野有希さんにたいへんお世話になりました。特に奥野さんには、本書の構想段階からその社会的意義を認めていただき、とても心を強くして編集を進めることができました。記して感謝いたします。

平成二十七年三月

編　者

語り手

秋枝蕭子（あきえ・しょうこ）

大正９年３月14日　兵庫県尼崎市にて出生
昭和12年３月　青山学院高等女学部卒業
昭和15年３月　東京女子大学英語専攻部卒業
同　　年４月　旺文社編集局編集員（昭和19年１月まで）
昭和19年２月　東京女子大学教務課職員（昭和20年３月まで）
昭和23年３月　東北大学文学部西洋史学科卒業
昭和28年３月　東北大学文学部大学院修了
昭和29年５月　福岡女子大学文学部講師
昭和30年７月　福岡女子大学文学部助教授
昭和38年８月　フルブライト研究員として米国ハーバード大学留学（昭和39年７月まで）
昭和42年３月　福岡女子大学文学部教授
昭和56年１月　福岡県社会教育委員連絡協議会より教育功労者表彰を受ける
昭和59年11月　福岡市教育委員会より教育功労者表彰を受ける
昭和60年３月　福岡女子大学定年退職（福岡女子大学名誉教授の称号を受ける）
昭和62年４月　九州国際大学教授
平成３年11月　文部大臣より社会教育功労者表彰を受ける
平成５年３月　九州国際大学退職
同　　年４月　アビタシオン博多へ入居
平成６年４月　勲三等瑞宝章の叙勲を受ける
平成10年１月　内閣府より第１回男女共同参画社会づくり功労者表彰を受ける

編者

森　邦昭（もり・くにあき）
福岡女子大学国際文理学部教授　博士（教育学）（九州大学）

鈴木有美（すずき・ゆみ）
福岡女子大学国際文理学部准教授　博士（心理学）（名古屋大学）

後《あと》に続《つづ》く女性《じょせい》たちへ
―― 秋枝蕭子・福岡女子大学名誉教授からのメッセージ ――

2015年5月20日 初版発行

語り手 秋 枝 蕭 子

編 者 森 邦 昭
鈴 木 有 美

発行者 五十川 直 行

発行所 一般財団法人 九州大学出版会
〒814-0001 福岡市早良区百道浜3-8-34
九州大学産学官連携
イノベーションプラザ305
電話 092-833-9150
URL http://kup.or.jp
印刷／城島印刷㈱ 製本／篠原製本㈱

ISBN978-4-7985-0155-0